前方後円墳の終焉

雄山閣

はじめに

前方後円墳の消滅は、約三五〇年間つづいたひとつの時代の終焉である。

北海道・東北北部と沖縄を除いた日本列島では、三世紀中ごろから七世紀初めごろにかけて、前方後円（方）墳は約五二〇〇基つくられつづけた。それらの立地、墳丘の大きさや形態、埋葬施設や副葬品、さらには首長墓としての消長などをみると、前方後円墳が政治的墳墓であるのは動かないから、その成立・展開・消滅をとおして古墳時代の特質を探ることが日本古代史の解明にとって重要な作業になる。

さて、前方後円墳終焉の事情である。六世紀をつうじて緩やかにその歩を進めてきた西日本（九州などを除く）や東海地域などとは異なり、東国ではむしろ逆で六世紀後半ごろになって前方後円墳が激増する。ところが、七世紀初めごろには早くもそうした事態がほぼ一斉に終息し、大型の円墳や方墳に墳形を転換しながら、一、二代はおなじ古墳群や地域のなかで造営されつづけるケースが顕著である。そうした瞠目すべきできごとが東国の七世紀の大きな特質をなすが、それが形象埴輪の盛行、ならびに一気の衰退と相即不離の関係にあって、いかにも個々の首長の意志を超えた動きを想定させてくれそうである。

しかしながら、上述のような興味深い事実をもたらした歴史動向が十分に解明されたかというと、そうとは言いにくい研究状況が横たわっている。ひとつは、ここ三〇数年におよぶ「記録保存」のための発掘調査で得られた学術情報の過多が、地域性や多様性の解明を第一義的にし、汎列島的な事象を脇に追いやりがちな状況である。いまひとつは、それと表裏一体だが、研究の過度なまでの細分化・個別化・専門化の進行が指摘される。もっとも、研究の自己運動という側面としては必ずしも否定さるべきものではないが、問題はそうした分析的な研究とあわせて、「前方後円墳とはなにか」「どうして消滅したのか」といった、いわば統合的な研究がもう少しあるべきだ、というところに所在する。

古墳調査の現地説明会や博物館での解説、歴史教育や他分野の研究者からの問いかけなどの局面では、たとえば馬具や須恵器のこまかい編年的な解説よりも、東国などではあれだけ隆盛をきわめた前方後円墳がなかば一斉に姿を消したのはなぜかの説明のほうが、前方後円墳の意義などとあいまって関心をひくのは、ことさら強調するまでもないことだろう。そのような本質的ともいうべき課題についての体系的な論究となると、ともすれば膨大な事実の分析とは違ったところで、通説—それは往々にして考古資料が希少なときにつくられたものが目につく—で説明してしまったり、証明のできない先験的な言説で解釈したり、といった傾向がなきにしもあらずだ。しかも、それらと蓄積された資料との乖離が生じていてもおおむね等閑に付されがちで、それが現代の考古学研究にとってのひとつの隘路となっているといって、けっして過言ではない。

そうした状況を打破するための近道など、どこにも誰にも存在はしない。膨大な事実を個々の地域ごとに整理しながら、テーマに即した方法にもとづき、いくつかの仮説を提出しながら議論を積みかさねていくのが、迂遠なようだが目的に到達するためには不可欠な作業のように思われる。本書では、東国の後期前方後円墳から終末期古墳への動向を、地域ごとに探ることを通して、時代転換の史的背景を考えてみるのが本旨だが、あくまでもポイントは前方後円墳の終焉にある。わが墓制の大きな変換点の西暦六〇〇年を過ぎた頃は、東アジアに淵源する政治的混乱にいやおうなしに日本列島も巻き込まれていった時代だった。したがって今回のテーマは、東国の動向を追求しながらもそれにはとどまらずに、日本史のなかの激動期を俎上にのぼらすことにつながっていく。いささかでも学界に寄与できればという想いでの刊行である。

広瀬和雄

前方後円墳の終焉—目次

第二部　各地域における前方後円墳の終焉

コラム　古墳紹介

第一部　東国における前方後円墳終焉をめぐる諸問題

東国における前方後円墳の終焉

広瀬和雄

はじめに

東国では六世紀後半ごろになって、前方後円墳が爆発的に増加する。それが七世紀初めごろに一気の終焉を迎えた後も、方墳・円墳などへスムーズにつづく古墳群が目につく。後期の前方後円墳と終末期方墳や円墳が、同一の古墳群をさほど形成しない畿内地域などとは異なる様相をみせていて、そのあたりに前方後円墳の終焉を解く一つの鍵がありそうだ。ちょうどその頃、横穴式石室も自然石積みから切石造りへと大きな変貌を遂げるが、そうした墓制の革新といった動向から、六〜七世紀の中央政権による東国政策が読みとれないだろうか。

一　事例研究

古墳群を三つの類型に分類し、それぞれ二、三の事例に検討を加え、そこから抽出された特色をもとに、前方後円墳終焉の史的背景を探ってみよう（以下、●は前方後円墳、○は円墳、■は前方後方墳、□は方墳、数字は墳丘の大きさ、単位はメートル）。

（一）単一系譜型古墳群

西暦六〇〇年を前後する頃に、前方後円墳から方墳・円墳などに墳形を変更しながら、一代一墳的に古墳群が形成される。

千葉県成東町板附古墳群（白石・杉山一九六六）は、西の台古墳（●九〇）、不動塚古墳（●六三）、駄ノ塚古墳（□六〇）、駄ノ塚西古墳（□三〇）の順に、六世紀末ごろから七世紀中ごろの四代にわたって、首長墓が造営されつづけた古墳群である。西の台古墳は埴輪をもつが、七世紀初めごろの不動塚古墳では確認されていない。駄ノ塚古墳、駄ノ塚西古墳の横穴式石室は軟質砂岩の切石造りだが、板石積みの不動塚古墳とでは系譜を異にする。銀象嵌頭椎大刀、飾り馬具などを副葬した駄ノ塚古墳の石室には一〇体以上が埋葬されていた。

千葉県市原市姉崎古墳群（白井二〇〇三ほか）では、前期の天神山古墳（●一三〇）、釈迦山古墳（●八三以上）が二代、丘陵で造営された後、空白期があって沖積平野の砂堆に二子塚古墳（●一一〇）がつくられ、再び若干の空白期をおいた後、丘陵上に金銅製冠、金銅装単龍環頭大刀などを副葬した山王山古墳（●七〇）、原一号墳（●八〇?）、鶴窪古墳（●八三以上）、堰頭古墳（●四五）、六孫王原古墳（■四五）の順に前方後円墳四代、前方後方墳一代が、六世紀前半ごろから七世紀中ごろにかけて築造される。

群馬県前橋市総社古墳群（右島一九九四ほか）では王山古墳（●七六）、王川原山古墳（●六六?）、総社二子山古墳（●九〇）、愛宕山古墳（□五五）、宝塔山古墳（□約六〇）、蛇穴山古墳（□三九）とつづく。総社二子山古墳の前にやや空白期があるが、六世紀初めごろから七世紀後半までの一個の系譜をなす。横穴式石室は一代ごとに型式が変化するが、七世紀前半ごろから三代つづく方墳には、巨石石室、家形石棺、漆喰塗布、格狭間などの畿内的な色彩がみられる。

栃木県足利市常見古墳群（市橋一九九六）は正善寺古墳（●一〇三）、海老塚古墳（〇約五〇）、口明塚古墳（〇四七）が六世紀後半から七世紀初めごろにかけて築造される。ほかにも数基の後期前方後円墳があったようだが詳細は不明である。六世紀末ごろの前方後円墳から円墳への墳形転換は、古墳群そのものの終焉とともに東国では早い事例といえる。正善寺古墳の横穴式石室は矩形自然石積みだが、二基の円墳は自然石積み胴張り構造である。

(二) 複数系譜型古墳群

複数の首長が各自一代一墳的に古墳を造営し、同一の古墳群を形成するものだが、そのなかのどれかが途中で中断したり、出現したり、統合される場合もある。

沖積平野の微高地に立地した埼玉県行田市埼玉古墳群（杉崎一九九二、塩野二〇〇四、太田二〇〇七aなど）は三群に識別できる。A群は埼玉稲荷山古墳（●一二〇）、二子山古墳（●一三八）、丸墓山古墳（〇一〇五）、将軍山古墳（●九〇）、鉄砲山古墳（●一〇九）、中の山古墳（●九〇）の順に、B群は瓦塚古墳（●七三）、奥の山古墳（●七〇）、愛宕山古墳（●五三）の順に、C群は浅間塚古墳（〇五八）、戸場口山古墳（□四二）の順にそれぞれ築造される。途中の六世紀前半ごろからは、格差をともなうA・B群が併立している。有孔平底壺系円筒形土器をならべた七世紀初頭の中の山古墳の後、A群とB群の二つがC群に統合されたとすれば、辛亥年（四七一）銘鉄剣の埼玉稲荷山古墳以降、前方後円墳、円墳、方墳あわせて八代と、ひときわ長くつづいた首長墓系譜となる。前方後円墳は終始、長方形の二重周濠で、他地域の首長墓との差別化をはかっている。

千葉県富津市内裏塚古墳群（甘粕一九六二、小沢一九九二ほか）は、五世紀後半代の前方後円墳二基の後、空白期をおいて六世紀後半〜七世紀初めごろの前方後円墳九基、七世紀前半〜中ごろの終末期方墳六基が、二〇数基の円墳をしたがえて形成される。相互に階層性をもった三、四人の首長が前方後円墳を二〜三代ほど、方墳を二代ほど各々造営したようだ。大型のものを抽出すれば、九条塚古墳（●一〇五）、稲荷山古墳（●一〇六）、三条塚古墳（●一二二）、亀塚（□三〇）、割見塚古墳（□四〇）の首長墓系譜が復元できそうだ。大型前方後円墳は二重濠をもつが、中期の内裏塚古墳（●一四四）にくらべると墳丘は六～七メートル低い。前方後円墳は金銅装馬具を副葬したりするが、横穴式石室は自然石積みの狭長な無袖式である。いっぽう、終末期方墳は五基が切石造りの両袖式横穴式石室で、割見塚古墳は畿内横口式石槨A亜型（広瀬一九九五）である。野々間古墳（□二〇）からは銀象嵌大刀や緑釉新羅壺が出土している。

千葉県栄町龍角寺古墳群（甘粕一九六四、白井一九九二、永沼一九九二）は、前方後円墳三七基、円墳七一基、方墳六基で構成された後・終末期の大型古墳群である。四〇メートル級の前方後円墳が七基で、ほかの三〇基は墳長二〇～三〇メートルと小型で、六世紀前半ごろから七世紀初めごろに編年されそうだ。小型前方後円墳も首長墓とみなせば、ほぼ均質的な六～七の首長系譜が想定できそうだが、方墳の段階では一～二系譜に減少している。浅間山古墳（●七八）は板石積み複室横穴式石室で玄室に箱形石棺を据えるが、岩屋古墳（□八〇）、みそ岩屋古墳（□三二）、上福田岩屋古墳（□三四）の方墳は貝化石砂岩切石造りに変容している。

栃木県下野市・上三川町・壬生町下野古墳群（秋元・大橋一九八八、広瀬二〇〇八）は広義の複数系譜型古墳群である。六世紀後半（一部六世紀中ごろ）から七世紀中ごろにかけて思川・姿川・田川各流域のかぎられた地域に、前方後円墳や大型円墳など二一基の首長墓が偏在している。それらは七グループの首長墓系譜にわけられ、各自が一代一墳的に二～四代つづく（表1）。ほとんどは一段目テラスが幅広の基壇式墳丘をもち、凝灰岩切石で刳り抜き玄門をそなえた石棺式石室を前方部に設置する。前方部が矮小化された前方後円墳が目につくが、七世紀初めごろに大型円墳へと墳形を変化させ（一基だけ方墳）、各々一代築造する。終末期では車塚古墳（〇八二）の墳丘規模は列島最大だし、ほかの四基も大きい。「下野型石棺式石室」は既往の墓室とは無縁の構造で、部分的差異はあるものの出雲東部地域首長層との連携を想定させる。

（三）小型前方後円墳から小型円墳へつづく古墳群

一基もしくは数基の前方後円墳と、それにつづく小型円墳が一体的に古墳群を形成するもので、東京都太田区多摩川台古墳群（寺田二〇〇三、松崎二〇〇六、池上二〇〇七）は、浅間神社古墳（●推定墳長六〇）、多摩川台一号墳（●三九）、観音塚古墳（●四八）の順に三代、前方後円墳が築造され、その後おなじ古墳群で七世紀前半～後半ごろにかけて二グループの円墳が併行してつくられる。後期の前方後円墳と終末期の小型円墳が同一系譜かどうかは不明だが、同一古墳群で同一型式の横穴式石室を採用しているのでそうみなす。ここでも、前期大型前方後円墳の宝来山古墳（●九七）、亀甲山古墳（●一〇七）とおなじく、多摩川下流に面した台地端部に立地する事実が注意をひく。

茨城県桜川市山ノ入古墳群（小澤編二〇〇六）は、二三基の古墳で構成される古墳群だが、七世紀初めごろの前方後円墳一基のほかは円墳である。それらは七世紀後半ごろまで三～四基程度の単位で各三代ほどつづき、前方後円墳の周囲に集中して築造される。同一系譜をひくかどうかは、多摩川古墳群とおなじで判断しにくい。前方

表１　下野古墳群の編年

	1期（TK43古）	2期（TK43新）	3期（TK209）	4期（TK217）	5期（TK217）
A	富士山○ 86（埴・葺）	茶臼山● 91（埴・葺）	長塚● 80（葺）	桃花原○ 63（葺）（石）	
B		壬生愛宕塚● 78（埴）	牛塚● 47（葺）（石）	車塚○ 82（葺）（石）	
C	吾妻● 128（埴）（石）	山王塚● 90（河＋切）	国分寺愛宕塚● 78	丸塚○ 74（石）	
D		甲塚● 76（埴）（石）	オトカ塚● 32（河）		
E				岩家○ 61（石）	
F		御鷲山● 85（埴）（石）	横塚● 70（埴）（河＋切）	下石橋愛宕塚● 82（石）	多功大塚山□ 53（横）
G		兜塚 45（埴）（石）	上三川愛宕塚（石）		

＊（埴）埴輪、（葺）葺石、（石）石棺式石室、（河）河原石積み横穴式石室、（河＋切）河原石積み横穴式石室で、一部に切石を用いる、（横）横口式石槨。
＊数字は墳丘規模（単位はm）。＊時期は陶邑窯須恵器型式をあらわす。

後円墳は矩形の自然石積み両袖式横穴式石室だが、円墳は羨道と玄室に段差をもった自然石積み胴張り横穴式石室に変化している。

二　東国の後・終末期古墳の特性

ビジュアル性重視の墳丘、複数系譜型古墳群、切石造り横穴式石室にみられる地域ごとの共通性、同一古墳群での前方後円墳から方・円墳への連続性などが、東国の後・終末期古墳の特性である。

（一）可視性を強調した前方後円墳と複数系譜型古墳群

〈見せる／見る〉機能が低下したとみなされがちな後・終末期古墳だが、東国では〈共通性と階層性を見せる墳墓〉としての前方後円墳の役割が依然としてつづく。第一、後期としては大きな墳丘の古墳が多い。しかし、「基壇」式墳丘（下野地域）や低墳丘（内裏塚古墳群）の前方後円墳は、大型墳丘を築造したいとの意志と、造営単位が小首長―旧国の数郷程度の領域か―に基因した投下労働力の少なさとの矛盾をあらわしている。第二、外堤、周濠（二重周濠）、円筒・形象埴輪などの外表施設が顕著である。ことに、多彩な形象埴輪の樹立が大きな特色をなす。第三、いわゆる奥津城的な立地が少ない。広義の環東京湾地域において前・中期古墳と同一古墳群を構成したものは、各々の時期に東京湾や多摩川の水上交通・船運を掌握したことを、象徴したのであろうか。

後・終末期の東国首長層は、第一に中央とのつながり、第二に地域における首長同士のつながり、第三に首長と中間層の関係を、内外の人びとに視認させようとの共通意志が強かった。前方後円墳の段階では中央との関係が、終末期の方・円墳の段階では地域の首長同士の関係が、そして二つの時期をつうじて首長と中間層との関係が、前方後円墳や方・円墳に表象されている。

つぎに、東国の後・終末期古墳群にみられる複数系譜型古墳群は、首長同士の親縁的な関係や首長層としての結合（紐帯）の強さを内外の人びとに見せるとともに、〈われわれ意識〉や帰属意識の墓制的表現としても機能させたものである。第一、各地に分散居住していた二〜三人の首長が共同墓域に結集し、数代にわたって古墳を築造したのが複数系譜型古墳群だが、その多くは墳丘などに階層性が認められる。ちなみに、内裏塚古墳群では大型のものは二重濠で、中・小型のものは一重濠であった。また、首長墓とみなしうる前方後円墳や大型方墳・円墳のほかに、小型の円墳が数基、もしくは十数基、随伴している。首長層と中間層（有力家族層）とのイデオロギー的一体性をあらわしたようだ。

第二、下野古墳群での比較的均質的な構成からすれば、内在的・在地的な要因だけで七系譜もの首長層が墓域を「民主的」に統合させたとは理解しにくい。中央政権の外在的な力が発動した可能性も否めない。ただ二〜三人の首長的結合であれば、在地の首長層の意志で墓域を共同にして、みずからの紐帯の強固さを表現したようにも考えられる。

（二）〈われわれ意識〉を表象した横穴式石室

六世紀後半以前の東国の横穴式石室は狭長無袖式が多いものの、それが卓越しているとは言えない。ところが、六世紀末ごろになると東国首長層の多くは切石造り、もしくはそれに準じた横穴式石室を採用し、七世紀後半ごろにいたるまで整美な横穴式石室をつくりつづける。たとえば、武蔵地域（多摩川左岸下流域を除く）では胴張り複室（複々室）構造、上野地域では矩形両袖式、下野地域では石棺式石室、常陸地域では箱形石棺に羨道をつけたもの、上総地域では矩形両袖式などである。

切石造りを先行させた上野地域の首長層が文化的な影響力を行使したかもしれない。しかし、東海西部地域や出雲東部地域にモデルを求めた武蔵地域や下野地域、伝統的な形態をアレンジした常陸地域などがあるから、形式や構造の選択にあたって各地首長層が意志決定したのは間違いない。前者の場合は中央を経由しない文化伝播だが、彼我の首長層の接触は中央でしか、しかも政治的な契機しかないようにも思える。

下野古墳群に結集した七系譜の首長層は、「下野型石棺式石室」を独占していた。いっぽう、その周辺の首長層は自然石積みの胴張り石室や切石胴張り石室、あるいは奥壁・刳り抜き玄門など限られた部位だけに切石を使用する形式であった。上野地域の総社古墳群では、七世紀の方墳三基が巨石墳や漆喰塗布石室と畿内的な要素をもっていて、ほかの切石石室とは異なった様相をしめしている。上総地域の割見塚古墳は畿内と同型式の横口式石槨で、東国ではほかにはみられない。これらは他形式の横穴式石室を採用した首長層を一線で画し、差別化をはかる観念的装置の役割を担っていたようだ。

東国各地の首長層は各自の自律性を保ちながらも、切石造りの横穴式石室—巨大化ではなく、平滑で綺麗な壁面の指向という美意識—で東国全体としての親和性を表現した。つまり切石横穴式石室は、ほぼ旧国ごとの首長層と東国首長層全体の二重の心性、〈われわれ意識〉や帰属意識—自他意識—をあらわした。いいかえれば、政治的結合を深めた東国首長層はイデオロギー的な紐帯を強化するため既往の墓室を革新したのである。

(三)　前方後円墳から方・円墳へとつづく古墳群

前方後円墳の終焉という汎列島的な政治変動にしたがいながらも、東国ではそれとは一応独立した動向をもみせている。同一古墳群のなかで、前方後円墳から方墳や円墳へと墳形を変更しながらも首長墓系譜はつづく、というのがそれである。

第一に、墳形を変換させながらも、三〜五代にわたって順調に古墳が造営される。前方後円墳のつぎは上総・下総地域では方墳、下野地域では円墳と、各地の首長層が任意に墳形を選択したようにみえる。ちなみに、七世紀前半以降の上総・下総地域の首長層は方墳で一体意識を表明したが、岩屋八〇＞駄ノ塚六〇＞割見塚四〇＞上福田岩屋三四＞みそ岩屋三二＞駄ノ塚西三〇（数字は一辺の長さ、単位はメートル）のように、首長相互のヒエラルヒーが貫徹されていた。

第二に、前方後円墳終焉後の終末期には、中央よりも大きな墳丘をもった方墳・円墳が東国にはある（表2）。方墳では岩屋古墳の一辺八〇メートルなどにたいして、大阪府葉室塚古墳の長辺が七五メートルなど、円墳では車塚古墳の直径八二メートルなどにたいして、奈良県牧野古墳が四八〜六〇メートルなどである。前方後円墳とは異なって、方墳や円墳がもはや汎列島的な一元的政治秩序をしめしていないのは明白である。もっとも、方墳や円墳を造営する首長は減少しているから、首長層の序列化は進行したようである。

第三に、横穴式石室に体現された首長層のイデオロギー的、かつ政治的結合には、律令国家の国制と合致する地域と、そうでない地域がある。律令国家の国域は、七世紀の首長的結合を前提としながら、それとは異なった原理で設定された可能性がある。たとえば、龍角寺古墳群の浅間山古墳は常陸系横穴式石室だが、つぎの岩屋古墳は上総系の切石矩形両袖式石室に転換している。「香取海」をつうじて深く連携していた七世紀初め〜前半ごろと、それが切断される七世紀中ごろ以降の首長的結合の再編が看取される。また、多摩川下流左岸域の切石横穴式石室は七世紀をつうじて矩形プランだが、上・中流域の七世紀中ごろから後半ごろは、北武蔵地域とおなじ胴張り構造になる。下流域の首長層は律令前夜まで、北武蔵地域や多摩川上流域の首長層とは、石室形式での一体感はみせていない。

表2　東国と畿内地域の終末期古墳の墳丘規模

東国地域		畿内地域	
千葉県岩屋古墳	□80	大阪府葉室塚古墳	□75（長辺）
千葉県駄ノ塚古墳	□62	大阪府向山（用明陵）古墳	□65
群馬県宝塔山古墳	□60	大阪府磯長高塚（推古陵）古墳	□59
群馬県愛宕山古墳	□56	奈良県石舞台古墳	□50
栃木県車塚古墳	○82	奈良県牧野古墳	○48〜60
埼玉県八幡山古墳	○80	大阪府上城墓（聖徳太子墓）古墳	○52
栃木県桃花原古墳	○63	奈良県ムネサカ1号墳	○45

＊数字は、方墳は一辺、円墳は直径の長さ、単位はm。

三　東国における前方後円墳の急増と終焉

東国の後期前方後円墳と終末期方墳・円墳の消長には、三つの画期がみられる。第一、六世紀後半ごろの前方後円墳の爆発的増加。第二、七世紀初めごろの前方後円墳のほぼ一斉の終焉。第三、七世紀中ごろ〜末ごろにかけての方墳・円墳などの終息である。

(一)　前方後円墳の急増

六世紀後半ごろ、東国各地では前方後円墳が急増する。基数だけみれば、あたかも律令国制の数郷ほどの狭い単位で、首長系譜がたどれそうな勢いである。個々の首長が任意で築造したのならば、どうして前方後円墳なのか、六世紀後半に一斉なのか、などの問いに応えねばならないが、難しい。他律的な意志、すなわち中央政権の政治意志が働いた、とみたほうが理解しやすい。

墳丘の大きさや副葬品の豊かさからみえる在地首長の経済的成長、力量の増強—たとえば金鈴塚古墳の副葬品は、飾り大刀(環頭・頭椎・圭頭・方頭・円頭)二〇数振のほか、鉄矛、鉄鏃、甲冑、馬具、鏡、金銅鈴、金銅容器など—を前提とした、〈東国首長層再編成のための政策〉が六世紀後半ごろに中央政権によって発動された。それが前方後円墳急増の原因である。

経済的にも政治的にも力量を高めていた各首長を直接統治するという、本格的な東国統治を中央政権は目指した。詳しくは別稿に委ねたいが、古墳時代前期から後期前半までの地方政策には二つの統治方式があった。一つは大首長もしくは一定地域の首長層(複数の首長)を対象としたもの、いま一つは小首長ごとに対応したものである。それがこの時期になって後者に統一されたとみなすのである。たとえば、下野地域では摩利支天古墳、琵琶塚古墳の二代は、大首長を介在させた統治方式だったが、つぎの下野古墳群の段階にはそれを支えていた七人の小首長がすべて前方後円墳を造営した、というのも一つの解釈である。

東国首長層にほどこされた地方政策は複数系譜型古墳群などをみるかぎり、在地の首長相互の親縁的関係を破壊せずにすすめられた。そして、墳丘の築造には一定度の自主性が認められたようだし、石室形式の選択や副葬品の多寡などに中央政権の意志は働いていない。墳丘築造にたいする規制力はさほど強くはなかったが、前方後円墳造営を媒介にした伝統的な統治方式が、在地首長層にたいしてなお有効だとみなされていたわけだ。

(二) 前方後円墳の終焉

七世紀初めごろ東国各地で、ほぼ一斉に前方後円墳が終息する。それはひとり東国だけではなく汎列島的な動きであった—九州を除く東海以西のほとんどでは六世紀後半ごろでおおむね姿を消すが、中央での最後の前方後円墳は、奈良県見瀬丸山古墳や京都府蛇塚古墳など七世紀初めごろ—から、東国首長層だけの自発的な行動ではありえない。いっぽう、前方後円墳から方墳・円墳へとつながる安定的な古墳群の消長をみるかぎり、けっして在地首長は「凋落」していない。東国の側に終焉の要因は認めがたいのである。

六世紀後半ごろの東国政策とおなじように、中央政権による政治意志の発露があった。それは三五〇年間つづいた前方後円墳を媒介とした政治秩序の廃棄であるから、当然のことながら東国統治のためだけの政策ではありえないし、仏教の普及や大化の薄葬令などで説明できるものでもない。それは前方後円墳国家を廃止し、新しい国家体制を構築するための出発点であった。そうした急進的な政治改革が、六一〇年前後に中央で推進された可能性が高いが、前方後円墳廃止後の東国での古墳造営がその一つの傍証になる。ちなみに、七世紀前半ごろから後半ごろの東国各地では、首長相互の政治的結合を表出した古墳の伝統的機能は維持されるものの、それが効力を発揮するのは旧国ほどの単位に縮小されている。さらに中央との政治的結合を表示するとしても、おそらく個別的なものになっていたことだろう。

さて、六〜七世紀の畿内地域などでは、大王墓の突出性などから中央集権化への動きがはじまった、などとみなされがちだが、それは律令国家への前史として古墳時代を発展段階論的にとらえる見方にすぎない。東国での六世紀後半ごろの前方後円墳の急増や、その後の方墳・円墳への連続性から判断するかぎり、その謂いは成立しがたい。すなわち、前方後円墳を素材とする立場からは、中央集権化といった政治的方向性は読みとれない（広瀬二〇〇九）。このように、東国の古墳をどうみるかは、〈古墳時代像をどのように再構築するか〉という課題につながっていくのである。

註

前方後円墳終焉の研究史については、本書でも太田博之が論じているが、これまでにも甘粕健、金井塚良一、近藤義郎などの数多くの論考があって、おおむね大和政権の政治的関与が第一義的に考えられているようだ。小稿では紙数の制約もあるので、それらもふくめたテーマへの詳細な論究はあらためて稿を起こす予定である。

参考文献

秋元陽光・大橋泰夫　一九八八「栃木県南部の古墳時代後期の首長墓の動向」『栃木県考古学会誌』九
甘粕　健　一九六三「内裏塚古墳群の歴史的意義」『考古学研究』一〇―三
――　一九六四「龍角寺古墳群と前方後円墳の性格」『日本考古学の諸問題』考古学研究会
池上　悟　二〇〇七「多摩川流域における首長墓の様相」広瀬和雄・池上悟編『季刊考古学・別冊一五　武蔵と相模の古墳』
市橋一郎　一九九六「常見古墳群の変遷」大澤伸啓・足立佳代ほか『口明塚古墳発掘調査報告書』足利市教育委員会
太田博之　二〇〇七a「武蔵北部の首長墓」『季刊考古学・別冊一五』前掲書
――　二〇〇七b「北武蔵における後期古墳の動向」佐々木憲一編『関東の後期古墳群』六一書房
小澤重雄編　二〇〇六『山ノ入古墳群　大日下遺跡』東日本高速道路株式会社・財団法人茨城県教育財団
小沢　洋　一九九二「上総南西部における古墳終末期の様相」『国立歴史民俗博物館研究報告』四四
塩野　博　二〇〇四『埼玉の古墳　北埼玉・南埼玉・北葛飾』さきたま出版会

白井久美子　一九九二「上総北西部における古墳終末期の様相」『国立歴史民俗博物館研究報告』四四
――――　二〇〇三「姉崎古墳群」『千葉県の歴史　資料編考古２（弥生・古墳時代）』千葉県史料研究財団
白石太一郎・杉山晋作　一九六六「千葉県成東町駄ノ塚古墳発掘調査報告」『国立歴史民俗博物館研究報告』六五
杉崎茂樹　一九九二「北武蔵における古墳時代後・終末期の諸様相」『国立歴史民俗博物館研究報告』四四
寺田良喜　二〇〇三「多摩川中・下流域の左岸の古墳―田園調布・野毛古墳群と砧・狛江古墳群にみる集団関係」『多摩地域史研究会第一三回大会要旨』
永沼律朗　一九九二「印旛沼周辺の終末期古墳」『国立歴史民俗博物館研究報告』四四
広瀬和雄　一九九五「横口式石槨の編年と系譜」『考古学雑誌』八〇―四
――――　二〇〇八「６・７世紀の東国政治動向―上総・下総・下野・武蔵地域の横穴式石室を素材として―」『古代日本の支配と文化』奈良女子大学21世紀ＣＯＥプログラム報告集一八
――――　二〇〇九「古墳時代像再構築のための考察―前方後円墳時代は律令国家の前史か―」『国立歴史民俗博物館研究報告』一五〇
松崎元樹　二〇〇六「古墳時代終末期の地域構造」『考古学論究』九
右島和夫　一九九四「総社古墳群の研究」『東国古墳時代の研究』学生社

東国における埴輪の消滅

―下野古墳群を一例に―

賀来孝代

はじめに

東京都・神奈川県をのぞく関東地方では六世紀後半に前方後円墳が急増し、また群集墳の造営も活発な動きをみせる。埴輪の使用も活発で、前方後円墳はもとより群集墳の小規模墳にもたくさんの埴輪が並び、円筒埴輪から形象埴輪にいたるまで、その時期の埴輪はおびただしい数にのぼる。六世紀にはいって埴輪の使用が低調に転じた畿内とは、大きく様相を異にしている。

さて、埴輪の変遷は西暦六〇〇年を前後するころに画期がある。古墳に埴輪を樹立しなくなるのである。しばらくして前方後円墳も終焉を迎えるが、古墳はそこで途絶えることなく大型の円墳や方墳がひき続き造られた。しかし、埴輪がその後に続くことはついになかった。埴輪が消えてゆく状況はどのようなものか下野《しもつけ》古墳群を例に考えてみたい。

一　下野古墳群における埴輪の樹立

下野古墳群は、栃木県中南部のおよそ半径五キロメートルの範囲に広がる古墳時代後・終末期の古墳群(1)で、南

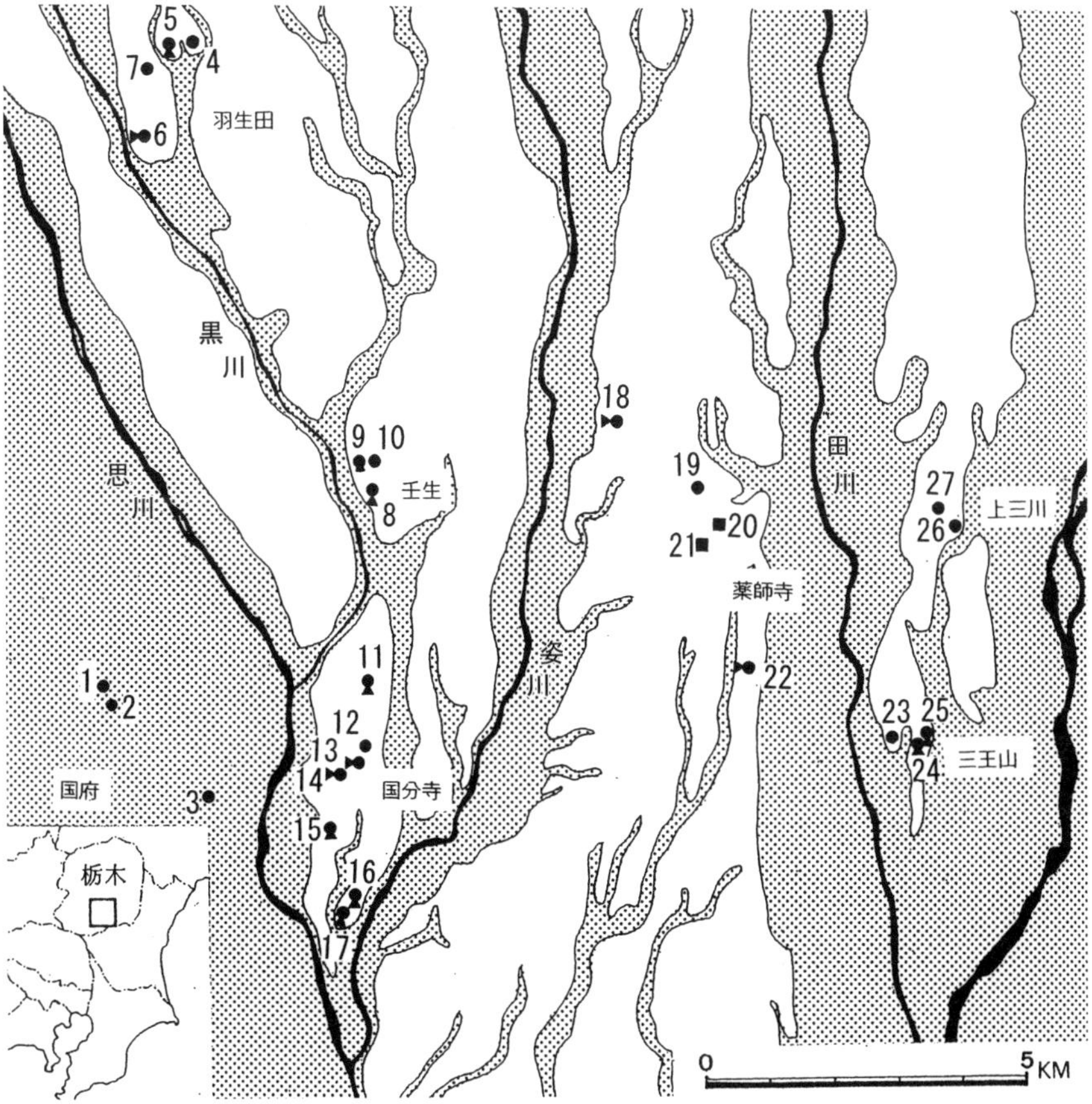

1：岩家古墳
2：天王塚古墳
3：丸山古墳
4：富士山古墳
5：茶臼山古墳
6：長塚古墳
7：桃花原古墳
8：壬生愛宕塚古墳
9：牛塚古墳
10：車塚古墳
11：吾妻古墳
12：丸塚古墳
13：山王塚古墳
14：国分寺愛宕塚古墳
15：甲塚古墳
16：琵琶塚古墳
17：摩利支天塚古墳
18：横塚古墳
19：下石橋愛宕塚古墳
20：多功大塚山古墳
21：多功南原1号墳
22：御鷲山古墳
23：星宮神社古墳
24：三王山38号墳
25：三王山古墳
26：兜塚古墳
27：上三川愛宕塚古墳

図1　下野古墳群分布図（秋元2007から転載、一部改変）

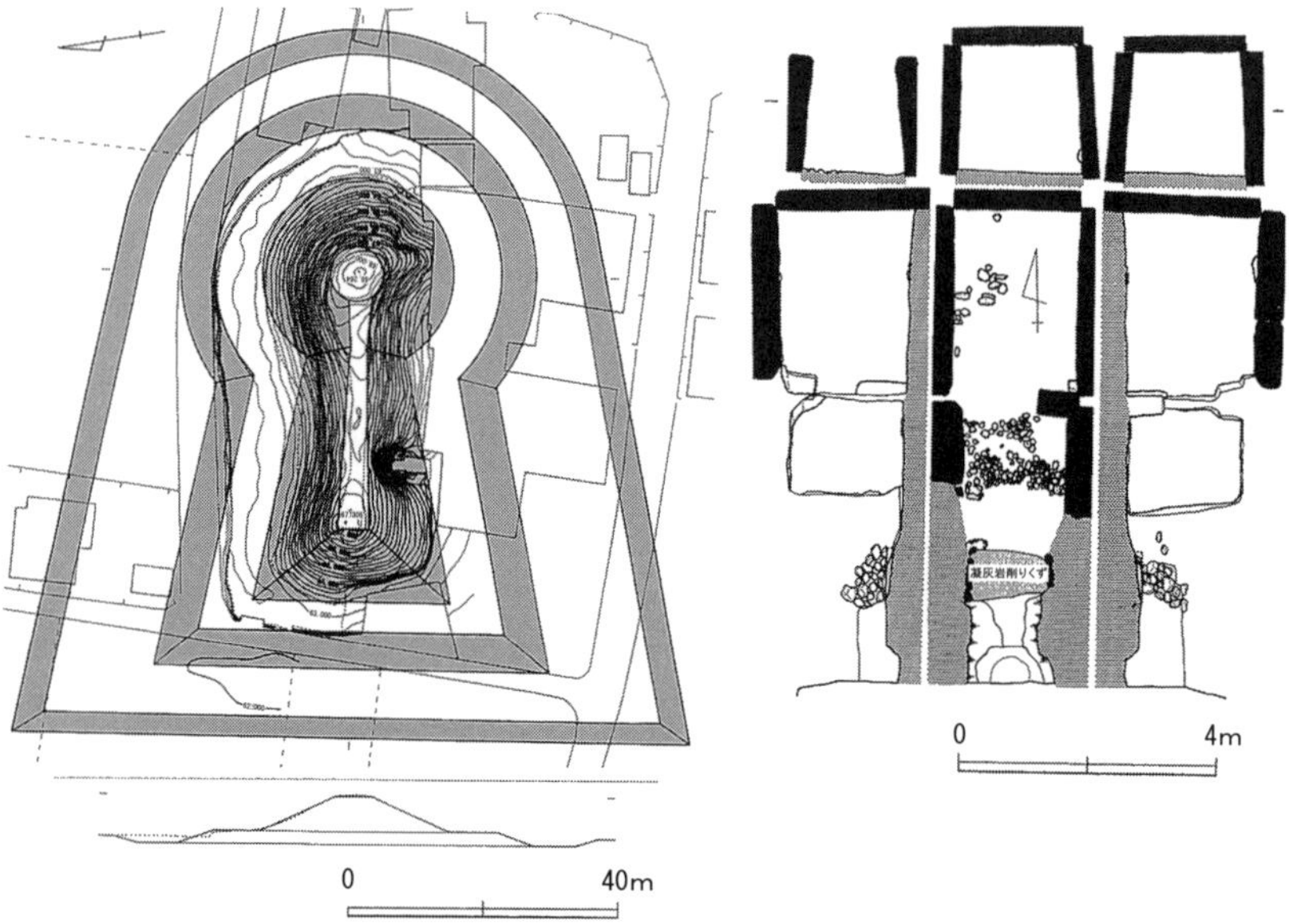

図２　御鷲山古墳（山野井・水沼 1992 から転載）

流する思川《おもいがわ》・田川《たがわ》とその支流域に展開している（図１）。幅広い墳丘第一段テラス（基壇）がある、前方後円墳の場合は石室が前方部に存在する、横穴式石室は凝灰岩切石（2）を使用する、という特徴をもっており（図２）、七つの首長墓系譜が認められている（3）。水系を念頭に古墳の密集する地域を、国府・羽生田《はにゅうだ》・壬生・国分寺・薬師寺・三王山・上三川《かみのかわ》の七つに分け、首長墓系譜ごとに具体的事例を検討してみよう。

国府地域　下野古墳群の西端、思川の右岸に位置する古墳群で、後に国府がおかれた地域である。岩家古墳（栃木市）は直径六一メートル、二段築成の円墳で、奥壁・側壁・天井をそれぞれ一枚の、床を二枚の凝灰岩切石で構築している。玄門は不明である。埴輪は見つかっていない。

天王塚古墳（栃木市）は直径四二メートルの円墳で、墳丘は一部しか残っていない。石室も破壊が著しいが、床面に切石を敷き詰めた河原石積み平面形胴張りの玄室の一部が残る。埴輪はない。

羽生田地域　古墳群の最も北に位置する地域で、思川に合流する黒川左岸に立地する。富士山古墳（壬生町）

は直径八六メートル、二段築成の円墳で、埋葬施設は不明である。円筒埴輪、形象埴輪がほとんど原位置で見つかっており、墳頂部には大型の家形（二）・翳《さしば》形（一）・盾（三）・靫《ゆぎ》形（一）埴輪、第一段テラスには円筒埴輪列の外側に、人物埴輪（四）や馬形埴輪（三）が列状に並んでいた。人物は馬のすぐそばから見つかっており、馬子（馬曳き）である可能性が高い。埴輪列がトレンチの両側へ続いているほか、種類不明の器財埴輪や動物埴輪の破片が見つかっていて、調査区の外側にも相当数の埴輪が並んでいると考えられる。

茶臼山古墳（壬生町）は墳長九一メートル、二段築成の前方後円墳である。傾斜地に造られ、高い外堤をめぐらす。埋葬施設は不明。墳頂部から円筒埴輪、第一段テラスからは円筒埴輪、人物埴輪（四）が出土している。そのほか出土場所は不明であるが大型の家形埴輪の屋根部分も見つかっている。長塚古墳（壬生町）は墳長八〇メートル、二段築成の前方後円墳である。埋葬施設は不明。埴輪はない。

桃花原《とうかはら》古墳（壬生町）は直径六三メートル、三段築成の円墳である。南に開口する横穴式石室は破壊が著しいが、前室入り口に残された凝灰岩一枚石の閉塞石や、河原石で構築されたハの字に広がる前庭部はよく残っている。埴輪はないが、第一段、第二段テラスからは須恵器甕が多数出土した。

壬生地域　思川との合流地点に近い黒川左岸に立地する。壬生愛宕塚古墳（壬生町）は墳長七八メートル、二段築成の前方後円墳である。墳丘北と西側だけに外堤が残る。埋葬施設は不明。墳丘から円筒埴輪が、外堤から円筒埴輪と盾持人埴輪（一）が見つかっている。壬生牛塚古墳（壬生町）は墳長四七メートル、帆立貝式前方後円墳である。埋葬施設は不明で埴輪はない。

車塚古墳（壬生町）は直径八二メートル、三段築成の円墳である。南に開口する凝灰岩切石の横穴式石室は、奥壁・側壁・天井を一枚石で構築するが、玄門は組み合わせ式である。埴輪はない。

国分寺地域　古墳群の最も南に位置し、思川と黒川、思川と姿川《すがたがわ》の合流点に挟まれた地域で、後に下野国分寺・国分尼寺が営まれる。吾妻古墳（壬生町・栃木市）は墳長一二八メートルで、栃木県最大の前方後円墳である。墳丘は前方部を南に向けた二段築成で、凝灰岩の刳り抜き玄門をもつ横穴式石室を前方部前端に設置している。埴輪は墳頂部と第一段テラスから見つかっている。第二段墳丘斜面の中位にも円筒埴輪列がある可能性があり、幅の狭いテラスが存在するかもしれない。形象埴輪では靫形や種類不明の器財埴輪がいずれも破片で出土している。国分寺愛宕塚古墳（下野市）は墳長七八メートル、二段築成の前方後円墳である。埋葬施設は凝灰岩切石の横穴式石室が推定されている。埴輪は見つかっていない。

甲塚《かぶと》古墳（下野市）は墳長七六メートル、二段築成の帆立貝式前方後円墳である。南に向く前方部前端に開口する凝灰岩切石の横穴式石室は、刳り抜き玄門を採用した可能性が高い。墳頂部からの転落と思われる円筒埴輪と家形や盾形などの形象埴輪のほか、幅一五メートルもある第一段テラスのほぼ中央を巡る埴輪列が見つかっている。列は前方後円形を描かず、前方部で切れた円形を呈している。円筒埴輪は、石室のある墳丘南側は密に、北側では疎らに配置してあって、古墳に正面観があることを示している。形象埴輪は、石室入り口を墳丘外側から見て左側の円筒埴輪列の一部に組み込まれている。埴輪列は、石室側から円筒埴輪を数本置き、男子や女子（合わせて一五）の人物埴輪、円筒埴輪を挟みながら馬（四）・馬子（四）などの形象埴輪が続き、その後ろはまた円筒埴輪が巡る。人物埴輪はすべて墳丘の外側に向いて立っている。盾持人は、列と同じテラスからの出土であるが、配置場所が不明で列には加わっていない可能性がある。

山王塚古墳（下野市）は墳長九〇メートル、二段築成の前方後円墳。前方部に敷設された横穴式石室は、奥壁・玄門は凝灰岩切石の一枚石だが側壁は河原石小口積みである。刳り抜き玄門を採用し、玄室平面形は少し胴張りしている。埴輪はない。丸塚古墳（下野市）は直径七四メートル、二段築成の円墳である。刳り抜き玄門の凝灰岩切石による横穴式石室である。埴輪はもたない。

薬師寺地域　古墳群の中央、田川と姿川に挟まれた地域で、七世紀の終わり頃には下野薬師寺の造営がはじまる。横塚古墳（下野市）は推定墳長七〇メートルの前方後円墳である。前方部の横穴式石室は南に開口し、側壁は河原石小口積み、奥壁・隔壁・天井は凝灰岩切石と伝えられている。墳丘の第一段テラスで朝顔形を含む円筒埴輪列が見つかっている。形象埴輪には靫形（三）、人物、馬形（一）がある。人物埴輪には武人のほか、鍔付きの帽子をかぶった頭部や櫛表現のある女子の頭部片、小壺を持つ腕なども見つかっている。

御鷲山古墳（下野市）は墳長八五メートル、二段築成の前方後円墳である。前方部に組み合わせ式玄門を擁する凝灰岩切石の横穴式石室を設置している。出土位置ははっきりしていないが、円筒埴輪と形象埴輪が出土している。形象埴輪はいずれも破片で、家形、盾形、人物がある。

下石橋愛宕塚古墳（下野市）は直径八二メートル、二段築成の円墳である。埋葬施設は凝灰岩切石の横穴式石室で、埴輪はなく、第一段テラスに須恵器甕が並んでいた。多功大塚山古墳（上三川町）は一辺五三メートルの方墳。埋葬施設は横穴式石室で、埴輪はない。多功南原一号墳（上三川町）は一辺二五メートルの方墳。埋葬施設は横穴式石室。埴輪はない。

三王山地域　田川東岸に位置し、古墳群の南東に当たる地域である。星宮神社古墳（下野市）は直径四九メートル、二段築成の円墳である。埋葬施設は不明。円筒埴輪のほか人物埴輪、馬形埴輪、翳形の可能性がある器財埴輪が見つかっている。人物埴輪には甲を着けた武人（一）、双脚全身立像の脚部（二）がある。

三王山三八号墳（下野市）は墳長五一メートル、二段築成の帆立貝式前方後円墳である。埋葬施設は不明で、埴輪はない。三王山古墳（下野市）は墳長八五メートル、二段築成の前方後円墳である。埋葬施設は不明。埴輪はない。

上三川地域　田川東岸に立地し、古墳群の東端に位置する。兜塚古墳（上三川町）は直径四五メートルの円墳と推定されている。凝灰岩切石の刳り抜き玄門をもつ石室内に流入した土中から、円筒埴輪片が見つかっている。

上三川愛宕塚古墳（上三川町）は直径四〇メートルの円墳である。墳丘は削平されてしまったが、凝灰岩切石の刳り抜き玄門をもつ石室だけが移築されて残っている。埴輪があったという情報はない。

二　古墳の編年と埴輪の動向

（一）古墳の編年

下野古墳群の首長墓を三期に編年し、埴輪樹立の動向をみてみよう（表1）。

Ⅰ期（六世紀後半）　羽生田の富士山古墳・茶臼山古墳、壬生の壬生愛宕塚古墳、国分寺の吾妻古墳・国分寺愛宕塚古墳、薬師寺の横塚古墳、三王山の星宮神社古墳、上三川の兜塚古墳。前方後円墳が五基、円墳が三基である。ほとんどの古墳に埴輪があり、埴輪をもたないのは、国分寺愛宕塚古墳だけである。

Ⅱ期（六世紀末から七世紀はじめ）　羽生田の長塚古墳、壬生の牛塚古墳、国分寺の甲塚古墳・山王塚古墳、薬師寺の御鷲山古墳・下石橋愛宕塚古墳、三王山の三王山三八号墳・三王山古墳で、八基中前方後円墳は七基、下石橋愛宕塚古墳だけが円墳である。埴輪の樹立は減り、埴輪をもつのは甲塚古墳と御鷲山古墳の二古墳である。

Ⅲ期（七世紀前半から中葉）　国府の岩家古墳・天王塚古墳、羽生田の桃花原古墳、壬生の車塚古墳、国分寺の丸塚古墳、薬師寺の多功大塚山古墳・多功南原一号墳、上三川の上三川愛宕塚古墳である。前方後円墳は一基もなく、薬師寺の二古墳が方墳であることを除くと、ほかはすべて円墳である。薬師寺の多功大塚山古墳、多功南原一号墳と国府の天王塚古墳は、七世紀中葉以降に下ると考えられる。Ⅲ期には埴輪をもつ古墳はない。

（二）埴輪の動向

下野古墳群における埴輪樹立の状況をみると、Ⅰ期では六地域八基のうち七基が埴輪をもっている。七基の墳形は、前方後円墳四基、円墳三基である。埴輪採用率は八八％と非常に高い。ところが、Ⅱ期になると五地域八古墳のうち埴輪をもつのは二基にすぎず、埴輪採用率は二五％にまで著しく低下する。Ⅲ期になると採用は一基もない。前方後円墳の数は、Ⅰ期で四地域五基、Ⅱ期では五地域七基あって、Ⅱ期には落ち込むどころかその数

表1　下野古墳群の埴輪

	Ⅰ期	Ⅱ期	Ⅲ期
国府			岩家○61 天王塚○42
羽生田	**富士山**○86 頂:円・家(2)・翳(1) 盾(3)・靫(1)・器材 平:円・朝・器材・人(4) 馬(3)・動物 **茶臼山**●91 頂:円 平:円・人(4) 丘:家(1)	長塚●80	桃花原○63
壬生	**愛宕塚**●78 丘:円 堤:円・盾持人(1)	牛塚●帆47	車塚○82
国分寺	**吾妻**●128 丘:円・朝・靫・器材 愛宕塚●78	**甲塚**●帆76 頂:円・朝・家・器材 平:円・朝・人(18) 馬(4)・盾持人(1) 山王塚●90	丸塚○74
薬師寺	**横塚**●70 平:円・朝 丘:靫(3)・人(4)・馬(1)	**御鷲山**●85 丘:円・朝・家・盾・人 下石橋愛宕塚○82	多功大塚山□53 多功南原1号□25
三王山	**星宮神社**○49 丘:円・朝・器材 人(2)・馬	三王山38号●帆51 三王山●85	
上三川	**兜塚**○45 円		愛宕塚○40

古墳名：**埴輪あり**　埴輪なし
●：前方後円墳（帆：帆立貝）　○：円墳　□：方墳　数字は大きさ：単位メートル
頂：墳頂　平：墳丘テラス　丘：墳丘　堤：外堤

を増やし、Ⅲ期に消滅する。つまり、埴輪消滅の動きは、前方後円墳のそれよりも早く始まったことになる。しかし、埴輪が漸次消えていったとも言い難い。その動きはそれほど緩やかではなくⅡ期の段階で埴輪の樹立をある時にやめてしまったようにみえる。少し遅れて前方後円墳もまた一斉に造営を停止し、Ⅲ期には円墳、方墳にかわるのである。

三　埴輪の種類と配置

(一)　埴輪の種類とその配置

各古墳から出土した埴輪の種類は、大きく分けて朝顔形を含む円筒埴輪と形象埴輪とがある。形象埴輪には、家形埴輪、器財埴輪（翳・盾・靫・種類不明）、盾持人を含む人物埴輪、動物埴輪（馬・種類不明）がある。家形埴輪は四古墳、器財埴輪は五古墳で確認されており、器財埴輪はその種類も豊富である。人物埴輪は七古墳、そのうち盾持人は二古墳から出土している。人物の種類は詳しくわかっているわけではないが、女子・男子・武人・馬子などがあり、星宮神社古墳では双脚の全身立像人物が複数出土している。馬形埴輪は四古墳から見つかっている。馬形に並んで立つ人物埴輪（馬子）とともに列を構成している例があり、甲塚古墳では馬形四体とそれぞれのそばから馬子四体が出土した。富士山古墳では馬形が三体、馬子は四体見つかっており、おそらく馬形もう一体あったのだろう。馬ではない動物埴輪の破片が富士山古墳で見つかっているが、種類の特定は困難である。

埴輪は墳頂部と第一段テラス、外堤に配置された。富士山・茶臼山古墳では、墳頂部に円筒埴輪列が確認されている。吾妻古墳や甲塚古墳でも墳頂部に埴輪を置いた可能性が高い。墳頂部の形象埴輪の種類は、家形・翳形・盾形・靫形埴輪である。

つぎに第一段テラスで埴輪が見つかっているのは、富士山・茶臼山・横塚・甲塚古墳である。形象埴輪の種類

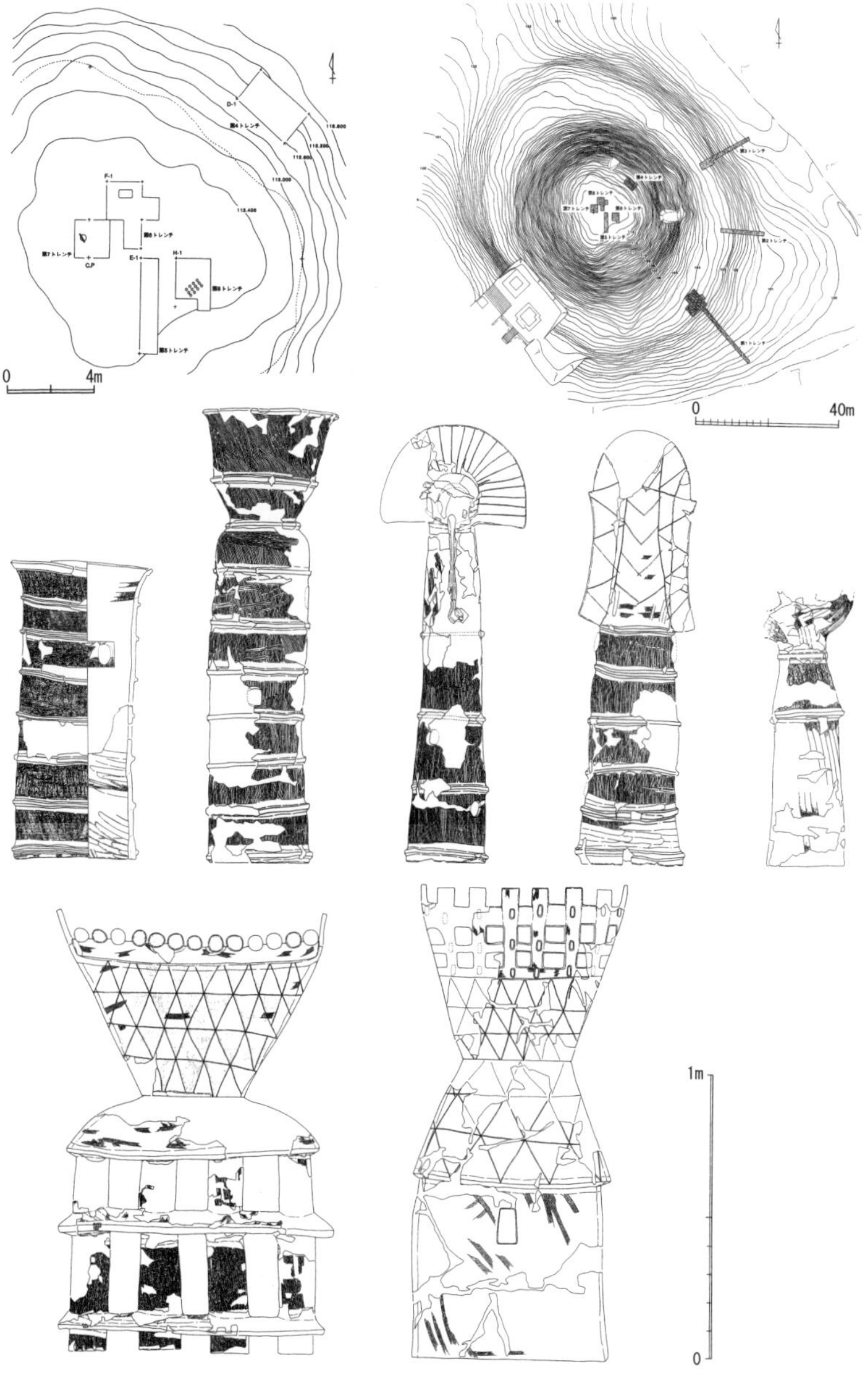

図３　羽生田富士山古墳（君島 1998 から転載）

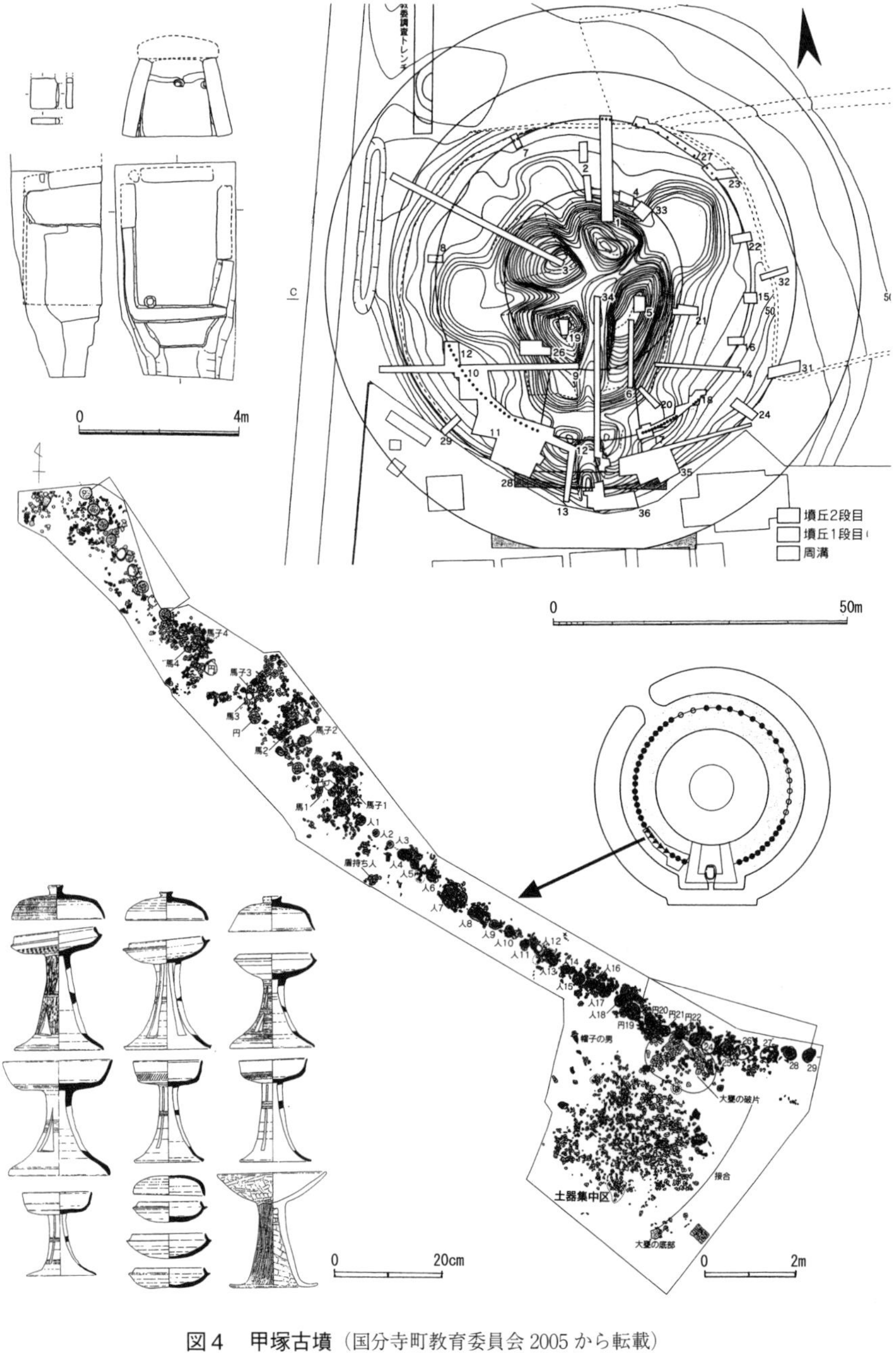

図4　甲塚古墳（国分寺町教育委員会 2005 から転載）

は人物・馬形埴輪である。富士山古墳では種類不明の器財埴輪や動物埴輪も並んでいた。さらに、外堤に例があるのは壬生愛宕塚古墳で、円筒埴輪、盾持人埴輪が見つかっている。

このように、墳頂部には家形埴輪や翳形・盾形・靫形などの器財埴輪を並べ、第一段テラスには人物・馬形埴輪を列状に配置していることがわかる。

(二) 埴輪配置の変化

埴輪の種類と配置に時間的差異があるかどうかみてみよう。Ⅰ期もⅡ期も主な配置場所が墳頂部と墳丘テラスであることにかわりはない。墳頂部の形象埴輪は、Ⅰ期では家形、翳形・盾形・靫形ほか種類不明の器財埴輪が見つかっているが、Ⅱ期では家形埴輪が確実にあるほかは種類不明の器財埴輪があるだけである。第一段テラスでは、Ⅰ期に種類不明の器財埴輪、人物埴輪、馬形埴輪があり、Ⅱ期には人物埴輪と馬形埴輪がある。Ⅰ期とⅡ期では、埴輪の配置場所に変化はないが、形象埴輪の種類は減少している。

埴輪が原位置で見つかっているⅠ期の富士山古墳（図3）とⅡ期の甲塚古墳（図4）とを比べると、埴輪の並び方に変化がある。富士山古墳では、円筒埴輪列の外側に馬子を伴った馬形埴輪の列が平行していた。ところが、甲塚古墳では、人物や馬形埴輪の列は、円筒埴輪列に組み込まれている。Ⅱ期では器財埴輪の種類の減少とともに列の簡素化も図られたようである。ただし、樹立数は円筒埴輪、形象埴輪とも大幅な減少はみられない。Ⅱ期の甲塚古墳の第一段テラスでは、墳丘の外側を向く十数体の人物埴輪や四体の馬形埴輪を含む円筒埴輪が近接して置かれており、量的な存在感を示している。

おわりに

六世紀後半、下野古墳群の埴輪樹立は好調を維持していた。ほとんどの古墳が埴輪をもっていただけでなく、その樹立内容も充実していた。ところが、七世紀はじめ埴輪は一気に終息に向かう。短期間のうちに埴輪を並べない古墳が急増し、形象埴輪は種類を減らし墳丘テラスの埴輪列も単純化する。一方、一定量を樹立していて、視覚的量感はそれほど損なってはいない。つまり、埴輪は徐々に衰微しひっそりと消滅したのではなく、最後まで墳丘に立て並ぶ姿を保ったまま、突如終焉を迎えたのである。前方後円墳も消滅直前まで活発に築造されるが、唐突に造営を停止する。その後、墳形を円墳や方墳に変えて古墳が続いていくのに対し、埴輪は前方後円墳の消滅の少し前には歩調を合わせるように終局する。前方後円墳の終焉という大転換機に際し、埴輪が連動した状況が読みとれる。このように、順調だった前方後円墳の造営や埴輪の樹立が、急に断ちきれてしまう要因をそれ自体に求めるのは難しく、また、下野古墳群だけで完結する問題とも考えにくい。あまりに急な幕切れを迎える事態の背景には、外在的要因を考えざるをえない。埴輪は前方後円墳における祭祀の一部を構成し、前方後円墳との強い結びつきを示してきた。前方後円墳が終焉を迎えるとき、埴輪もその存在意義を失ったのである。

謝辞

秋元陽光氏、山口耕一氏には資料の提供、ご教示をいただき、広瀬和雄氏にはご指導を賜りました。心から感謝申しあげます。

註

（1）下野古墳群というよび名は秋元（二〇〇七）に従っている。小考ではそのうち六世紀後半以降の首長墓を扱う。
（2）二〇〇八年の調査で吾妻古墳の刳り抜き玄門をのぞく石室石材は凝灰岩ではないことがわかった（中村・中山二〇〇九）。
（3）下野古墳群の地域分けにはいくつかの意見がある。九地域（秋元・大橋一九八八）、五地域（下野市教育委員会二〇〇六）、七地域（秋元二〇〇七）、秋元とは違う七地域（広瀬二〇〇八・二〇〇九）である。

引用・参考文献

秋元陽光　二〇〇七「河内郡における終末期古墳」『上神主・茂原官衙遺跡の諸問題』栃木県考古学会シンポジウム実行委員会　栃木県考古学会
秋元陽光・大橋泰夫　一九八八「栃木県南部の古墳時代後期の首長墓の動向―思川・田川水系を中心として―」『栃木県考古学会誌』九　栃木県考古学会
大橋泰夫　一九九〇「下野における古墳時代後期の動向」『古代』八九　早稲田大学考古学会
君島利行　一九九八『富士山古墳』壬生町埋蔵文化財調査報告書第一四集　壬生町教育委員会
国分寺町教育委員会生涯学習課編　二〇〇五『甲塚古墳―平成一六年度規模確認調査』国分寺町教育委員会
下野市教育委員会文化課編　二〇〇六『下野市周辺の古墳群』下野市教育委員会
中村享史・中山　晋　二〇〇九『吾妻古墳　重要遺跡範囲確認調査概報Ⅱ』栃木県埋蔵文化財調査報告第三二五集　栃木県教育委員会・財団法人とちぎ生涯学習文化財団
広瀬和雄　二〇〇八「6・7世紀の東国政治動向（予察）―上総・下総・下野・武蔵地域の横穴式石室を素材として―」『古代日本の支配と文化』奈良女子大学21世紀COEプログラム報告集一八、奈良女子大学21世紀COEプログラム古代日本形成の特質解明の研究教育拠点
――――　二〇〇九「古墳時代像再構築のための考察―前方後円墳時代は律令国家の前史か―」『国立歴史民俗博物館研究報告』一五〇
山野井清人・水沼良浩　一九九二「二〇　御鷲山古墳」『南河内町史』資料編一　考古　南河内町

古墳の報告書については紙面の都合でほとんどを割愛している。

東国の前方後円墳終焉をめぐる研究史

太田博之

はじめに

東国の前方後円墳終焉についての研究は、これまでにも厚い蓄積があり、その歴史は戦前にまで遡る。このことは、東国の後期前方後円墳の築造数が畿内などに比べて格段に多く、墳丘規模においても、一〇〇メートル前後の大型墳が目立つ点に、早くから研究者の注意が向けられていたことの表れでもある。これまでに蓄積された幾多の研究を振り返ると、議論の焦点は主として東国における前方後円墳の終焉時期とその歴史的背景についての二点に置かれていたことが理解される。本書で検討しようとするいくつかの課題のうちにも、この二つの問題は含まれる。そうした点で、現在までの研究史を振り返る作業も必要なことであろう。以下では、東国の前方後円墳終焉に関する代表的な論考を取り上げて、今日までの議論の足跡を辿ることにしたい。

一　一九七〇年代までの研究

戦前から一九七〇年代までの研究では、東国に所在する古墳の実年代について、畿内の古墳と同一型式の副葬品を出土する場合であっても、相当程度年代を遅らせて考えることが一般的であった。このことの背景には、畿内から周縁への古墳の拡散を、単純な文化伝播現象として理解する姿勢とともに、畿内から東国への伝播には一定の時間を要したという予断が、固定的な観念となって強く影響していたといえるだろう。

後藤守一は群馬県白石稲荷山古墳の調査報告書のなかで、白石古墳群の形成過程を論じ、その終末段階にあたると考えた二子山古墳の年代を七世紀前半まで下るとする見解を示した。この論のなかで、後藤は「畿内地方に於いてこそ、前方後円墳の下限を西紀六世紀代の末におくべきであるかも知れないが、関東地方に於いては、これを更に五六十年の後まで延ばすことにさまでの無理はなかろう」（後藤・相川一九三六：一〇一頁）、「前方後円墳推移のメーターが、畿内地方のそれとは少なくも一二世紀の遅延を認めなければならない」（同：一〇三頁）として、東国における前方後円墳の下限を半世紀から二世紀の幅で畿内より遅れるとする理解を示した。

また、千葉県金鈴塚古墳の報告のなかで、滝口宏は獅噛環頭大刀など、年代を新しく見ることにより齟齬を生ずる遺物が含まれることを認識しつつも（滝口一九五二：一一九頁）、当該古墳の造営年代は古墳時代終末期に当てはめるべきであり、奈良朝もしくはその直前とする考えを示した（同一九五二：一二四頁）。

このような意見に対し、小林行雄は右の後藤守一の論考のうち、とくに中期古墳時代文化の周縁への伝播の問題を取り上げ、畿内と東国との地理的距離を文化伝播に要する時間に読み替えることの誤りについて詳細な批判を加えた（小林一九六二）。しかし、この小林の批判はその後の研究に十分浸透することなく、東国の前方後円墳の終焉が七世紀前半であることを前提とした議論は、一九七〇年代まで続くことになる（甘粕・小宮一九七八）。

ただし、関東の前方後円墳の終末年代を七世紀まで下らせて考える後藤・滝口らの見解の根拠には、文化伝播の所要時間の問題もさることながら、出土する大刀などの金属製品に、奈良時代の遺物との間に型式的な類似性が見られるとする認識があり、このことに年代比定の根拠を置いていたという側面がある（後藤・相川一九三六：九九頁）。小林の批判はそれとして、後藤らの年代認識の背景には、副葬遺物や古墳出土須恵器の編年研究が、現在に比べ著しく未発達であった事情が大きく影響していたことも理解しておく必要があるだろう。

二　一九八〇年代以降の動向

一九八〇年代に入ると、ようやくそれまでの文化伝播的年代観が克服され、東国の前方後円墳の終焉を畿内とほぼ同時期に見る意見が主流を占め、また前方後円墳終焉の歴史的背景についての発言も目立つようになる。金井塚良一は、埼玉県の比企地域と埼玉地域を取り上げ、両地域の前方後円墳の終末年代と前方後円墳終焉の原因について意見を述べた。まず、比企・埼玉両地域で前方後円墳の造営が終焉するのは西暦六〇〇年前後であろうとし、前方後円墳の終末年代を、六・七世紀の境界に想定した。そのうえで、金井塚は、前方後円墳終焉の要因について、西暦六〇〇年前後の時期の北武蔵に、「大和政権」による壬生部の設定を推定し、こうした「大和政権」による東国への介入が前方後円墳の終焉と無関係ではないとする見解を示した（金井塚一九八一：七五頁）。

こうした、現在とほぼ変わらない年代観が示されるようになったことの背景には、一九八〇年代初頭以来、須恵器や武器・武具・馬具などの金属器を中心とした古墳副葬遺物に関する編年研究が、急速に進展・精緻化したことが大きく作用していると思われる（田辺一九八一、新納一九八二など）。事実、遺物研究の立場からその成果を応用し、前方後円墳の終焉時期に迫る研究成果が、この時期いくつか報告されている。

新納泉は装飾大刀の検討から、関東地方の前方後円墳の終末年代と前方後円墳終焉の要因について言及し、関東で装飾大刀を出土する主要な前方後円墳の築造順序を観音山古墳・城山一号墳→金鈴塚古墳→観音塚古墳・小見真観寺古墳ととらえ（新納一九八四：四五頁）、最終段階にあたる観音塚・真観寺両古墳の築造時期を装飾大刀編年とこれに並行する須恵器型式に与えられた絶対年代をもとに西暦六〇〇年頃と推定し、関東地方の前方後円墳の終末年代自体も同じく六〇〇年頃と考えうるとする見解を示した（同：四六頁）。そして、関東地方における前方後円墳の終焉の要因として、関東地方においても大和政権による卓越性が一歩進められたことを反映したものであり、それが推古朝の東国政策と関連するものであろうとする意見を述べた（同：四六頁）。

岡安光彦も各種馬具の網羅的な分析を通し、前方後円墳の終末年代について検討を行った。岡安は関東各地および奈良県内所在の最新相を示す代表的な前方後円墳を取り上げ、出土した馬具を個別に考察し、その結果から前方後円墳築造の終了時期を六世紀と七世紀の境界とする結論を導き出した（岡安一九八六）。新納・岡安二氏の研究は、古墳出土の武器・馬具についての精緻な編年研究を基盤とするものであり、検証可能な考古学的手法に基づいて前方後円墳の終焉年代を導出したという点で画期的な業績といえよう。

また、こうした成果とともに、終焉期の前方後円墳を広域的に集成・検討する作業も行われるようになった。一九八四年には『古代学研究』誌上で、「各地域における最後の前方後円墳」が特集され、山口県大日塚古墳のような一部の例外を除き、六世紀のある段階で前方後円墳の築造が終わるとする総括がなされた（森ほか一九八四）。一九九〇年の金井塚良一編集による『前方後円墳の消滅』では、東京都・神奈川県を除く関東各県の前方後円墳の終焉時期が検討され、その「総論」のなかで、大型前方後円墳の終焉時期を西暦六〇〇年前後とする見解がまとめられている（金井塚・原島一九九〇：一六〇頁）。なお、同書のなかでは、安藤鴻基が千葉県の事例を取り上げ、葬制の変化という視点から前方後円墳の終焉の具体的な原因を推定している。安藤は終末期の千葉県には方墳が多く、とくに岩屋古墳、駄ノ塚古墳、割見塚古墳などの大型墳が見られることを指摘したうえで、岩屋古墳が一辺八〇メートルの規模をもつ終末期最大の方墳であること、方墳が蘇我氏との結びつきが強い墳形であること、近傍に所在する龍角寺の鐙瓦が山田寺式であることを根拠に、岩屋古墳の被葬者を「蘇我氏の時代の蘇我氏」と見なすことで、その墳丘の巨大さも理解できるとした。そして、蘇我氏の主導による新政策の一環として葬制改革が実施され、このことによって埴輪と前方後円墳が終焉し、あらたに方墳の出現を見たとして、前方後円墳終焉の原因を蘇我氏による推古朝の葬制改革に求めた（安藤一九九〇：一四九・一五〇頁）。

ところで、一九八四年の『古代学研究』および一九九〇年の金井塚編のふたつの研究のなかで、一部に七世紀に下る前方後円墳の存在が触れられている事実は見逃されるべきではないだろう。前者では先の総括の内容とは異なり、茨城県などで七世紀中葉の前方後円墳の存在が報告されている（茂木一九八四）。後者でも、茨城県の横穴式石室をもたない小型前方後円墳のなかに、七世紀中葉に下るものがあることを阿久津久が指摘し（阿久津一九九〇）、さらに、編者の金井塚良一も、通常の前方後円墳と考えてよいかとする疑問を挟みつつ、常総地域において、終末期まで小型前方後円墳が見られることに注意を払っている（金井塚・原島一九九〇：一六〇頁）。

一方、前方後円墳終焉の歴史的背景については、金井塚・原島・新納の各氏とも、推古朝の政治変革との関係を想定している。ただし、いずれの見解においても、前方後円墳の終焉にいたる具体的なメカニズムにまでは論及されていない。このあたりは、考古学的な手法によって導き出された西暦六〇〇年前後という前方後円墳の終焉年代が、推古朝期にあることから、集権化の進行する推古朝期の政治動向のイメージと前方後円墳の終焉を結びつける解釈が試みられたというのが、実際のところあったように思える。推古朝期の「葬制の変革」を要因に考える安藤鴻基の場合も、当該の「変革」の実態について、具体的な見解を述べているわけではない（安藤一九九〇）。必要なのは、推古朝における如何なる政治変革が、前方後円墳の築造に現象する古墳時代的な政治構造・政治思想と矛盾し、どのような政治変革を遂行した結果、前方後円墳の築造が停止されることになったのか、という原理的な説明がなされることである。推古朝の政治思想との矛盾に前方後円墳築造停止の理由があり、その矛盾の内実が解明できるならば、前方後円墳の本質的な性格を解明する上でも有効であろう。

三　近年の議論と終末期の前方後円墳

東国の前方後円墳終焉時期をめぐる議論において、遺物編年研究の深化が、過去の文化伝播論的年代観を清算した経緯は右に確認したとおりである。しかし、その一方で、遺物編年研究の進展が古墳時代終末期に下る前方後円墳の存在を新たに浮上させる結果をもたらしたということもいえるだろう。とりわけ、東関東地域における終末期前方後円墳の資料的蓄積は注視すべきものがある。

岩崎卓也は茨木県・栃木県から千葉県にかけての東関東地域において、古墳時代後期に、首長墓としての前方後円墳以外に、小規模で広義の帆立貝形ともいうべき形状をなし、前方部の旧地表面化に埋葬施設を設ける古墳が見られることを挙げ、これを「前方後円形小墳」と規定した（岩崎一九九二）。そのうえで、岩崎は「前方後円形小墳」出現の背景について、古墳時代後期の首長連合形成とそれに伴う在地首長層の隔絶化により、彼らと民衆との階層的格差が顕在化し、このことによって民衆と首長との一体感は急速に喪失されていったことを推測した。そして、「そうした中ではかられたのは、民衆との共同体的関係を根強く保持し続けているより下位の中・下首長層を、前方後円墳に媒介される擬制的関係のネットワークに編入することだったのではあるまいか」（岩崎一九九二：七二頁）として、「前方後円形小墳」を中間層の取り込みによる「共同体的紐帯の政治的利用」を目的に創出された地域独自の墳墓型式として位置付ける見解を示している。この岩崎の論考は六世紀を対象に、東国で前方後円墳が急増することの要因解明を企図したものであったが、「前方後円形小墳」のなかには以前から古墳時代終末期の築造とする指摘のあったいくつかの古墳が含まれており（茂木一九八四、阿久津一九九〇）、東国における前方後円墳の終焉を考えるとき、この「前方後円形小墳」は無視できない存在となっている。

この問題は二〇〇〇年に開催された、東北・関東前方後円墳研究会研究大会『前方後円墳終焉とその後』においても引き継がれ、茨城県内の終焉期前方後円墳の集成・検討をすすめた稲村繁が、須恵器ＴＫ二一七型式期まで下る前方後円墳の存在をあらためて指摘している。このなかで稲村は、①須恵器ＴＫ二〇九型式期前半には、県内ほぼ全域の前方後円墳に埴輪が樹立され、首長墓は大型化の傾向を示すこと、②須恵器ＴＫ二〇九型式期後半に埴輪が消滅した後も、大型前方後円墳が築造されるとともに、南部を中心に小型前方後円墳が増加すること、③須恵器ＴＫ二一七型式期にも、わずかながら継続して大型前方後円墳が築造されること、④小型前方後円墳はいずれも須恵器ＴＫ二一七型式期前半までの間に終焉を迎えることを述べ、茨城県域においては「前方後円形小墳」とともに大型前方後円墳も須恵器ＴＫ二一七型式期にまで存続する事実を明らかにした（稲村二〇〇〇：二二一・二二三頁）。また、杉山晋作も千葉県内に古墳時代終末期の前方後方墳が見られることを指摘し、さらにこれらの前方後方墳のうちに、木棺直葬の埋葬施設を備えるもののあることを挙げ、そこに前代の墓制を維持し、伝統を保守しようとする被葬者層の姿勢を見出そうとした（杉山二〇〇〇）。

岩崎卓也により古墳時代後・終末期の東関東地域に特徴的な存在として抽出された「前方後円形小墳」は、きわめて在地性の強い墳墓型式として創出されているが、とくに終末期における政治社会的意味は、古墳時代後期までとは自然と異なるものであったに相違ない。それにしても、岩崎が想定したような「前方後円墳に媒介される擬制的関係のネットワーク」が成立するためには、「前方後円形小墳」の上位にある終末期の大型前方後円墳の存在を前提とする必要があり、この点で茨城県内の須恵器ＴＫ二一七型式期における大型前方後円墳築造を明らかにした稲村繁の指摘は重要な意味をもつ。

さらに、いまひとつの課題として、終末期における「擬制的関係のネットワーク」の媒介に、なぜ前方後円墳が選択され続けたのかという問いが残る。畿内において前方後円墳が終焉したのちに、畿内との政治的関係を前方後円墳の築造で表示することは困難であり、畿内の勢威を利用した地域統合の手段としての前方後円墳は、終末期においては、もはやその機能を終了しているといえる。こうした問題に対し、杉山晋作が触れた千葉県内における終末期前方後方墳築造をめぐる議論はその回答となっていないだろうか。終末期においても前方後円墳を築造し、伝統を維持し続けることが、過去幾代もの首長との連続性を主張し、地域内部における首長権威の保全機能を果たすという場合も存在したのだろう。

おわりに

東関東地域の終末期前方後円墳の問題は、龍角寺浅間山古墳など地域の代表的な首長墓の築造時期をめぐる議論にいまだ決着を見ていないものの、畿内での終焉後も造営が継続する前方後円墳の意味は、あらためて問われなければならない。また、これまで終末期前方後円墳の存在が議論されて来なかった群馬・埼玉県域での状況も再検討されるべきであろう。さらに、終末期における前方後円墳消滅に関しても、推古朝期における前方後円墳造営停止とは、また別の説明が用意される必要があり、今後に残された課題はいまだ多い。

参考文献

阿久津久　一九九〇「常陸における前方後円墳の消滅」『前方後円墳の消滅』新人物往来社
甘粕　健・小宮まゆみ　一九七八「前方後円墳の消滅」『考古学研究』二三―一　考古学研究会
安藤鴻基　一九九〇「千葉県にみる推古朝の葬制改革」『前方後円墳の消滅』新人物往来社
稲村　繁　二〇〇〇「茨城における前方後円墳の終焉とその後」『シンポジウム前方後円墳の終焉とその後』第五回東北・関東前方後円墳研究会大会発表要旨資料　東北・関東前方後円墳研究会
岩崎卓也　一九九二「関東地方東部の前方後円形小墳」『国立歴史民俗博物館研究報告』四四
岡安光彦　一九八六「終末期の前方後円墳と馬具」『日本古代文化研究』三　PHALANX―古墳文化研究会―
金井塚良一　一九八一「前方後円墳の消滅―北武蔵を中心として―」『歴史公論』七―二　雄山閣
金井塚良一・原島礼二　一九九〇「前方後円墳の消滅を考える」『前方後円墳の消滅』新人物往来社
後藤守一・相川龍雄　一九三六『群馬県史蹟名勝天然記念物調査報告』三　群馬県
小林行雄　一九六一「中期古墳時代文化とその伝播」『古墳時代の研究』青木書店（初出一九五〇）
杉山晋作　二〇〇〇「千葉における前方後円墳の終焉とその後」『シンポジウム前方後円墳の終焉とその後』第五回東北・関東前方後円墳研究会大会発表要旨資料　東北・関東前方後円墳研究会
滝口　宏　一九五二「結語」『上総金鈴塚古墳』早稲田大学考古学研究室
田辺昭三　一九八一『須恵器大成』角川書店
新納　泉　一九八二「単竜・単鳳大刀の編年」『史林』六五―四　京都大学史学会
――――　一九八四「関東地方における前方後円墳の終末」『日本古代文化研究』創刊号―PHALANX―古墳文化研究会―
茂木雅博　一九八四「茨城県」『古代学研究』一〇六　古代学研究会
森　浩一・和田　萃・櫃本誠一・辰巳和弘　一九八四「―座談会―前方後円墳の終末」『古代学研究』一〇六　古代学研究会

第二部　各地域における前方後円墳の終焉

東北

藤沢　敦

はじめに

東北地方では、岩手県奥州市（旧胆沢町）の角塚古墳を除くと、前方後円墳をはじめとする倭系の古墳の分布は、福島県・宮城県・山形県の南東北三県までである。角塚古墳は、集成編年七期後半（TK二〇八型式期）前後の築造と考えられる。なお、七世紀以降に北東北三県を中心に展開する「末期古墳」は、倭の「古墳」の強い影響を受けて成立するものの、異なる社会的機能を有した可能性が高いため、「末期古墳」は倭系の終末期古墳とは区別するべきと考える（藤沢二〇〇四b）。したがって、本稿で対象とする地域は、福島県・宮城県・山形県の南東北三県となる。

東北地方における後期の前方後円墳や主要円墳の分布と編年的位置については、これまでにも検討がなされている（菊地二〇〇〇）。また、終末期を中心に、後期以降の動向の整理もなされてきた（北野二〇〇五、古川二〇〇五、横須賀二〇〇五a）。東北地方での後期や終末期の古墳の調査事例は多くないが、少しずつ新資料が蓄積されている。(1) また、既出資料の再検討も進められ、従来不明確であった古墳の位置づけが明確となりつつある。(2) これらの成果はあるものの、全体的な状況を大きく変えるものではないと言える。そのため本発表でも、古墳の変遷について特段新しい知見を示すことはできないが、前方後円墳をはじめとする古墳の築造動向をあらためて検討する中から、前方後円墳の終焉という時代転換を考える材料としたい[3]。

一　後期前方後円墳の築造数の変化―集成八～一〇期の変化―

表1には、集成編年九期から一〇期に編年される可能性のある前方後円墳や主要円墳を、リストアップして示した。地域区分についても、図1に示したように、菊地芳朗の整理に従うこととする（菊地二〇〇〇）。当該期の主要古墳の編年については、表2に示した。

東北地方では、後期においては、前方後円墳に限らず古墳の築造そのものが著しく衰退していく地域と、前方後円墳を含む古墳の築造が活発に続く地域に分かれることが、以前から指摘されてきた（藤沢二〇〇四a）。その動向を、あらためて整理すると次のようになる。

（一）　古墳築造が続く地域

後期前方後円墳が築造され、後期古墳が継続する地域としては、福島県中通りと福島県浜通りがあげられ、宮城県南部でも伊久では後期前方後円墳が確認されるが、亘理・柴田については不明確である。ただし、これらの後期前方後円墳が築造される地域でも、同じ古墳群や、ごく近接した範囲内で、後期を通じて前方後円墳が継続して築造される地域は見出せない。同一古墳群中で継起的に前方後円墳が築造される例は、次の三例のみにとどまる。真野二四号墳以外は九期におさまり、一〇期に続かない可能性が高い。前方後円墳による安定した首長墓系譜をたどることは難しい。

白河（中）　大壇一号墳→大壇二号墳
石背（東）　大仏一五号墳→塚畑古墳

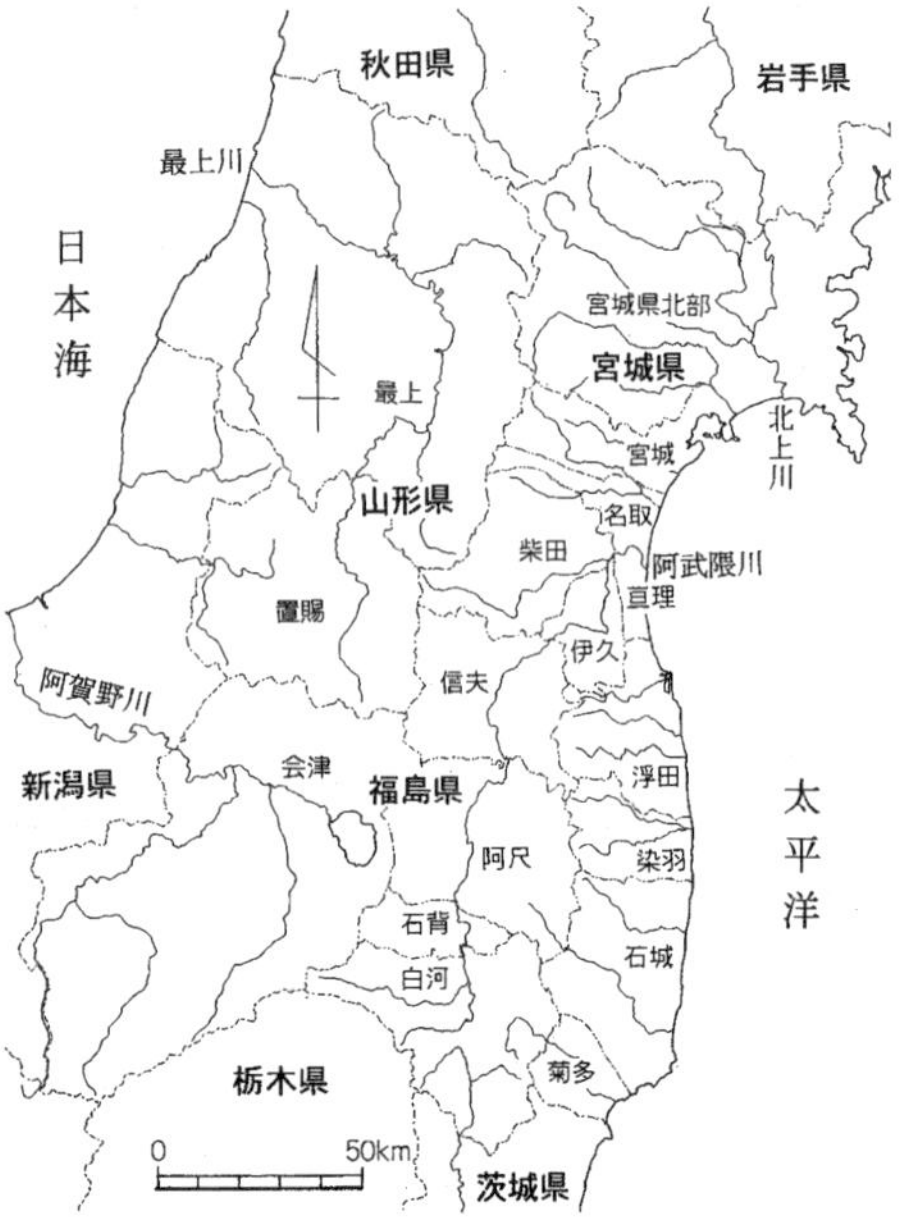

図１　東北地方南部の地域区分
（菊地 2000 から転載）

浮田（中）　真野二〇号墳→真野二四号墳

また、前方後円墳が最終段階の一〇期に復活する場合が多いことも注目される。信夫（北）にあたる、福島県国見町の塚野目古墳群では、七期（TK二〇八型式期）に帆立貝形古墳の可能性のある国見八幡塚古墳が築造され、それ以降円墳の築造が続いていくと考えられる。そして、錦木塚古墳が一〇期（TK二〇九型式期）に築造される。伊久の台町古墳群（宮城県丸森町）では、七期ないし八期から円墳の造営が続いていくが、一〇期に前方後円墳の二〇号墳が築造される。これらの地域では、他にも前方後円墳は築造されておらず、一〇期になって前方後円墳が復活することとなる。同様に信夫（東・南）、白河（西）、浮田（北）などでも、前方後円墳の空白期を経て、一〇期になって前方後円墳が復活する可能性が高い。そして、復活した前方後円墳が一基築造されただけで、これらの地域では前方後円墳は消滅する。

（二）　古墳築造が途切れる地域

八期ごろを最後に前方後円墳が終焉するとともに、九・一〇期には古墳築造がきわめて衰退する地域としては、古墳築造が続く上記した地域以外が該当する。すなわち、仙台平野（名取）以北の宮城県域、福島県会津盆地、山形県域である。宮城県域では、柴田・亘理も含まれる可能性が残る。

表1　東北地方の９・10期の前方後円墳と主要円墳

県	地域	古墳名	墳形	規模	時期	埋葬施設	その他
福島県	会津	鍛冶山４号	前方後円墳	21	８期以降？		
	会津	出崎山３号	前方後円墳	21	８期以降？		
	白河（西）	東山古墳	前方後円墳	33.5	８～９期　TK47～MT15		
	白河（西）	下総塚	前方後円墳	71.8	10期	横穴式石室	埴輪
	白河（中）	大壇１号	前方後円墳	39	９期	横穴式石室（推定）	
	白河（中）	大壇２号	前方後円墳	29	９期？	横穴式石室	
	白河（中）	大壇３号	円墳	約20	10期	横穴式石室	前方後円墳？
	白河（中）	笊内２号	前方後円墳	17	10期	切石横穴式石室	
	白河（北）	谷中１号	前方後円墳	不明確	10期	横穴式石室	埴輪
	白河（北）	鬼穴１号	円墳	27	10期	横穴式石室	埴輪
	石背（東）	大仏15号	前方後円墳	35	９期	横穴式石室	
	石背（東）	塚畑	前方後円墳	40	９期？		埴輪
	石背（東）	前田川大塚	円墳	約30	10期	横穴式石室	
	石背（西）	龍ケ塚	前方後円墳	49	10期？		
	阿尺（西）	麦塚	前方後円墳	27	９期？		埴輪
	信夫（北）	錦木塚	前方後円墳	約43	10期　TK209	切石横穴式石室	
	信夫（東）	大泉19号	前方後円墳	25	10期	横穴式石室	
	信夫（南）	上条１号墳	前方後円墳	約46	10期	横穴式石室	
	信夫（南）	上条２号墳	円墳	約15	7C前	横穴式石室	
	信夫（南）	浜井場１号墳	前方後円墳	約22	９期？	横穴式石室	
	菊田	後田２号	前方後円墳？	不明確	10期？		埴輪
	菊田	後田１号	円墳	不明確	7C前？	横穴式石室（陶棺）	
	菊田	金冠塚	円墳	30	10期　TK209	横穴式石室	
	石城（南）	神谷作101号	前方後円墳	不明確	９期	木棺直葬？	埴輪
	浮田（北）	高松１号	前方後円墳	21	10期	横穴式石室	
	浮田（中）	真野20号	前方後円墳	29	９期	変形横穴式石室	
	浮田（中）	真野24号	前方後円墳	26	10期？	横穴式石室	
	浮田（中）	横手１号	前方後円墳	30	10期	切石横穴式石室	
	浮田	烏崎１号	前方後円墳	28.6	９期？　舞台式？		
	浮田	烏崎２号	前方後円墳	38	９期？		
宮城県	伊久	台町20号	前方後円墳	28	10期	横穴式石室（推定）	
	柴田	鷹巣20号	前方後円墳	18	８期以降		
	名取	賽ノ窪17号	前方後円墳	32	８期以降		十石上古墳
	名取	二塚	前方後円墳	約30	８～９期	舟形石棺	埴輪
	名取	一塚	円墳	約30	８～９期	舟形石棺	
山形県	置賜	下小松Ｋ５号	前方後円墳	24.4	８～９期		
	置賜	下小松Ｋ７号	前方後円墳	26.5	８～９期	木棺直葬	98号
	置賜	下小松Ｋ９号	前方後円墳	22	８～９期		100号
	置賜	下小松K21号	前方後円墳	21.2	８～９期		87号
	置賜	下小松K29号	前方後円墳	21.4	８～９期		75号
	置賜	下小松K31号	前方後円墳	21	８～９期		73号
	置賜	下小松K34号	前方後円墳	22.2	８～９期		63号
	置賜	下小松K36号	前方後円墳	25.5	８～９期	木棺直葬	61号
	置賜	下小松K42号	前方後円墳	22.3	８～９期		65号
	置賜	下小松K46号	前方後円墳	22.4	８～９期		72号
	置賜	下小松K50号	前方後円墳	33.8	８～９期		78号
	置賜	下小松K53号	前方後円墳	21.7	８～９期		
	置賜	下小松K55号	前方後円墳	20.8	８～９期		58号
	置賜	下小松K61号	前方後円墳	23.3	８～９期		53号
	置賜	下小松K68号	前方後円墳	21.9	８～９期	木棺直葬	40号
	置賜	下小松K75号	前方後円墳	18.5	８～９期		48号
	置賜	下小松K77号	前方後円墳	17.7	８～９期		50号

表2　東北地方における古墳時代後半期の主要古墳編年

時期	集成編年	会津	白河 西	白河 中	白河 北	石背 東	石背 西	阿尺 西	阿尺 北
中期	7期	○ 21 大塚山2				● 25 早稲田7			○ 41 天王壇
後期	8期	● 21 鍛冶山4 ● 21 出崎山3	● 22 原山1 ● 33 東山						
	9期			● 39 大壇1 ● 29 大壇2		● 35 大仏15 ● 40 塚畑		● 27 麦塚	● 53 二子塚
	10期		● 72 下総塚	● 17 笊内2	● ? 谷中1 ○ 27 鬼穴1	○ 30 大塚	● 49 龍ヶ塚		
終末期									

時期	集成編年	信夫 南	信夫 東	信夫 北	菊多	石城	浮田 中	浮田 北	亘理	伊久
中期	7期			● 76 国見八幡					○ 33 吉田大塚	● 約70 吉ノ内
後期	8期	● 45 下鳥渡 八幡塚								○ 25 台町103
	9期	● 22 浜井場1				● ? 神谷作101	● 29 真野20			
	10期	● 46 上条1	● 25 大泉19	● 43 錦木塚	● ? 後田2 ○ 30 金冠塚		● 26 真野24 ● 30 横手1	● 21 高松1		● 28 台町20
終末期		○ 15 上条2			○ ? 後田1					

時期	集成編年	柴田 西	柴田 東	名取 南	名取 北	宮城	宮城県北部	胆沢	置賜	最上
中期	7期	● 56 瓶ヶ盛	● 64 方領権現	○ 50 毘沙門堂 ● 90 名取大塚	● 約50 裏町		● 54 念南寺	● 45 角塚	● 54 戸塚山139	○ 52 菅沢2
後期	8期	● 18 鷹巣20		● 32 賽ノ窪17	● 75 兜塚 ● 約30 二塚	○ 21 郷楽1	○ 50 御山 ● 60 真山		○ 24 戸塚山137	● 17 土矢倉2
	9期				○ 約30 一塚				● 26 下小松K7	
	10期									
終末期					○ 32 法領塚					

＊下線を付したものは編年根拠の弱いもの。●は前方後円墳、○は円墳を示す。単位はm。

これらの地域では、九・一〇期に位置づけられる古墳が、ほとんど見出せない。ただし、実態が明らかでない前方後円墳には、九・一〇期に位置づけられる可能性が残っているものもある。七期ないし八期から続く古墳群の中に造られた小規模前方後円墳である、白石市鷹巣二〇号墳（柴田）、名取市賽ノ窪一七号墳（名取）の築造時期については限定できる材料がない。しかし、柴田や名取より北の地域では、円墳でも九〜一〇期の確実な例はほとんどない。多数が発掘調査され、かなり実態が明らかとなってきている仙台市大野田古墳群でも、ほとんど八期のうちに新たな古墳の築造は終えているようである。

福島県会津盆地では、会津坂下町の鍛冶山四号墳・出崎山三号墳の築造時期が問題となるが、現状では確実に築造時期を限定できる材料がない。そのため、これらは九・一〇期に下る可能性が残っている。その場合でも、会津では円墳も九期から一〇期の事例がほとんど見出せないことから、古墳築造が低調となっていたことは間違いないものと考えられる。

山形県の置賜では、下小松古墳群の小森山支群などに分布する小規模前方後円墳の築造時期が問題となる。調査されたものは一部にとどまるが、それらの様相から、斉藤敏明は「築造時期は八〜九期に中心があり一〇期に下らない」としている（斎藤二〇〇二）。未調査墳については確実でない部分が残るが、現在知られている出土遺物からは妥当な見解といえる。円墳では戸塚山古墳群が問題となるが、丘陵裾に分布する横穴式石室墳は終末期に下る可能性が考えられる。

山形県の最上では、九・一〇期に編年できる古墳が見出せない状況にある。山形市のお花山古墳群は、九期まで一部下る可能性が残るが、中心は八期である。

(三) 終末期の動向

後期には、地域によって古墳の築造動向に大きな差が見られるが、終末期になると、多くの地域では活発な古墳築造が見られる。しかし、山形県の最上では、終末期に古墳築造は復活しないようで、確実な事例がない。

福島県や宮城県では、終末期には横穴墓が盛行するが、その造営開始時期には問題が残る。ＴＫ四三型式期に遡る可能性のある事例も存在するが、多くはＴＫ二〇九型式期と思われる（菊地一九九三）。この横穴墓群を含め、終末期に続いていく古墳群の多くは、ＴＫ二〇九型式期に造営を開始する事例が多いと思われる。前方後円墳が消滅した後に、新たな古墳築造の動きが入れ替わって始まるわけではなく、両者は重なりながら転換していくものと考えられる。

二　後期前方後円墳の特質

東北地方の後期前方後円墳には、継続して築造が続けられる事例がないことから、各地域の独自のスタイルと言えるような特徴を抽出することは難しい。墳丘形態など外部施設や埴輪の特徴、埋葬主体の構造など、個々の古墳ごとに、関係する資料を探索して比較検討していくことが必要となる。そのため、全体像をまとめて論ずることが難しいが、概して隣接する関東地方との関係が深い。

東北地方の埴輪を概観すると、七期から八期にかけて、仙台平野（名取）において定着した埴輪生産が認められるが、それ以外では、いずれも一時的な生産にとどまる（藤沢二〇〇二）。中でも九・一〇期の埴輪には、関東地方の工人集団による一時的製作と考えられるもので占められている。特徴的な事例をあげるならば、福島県須賀川市塚畑古墳（石背）の上下分離造形の人物埴輪は茨城県域などとの関係が、福島県矢吹町谷中一号墳・鬼穴一号墳（白河）の低位置凸帯の円筒埴輪は栃木県域や群馬県域との関係が想定される。七・八期の埴輪が、関東地方だけにとどまらない、様々な地域からの影響が想定されるのとは、大きく異なっている。

埴輪にとどまらず、横穴式石室の形態や構造などから、畿内の直接的影響を窺わせるものは、ほとんど存在しない。副葬品以外で畿内の直接的影響が希薄であることは、後期に限らず古墳時代の全期間を通じて言えることでもあるのだが、後期の場合は特にその傾向が強いと言えよう。

三　前方後円墳の終焉時期

先述のように、後期古墳の築造が衰退する地域では、一部が九期に下る可能性も残るが、八期の段階で前方後円墳は消滅する。それ以降は、前方後円墳にとどまらず、古墳築造自体が衰退する。繰り返しになるが、仙台平野以北の宮城県域、福島県会津盆地、山形県域が該当すると考えられる。

後期古墳の築造が続く地域では、そのほとんどで一〇期に前方後円墳が築造され、それが最後の前方後円墳となる。すなわち、宮城県南部（伊久）、福島県中通り、福島県浜通りである。これらの地域で一〇期の築造とした前方後円墳の中に、一〇期以降に下るものが存在する可能性があるかどうかが問題となる。近年、福島雅儀が金属装鉄刀の編年と年代観をあらためて論じており、新納泉や菊地芳朗などの説よりかなり新しく見るため、古墳の年代観にも少なからず影響がある（福島二〇〇一・二〇〇五）。

新しく下る可能性が指摘されてきた前方後円墳としては、福島県桑折町錦木塚古墳（信夫、山中ほか一九九四）や福島県東村笊内二号墳（白河、玉川ほか一九七九）があげられよう。ただし、これらの古墳でも、ＴＫ二〇九型式期を大きく下ると見る必要はない。ＴＫ二〇九型式期におさまるか、若干下るかが論点となるであろう。これらの古墳では、詳細な築造時期の推定は、石室の編年にかかっていると言えるが、石室の編年も、細かなところでは確定していない部分が多く、確論を導くことは簡単ではない。

ただし、これらの前方後円墳は一〇期に復活したものであり、前段階から継続して前方後円墳が築造されてきた地域ではない。このことから、地域独自の動向によって前方後円墳の築造が継続し、そのため前方後円墳の終焉が遅れたという想定は難しく、他の地域より下らせることには躊躇される。現状では、一〇期のうちに収まると考えておくのが穏当であろう。

四　古墳が途切れるところと続くところ—国造の分布と後期古墳—

先述のように、東北地方の後期古墳は、それが途切れるところと続くところという、顕著な違いが存在する。このことは、前方後円墳をはじめとする古墳の築造が示す意味を考える上で、重要であると思われる。東北地方では、古代の蝦夷（エミシ）の領域との関係で、国造が置かれた範囲が問題とされてきた。この国造の置かれた範囲との関係で、後期古墳の動向も議論されてきた。

後期あるいは終末期の古墳と、国造の関係については、各地で様々な検討がある。しかし、国造制による支配関係と、古墳に示される関係が異なる原理に基づくのであるとするならば、そもそも国造が古墳、とりわけ前方後円墳を築造したのかどうかという根本的な問題が存在する。そのため、国造と古墳を単純に結びつけて議論するには問題がある。ただし、個別の古墳と国造の関係というレベルではなく、国造が置かれた地域というレベルで比較することには、一定の意味があるだろう。古墳の築造、とりわけ前方後円墳の築造が、畿内政権との何らかの政治的関係（どこまで直接的かどうかは別として）を示すのであるとすれば、そのような関係が維持されていた範囲と、畿内政権の地方支配のための一つの施策である国造制が施行された範囲を比べてみることには、一定の意味があると考える。

国造が置かれた範囲については、古代蝦夷の領域との関係で、文献史研究者が検討を加えてきた。

今泉隆雄は、大化元年（六四五）の東国国司の派遣記事の分析から、中央政府がこの時点で、国造のクニの外側の住人を蝦夷と認識していたことを示すと指摘した。その上で、「国造本紀」の記載から国造の置かれた範囲を検討し、太平洋側の北限は、「伊久国造」は伊具郡、「思国造」が亘理国造の誤記とすれば亘理郡と考えられることを指摘した。日本海側の北限は、「高志国造」は古志郡、「久比岐国造」は頸城郡、「高志深江国造」の比定地域には問題があるが、越後地域と考えられることを指摘した。さらに、蝦夷の領域と見なされた地域には、七世紀後半以降、通常の支配機構ではなく、城柵が設置されていくことを指摘している（今泉一九九二・一九九九）。

熊谷公男は、「国造本紀」のみに依拠するのは危険と指摘し、それ以外の史料から検討を加えている。その結果、蝦夷の居住域は、日本海側沿岸部は新潟市付近から北側、日本海側内陸部は少なくとも米沢盆地以北、太平洋側では名取郡付近までと考えられることを指摘している。その上で、「国造本紀」記載国造の分布との対応について論じ、蝦夷の居住域は国造の分布地域の外側に相当しており、おおむね両者は対応していると結論づけた。「国造本紀」記載の国造の比定地は、日本海側について今泉説と細部で若干異なるが、それ以外は一致している（熊谷二〇〇四）。

このように、文献史研究者による国造の置かれた範囲の検討結果では、細かな点には問題が残るが、おおむね「国造本紀」に記載された範囲となる。すなわち、太平洋側は伊具郡と、「思」が亘理の誤記とすると亘理郡までである。柴田・名取より北側には、国造は置かれなかったこととなる。日本海側は、新潟県の中部までが国造の置かれた範囲となり、会津や置賜より北側には、国造は置かれなかったこととなる。

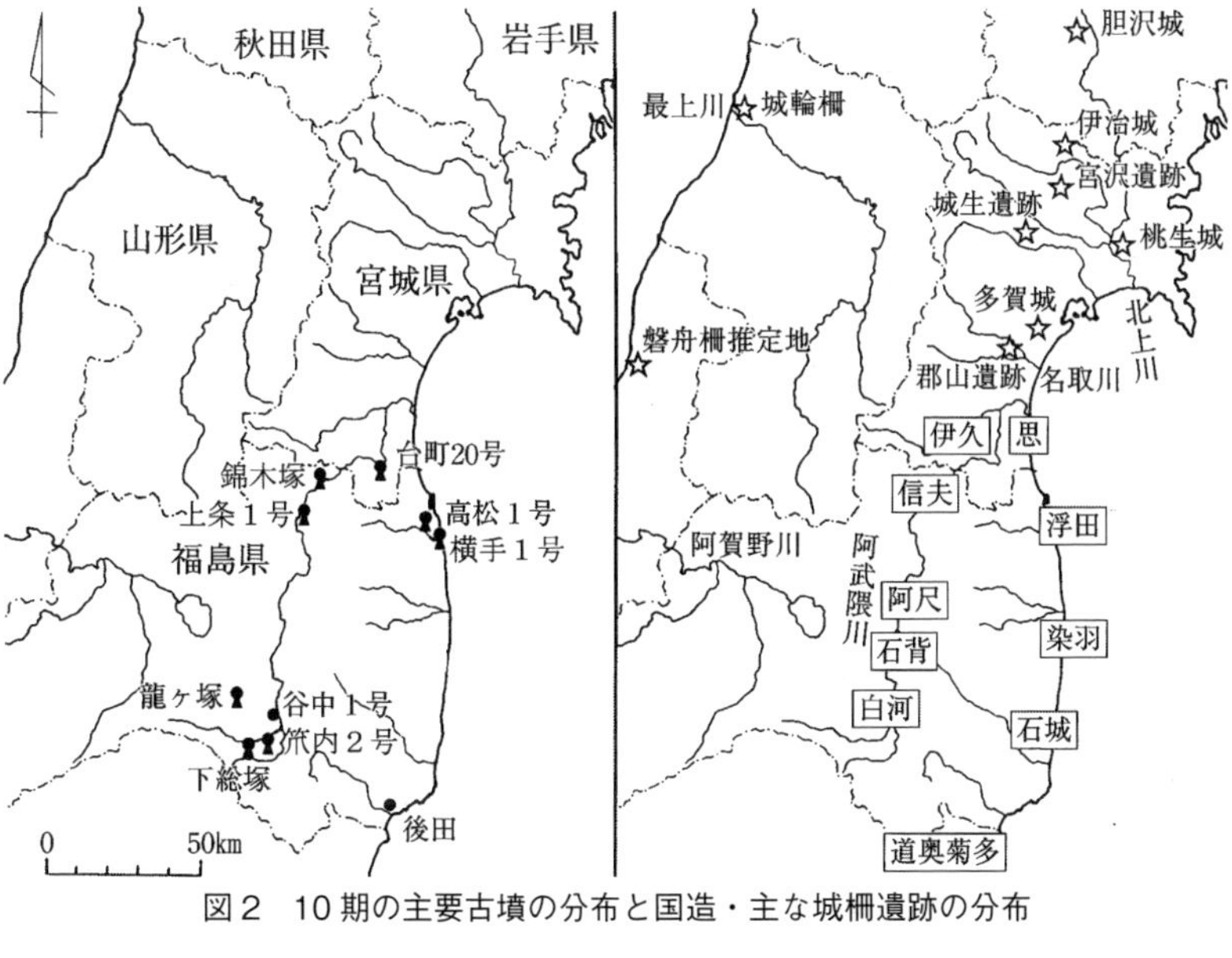

図２　10期の主要古墳の分布と国造・主な城柵遺跡の分布

このような国造の分布範囲は、後期の主要古墳の分布範囲と、良く対応することは以前にも指摘してきた（藤沢二〇〇一）。今回、後期古墳の築造動向をあらためて整理した結果、九期に前方後円墳が造られず、一〇期に前方後円墳が復活する地域が多いことを指摘した。このことを踏まえ、前方後円墳に着目するならば、一〇期における その分布が、国造の置かれた範囲と、良く対応すると言えよう（図２）。

五　古墳の動向をどう読み解くか―一〇期における東国の前方後円墳の急増―

東北地方では、七～八期に各地で活発築造された前方後円墳が、九期には一転して多くの地域で造られない。古式群集墳は八期に集中する場合が多い。一〇期には、前方後円墳の復活が福島県中通り地域・浜通り地域で顕著であるが、これ以外の地域では対照的に古墳築造はさらに低調になる。国造の分布域は、この一〇期の動向と地域レベルでは対応する。その点を重視するならば、この動向を規定していたのは、畿内政権と見ることもできる。しかし、一〇期に復活する個々の前方後円墳では、畿内からの直接的影響を窺わせるものはほとんどない。このような、一見矛盾するような動向を読み解いていく必要がある。

本論集にも示されているように、関東地方のほとんどの地域では一〇期に前方後円墳が急増する。その一方で、九期には、前方後円墳の築造が低調であった地域も多い。東北地方の動向も、関東地方の動向と、基本的には共通すると考えて良いであろう。ただし、一〇期に前方後円墳が復活するのは、福島県中通り地域と浜通り地域に限定される。

このような古墳の動向を考えていく際に、まず重視したいことは、時期によって、地方の前方後円墳の築造動向に大きな盛衰が見られるということである。前方後円墳の築造動向が、その時点での政治的関係を何らかの形で反映しているとするならば、畿内政権と地方の首長との関係は、安定して維持され続けていたわけではないことは言えるだろう。九期に築造された前方後円墳が少ないことは、この時期の畿内政権と地方の首長との関係は、特に安定さを欠いていたと考えても良いであろう。そのような不安定な中で、一〇期には、東北地方の一部や関東地方のほとんどの地域で、前方後円墳が活発に築造されていく。

九期における前方後円墳の減少と、一〇期における急増が、特定地域だけに見られるのであるならば、各地域独自の要因による変化と考えることもできる。しかし、本論集で明らかとなっているように、このような現象は、関東・東北地方のかなりの範囲で共通して見られる。この事実からは、変化の主な要因が、畿内政権の側にあったと考えることができるであろう。

一〇期の前方後円墳については、その規模の点でも注目される。加部二生は、一〇期の墳長一〇〇メートルを越える前方後円墳が、大和の二基（見瀬丸山古墳三一〇メートル・平田梅山古墳一四〇メートル）を除くと、関東地方以外では確認できないことを指摘している（加部二〇〇九）。古墳の規模が、被葬者の生前の地位や身分を直接的に反映するか否かという問題はある。しかし、厳密さは差し置くとしても、ある程度反映していると考えないと、墳形や規模に見られる格差の意味が説明できなくなるであろう。そうすると一〇期には、大王クラスを除くと、最も有力な首長は関東地方に存在したこととなる。言い換えれば、一〇期に至り、畿内政権の重要なメンバーシップは、関東地方の首長層が、そのかなりの部分を担ったと考えることはできないであろうか。

古墳時代前期や中期においては、近畿地方や西日本の大型前方後円墳の被葬者が、畿内政権の中にあって、重要な役割を果たしたと評価されることが通常である。前方後円墳の終焉に近い時期であるという理由や、あるいは、畿内から遠く離れた関東・東北であるという理由で、特別に異なる解釈を導入することには賛成できない。一〇期の状況を率直に見るならば、この時期の畿内政権を支えた主要な勢力は、関東地方の首長たちであったと考えるべきではないだろうか。

六　前方後円墳の終焉が示すもの

およそ三五〇年間にわたって築造され続けてきた前方後円墳の消滅は、重大な変化であるに違いない。本論集で関東地方各地の前方後円墳の終焉が論じられているが、地域によって前方後円墳の終焉時期に若干の遅速はあったとしても、はなはだしい差は見出し難い。すなわち、前方後円墳の終焉は、急激な、それ故大きな変化であった。関東地方や東北地方の一部では、一〇期に前方後円墳が多数築造されていることから、その終焉時の急激な変化は、とりわけ際だっている。

考古学研究や歴史研究において、様相が大きく変化していく画期の意味を考える際には、二つの考え方があるだろう。消滅していくものに注目する考え方と、新たに生み出されてくるものに注目する考え方である。それぞれの議論の対象とするものによって、どちらが正しいとは一概に言えない。それでも一般的には、新たに生み出されてくるものに注目する場合が多いであろう。

ここで問うてみたいことは、「前方後円墳の消滅に対応するような、新しく生み出されたものは何であろうか」ということである。前方後円墳の終焉の意味を論ずるにあたって難しい点は、ここに存在すると筆者は考える。前方後円墳が急激かつ一斉に消えていくにもかかわらず、それに比するべき生み出されるものが、考古資料では見出せないという点である。

定式化した前方後円墳が大和で生み出されて以降、最大の古墳は常に前方後円墳であり、最大の前方後円墳は常に近畿地方中枢部に存在することは、周知のことである。これらの前方後円墳を頂点として、墳形と規模において、格差をもって各地の古墳は展開していく。このことから倭の古墳は、たとえ緩やかであれ、大和（畿内）の巨大前方後円墳を頂点とした格差を内包しており、それらは階層的関係のなかにあると見なしてよいと考える。

このことから、古墳時代には大和（畿内）を中心とした政治的結合が成立し、政治的中心と地方との関係が存在したと考える。政治的結合の評価をめぐっては意見が分かれるであろうが、何らかの政治的つながりが存在したことには大きな異論はないであろう。

ところで、古墳時代から飛鳥時代・奈良時代への歴史研究では、中央政権による集権化が進行し、その帰結として律令国家が成立したと見る考え方が一般的である。様々な段階を経ながらも、一連の過程とする見方であると言えよう。前方後円墳の消滅についても、このような流れのなかで評価されてきたように思われる。しかるに、前方後円墳が終焉を迎えた時点で、それにとって代わる政治的な中央と地方の関係を表現する考古資料は、はたして見出せるであろうか。答えは否定的にならざるを得ない。

前方後円墳の終焉以降も、古墳や副葬品などに、階層性が無くなったわけではない。古墳の規模においても、格差は存在する。しかし、大和（畿内）の終末期古墳が、他の地域の大型古墳より特に規模が大きいとは言い難い。群集墳を対象にした分析であるが、装飾付大刀を頂点にした副葬された武器の階層性が指摘されてきた（新納一九八三）。しかし装飾付大刀にしても、畿内の終末期古墳から、特別異なる型式のものが出土することはないし、顕著な集中が見られるわけでもない。前方後円墳の終焉以降、政治的な中央と地方の関係を表現する考古資料を指摘することは、きわめて難しいと言わざるを得ないのである。

このような考古資料から素直に見ると、政治的な中央と地方の関係は、前方後円墳の終焉によって消滅した、あるいはきわめて弱体化したと見るべきではないであろうか。畿内を中心とする政治的関係を示す考古資料が見られるのは、七世紀後半以降に明確になってくる、宮都と地方官衙の広範な出現を待たねばならない。

宮都と地方官衙（国府・郡家）については、たとえ文献史料が無かったとしても、政治的中心と地方との関係を、これら遺跡から読みとっていくことは難しくないであろう。宮都→国府→郡家という順序で、縮小再生産されていく遺構のあり方から階層的な関係を見出し、それらの分布のあり方から政治的中心を見出していくことはさほど困難とは思えない。そこから、中央集権的な政治支配体制を復元することもできるであろう。しかし、このような地方官衙が明確に姿を現してくるのは、七世紀後半以降のことである。前方後円墳の終焉からは、半世紀近く後のことになる。

その間にも、文献史料に現れる様々な施策は、試行錯誤も含めて、実施されていただろう。古墳時代の政治的結合の中枢に存在した、近畿地方中枢部を本拠地とした勢力の後裔たちが、律令国家を主導した勢力につながっている場合もあったであろう。そのような事実を否定しようと言うわけではない。しかし、倭国の全域に広がり、畿内を中心とする政治的関係を示す考古資料を見出すことは難しいという事実を、軽視することはできないと考える。

本論では、あえて考古資料に拘って問題提起をしてみたい。考古資料の実態から推論する限り、前方後円墳の終焉によって、かつて倭国と呼ばれた領域における、政治支配関係は一旦は崩壊したと見なさざるを得ない。そのいわば混迷した状況の中で、それまでとは原理の異なる政治支配体制の構築が模索され、急速に律令国家の形成へと状況は転換していく。すなわち、古墳時代から律令国家へいたる過程を、一連の集権化の過程として論じることを、根本的に見直す必要があるのではないだろうか(4)。

おわりに

本論の内容は、なお着想にとどまっている段階で、充分な議論の展開をなしえていない。論じなければならない点は多岐にわたるが、それらは全て今後の課題である。また、これまでの研究の積み重ねを無視しているとの批判もあるだろう。

しかし、ここであえて提起してみたことの含意は、まず何よりも、考古資料によって確認できる事実から、議論を組み立ててみたいということである。文献史料による研究成果との関係を検討するのは、考古資料から何が読み取れるかを厳しく問うた後に、為されるべきものであろう。そして、東国における前方後円墳の終焉をめぐる動向が、単に東国にとどまらず、日本列島における歴史認識全体にわたる問題を孕んでいることを主張したいからである。

註

(1) 近年、新たに発見・調査された前方後円墳には、福島県福島市浜井場一号墳(西村ほか二〇〇三)などがある。発掘調査が実施された前方後円墳には、福島県白河市下総塚古墳(鈴木二〇〇三)、福島県福島市上条一号墳(菊地ほか二〇〇六・二〇〇七)などがある。測量調査が実施された前方後円墳には、宮城県丸森町台町二〇号墳(藤沢二〇〇六)などがある。

(2) 以前に発掘調査された後期から終末期の古墳で、重要な資料が出土していながら、部分的な報告にとどまっていたものについては、横須賀倫達が精力的に再検討を進めている。

(3) 本論には、筆者が研究代表者となって交付された、平成一八年度三菱財団人文科学助成「北縁における国造と古墳」による研究成果の一部が含まれている。

(4) 広瀬和雄は、多方面の検討から、古墳時代と律令国家の統治原理は異質であり、古墳時代を律令国家の前史ではなく、一個のまとまった時代としてとらえる必要性を主張している(広瀬二〇〇九)。

引用・参考文献

今泉隆雄 一九九二「律令国家とエミシ」『新版古代の日本』九 角川書店
――― 一九九九「律令国家と蝦夷」『宮城県の歴史』山川出版社 二九～七三頁
加部二生 二〇〇九「太田市東矢島古墳群の再検討」『利根川』三一 七六～八三頁
菊地芳朗 一九九三「東北地方における横穴の出現年代」『福島県立博物館紀要』七 一～三二頁
――― 二〇〇〇「東北における前方後円墳の終焉とその後」『前方後円墳の終焉とその後』第五回東北・関東前方後円墳研究会大会発表要旨資料 一五～二〇頁
――― 二〇〇三「装飾付大刀からみた古墳時代後期の東北・関東」『後期古墳の諸段階』第八回東北・関東前方後円墳研究会大会発表要旨資料 一九～二八頁
菊地芳朗ほか 二〇〇六『上条古墳群1』福島大学考古学研究報告一

――ほか 二〇〇七『市野関稲荷神社古墳1・上条古墳群2』福島大学考古学研究報告二一
菊地芳朗編 二〇〇七『本州東北部における古墳時代の終末と律令社会の成立』福島大学考古学研究室第一回公開シンポジウム
北野博司 二〇〇五「山形県内陸部の終末期古墳」『前方後円墳以後と古墳の終末』第一〇回東北・関東前方後円墳研究会大会発表要旨資料 三五～四〇頁
熊谷公男 二〇〇四『古代の蝦夷と城柵』吉川弘文館
斎藤敏明 二〇〇一「山形県の中・後期古墳」『中期古墳から後期古墳へ』第六回東北・関東前方後円墳研究会大会発表要旨資料 三三一～四〇頁
白石太一郎 一九八二「畿内における古墳の終末」『国立歴史民俗博物館研究報告』一 七九～一二〇頁
鈴木一寿 二〇〇三『下総塚古墳発掘調査報告書（第6次調査）』白河市埋蔵文化財調査報告書三九
玉川一郎ほか 一九七九『母畑地区遺跡発掘調査Ⅲ』福島県文化財調査報告書七四
新納 泉 一九八三「装飾付大刀と古墳時代後期の兵制」『考古学研究』三〇―三 五〇～七〇頁
―― 一九八七「戊辰年銘大刀と装飾付大刀の編年」『考古学研究』三四―三 四七～六四頁
西村博幸ほか 二〇〇三『浜井場古墳群』福島市埋蔵文化財調査報告書六九
広瀬和雄 一九九一「前方後円墳の畿内編年」『前方後円墳集成 中国・四国編』山川出版社 二四～二六頁
―― 二〇〇九「古墳時代像再構築のための考察―前方後円墳時代は律令国家の前史か―」『国立歴史民俗博物館研究報告』一五〇 三三～一四七頁
福島雅儀 二〇〇一「7世紀金属装鉄刀の構造と編年」『日本考古学協会第六七回総会研究発表要旨』九六～九九頁
―― 二〇〇五「古代金属装鉄刀の年代」『考古学雑誌』八九―二 四七～七五頁
藤沢 敦 二〇〇一「倭の周縁における境界と相互関係」『考古学研究』四八―三 四一～五五頁
―― 二〇〇二「東北地方の円筒埴輪―窖窯焼成埴輪の波及と生産―」『埴輪研究会誌』六 一七～四二頁
―― 二〇〇四a「陸奥の首長墓系譜」『古墳時代の政治構造』青木書店 一三三～一五三頁
―― 二〇〇四b「倭の「古墳」と東北北部の「末期古墳」」『古墳時代の政治構造』青木書店 二九五～三〇八頁
―― 二〇〇六『小規模墳の消長に基づく古墳時代政治・社会構造の研究』平成一五年度～一七年度科研費研究成果報告書
古川一明 一九九六「北辺に分布する横穴墓について」『考古学と遺跡の保護 甘粕健先生退官記念論集』二五五～二七二頁
―― 二〇〇五「墳墓に見る7世紀の宮城県地域の特質」『前方後円墳以後と古墳の終末』第一〇回東北・関東前方後円墳研究会大会発表要旨資料 二五～三三頁
山中雄志ほか 一九九四『錦木塚古墳発掘調査報告書』桑折町埋蔵文化財調査報告書一一

横須賀倫達　二〇〇五a「福島県における前方後円墳以後」『前方後円墳以後と古墳の終末』第一〇回東北・関東前方後円墳研究会大会発表要旨資料　四一～六〇頁
――――二〇〇五b「勿来金冠塚古墳出土遺物の調査Ⅰ」『福島県立博物館紀要』一九　四三～七六頁
――――二〇〇六「勿来金冠塚古墳出土遺物の調査Ⅱ」『福島県立博物館紀要』二〇　二三～四六頁
――――二〇〇七「勿来金冠塚古墳出土遺物の調査Ⅲ」『福島県立博物館紀要』二一　一～二六頁
――――二〇〇九「渕の上1・2号墳出土遺物の調査と研究」『福島県立博物館紀要』二三　五九～一〇二頁

茨城県

日高　慎

はじめに

かつての、関東地方では七世紀の終わり頃まで前方後円墳が築造され続けたとの考えは、近年の調査研究の進展から、改めなくてはならなくなってきた。それは過去の発掘調査で出土していた遺物に対して、現在の知見で改めて検討してみると、ほぼ六世紀の中におさまっていると指摘されたからである（古代學研究會編一九八四、金井塚編一九九〇など）。以前の研究では、畿内と同様の副葬品が出土したとしても畿内と著しい時間差を想定していた（後藤・相川一九三六）。これについては、小林行雄の詳細な批判（小林一九六一：二三九〜二四〇頁）が為されたが、その後に出版された千葉県木更津市金鈴塚古墳の報告書でも、その築造の年代を「奈良期、若しくはその直前」（早稲田大学考古学研究室一九五二）とされたように、著しく畿内との時間的隔たりを想定していた。しかし、須恵器研究の飛躍的な進展（田辺一九六六・一九八一など）や、円筒埴輪の全国的編年研究成果（川西一九七八）の整合性により、著しい時間差を想定することは困難であるという結論が導き出された。さらに、埴輪を樹立しない前方後円墳の存在と須恵器との関係が徐々に判明してきたことも、上記の結論を大きく覆すものではない。加えて、近年「終末期古墳」の築造開始が最終末前方後円墳とほぼ同時期であることも判明してきた（国立歴史民俗博物館一九九六）。

しかしながら、古代學研究會編による「各地域における最後の前方後円墳 東日本Ⅱ」の末尾に掲げられた事務局作成による「主な最後の前方後円墳」（古代學研究會編一九八四：五三〜五四頁）という一覧表をみても明らかなように、七世紀中葉とされた前方後円墳が存在することも事実である。特に山口県防府市大日古墳をめぐっては、埴輪がない点、横穴式石室が岩屋山式であり、家形石棺の平坦面指数が六二である点などから、七世紀中葉という年代が導き出された（桑原一九八四）。その被葬者論はさておくとしても、家形石棺の編年（和田一九七六）では、桑原の示した年代観を大きく遡ることはあるまい。このほかには、茨城県、福島県に七世紀中葉の前方後円墳が存在する。茨城県のそれは、今日的にはいわゆる「前方後円形小墳」（岩崎一九九四）とされるものであり、ほかの前方後円墳とは区別して理解すべきものではある。

近年の茨城県地域の後期前方後円墳をめぐる研究史を概観してみえてくるのは、最終末前方後円墳の築造を六世紀の内におさめるのか七世紀代まで下降させるのかという二者があることである。前者の立場をとるのが、塩谷修（塩谷一九九七・二〇〇〇）、生田目和利（生田目二〇〇五）、後者の立場をとるのが稲村繁（稲村二〇〇〇）、石橋充（石橋二〇〇五）、筆者（日高二〇〇〇a・b）である。前者と後者を違えるその根底には、年代の根拠として認識できる副葬品の確認できていない古墳があまりにも多いことがあげられる。また首長墳としての前方後円墳と前方後円形小墳（変則的古墳）[1]とが、いつまで築造し続けられるのか未決着ということもある。そこで、本稿では改めて茨城県地域の後期前方後円墳を整理し、その変遷とともに終焉の在り方を提示したい。

一　後期前方後円墳の築造数の変異―集成八〜一〇期の変化―

表1は茨城県域における集成編年八期〜一〇期、さらに終末期にかけての主要古墳の編年である。いわゆる前方後円形小墳（岩崎一九九四）は基本的に示しておらず、遺漏もあるとは思われる。また、位置づけが困難であっ

たため除外したものもあることを予めお断りしておきたい。集成編年と須恵器型式を便宜的に合わせると、八期はTK二三~TK四七型式期、九期はMT一五~TK一〇型式期、一〇期はTK四三~TK二〇九型式期、終末期一期はTK二一七型式前半期、終末期二期はTK二一七型式後半期~TK四六型式期である。この編年表からみえてくることは、八期における首長墳の少なさである。その後九期にいたると、提示した各地域で首長墳が出現してくる。八期における卓越した地域としては霞ヶ浦北辺の特に高浜入りである。恋瀬川流域に石岡市府中愛宕山古墳（七〇メートル、以下数値のみ示す）、玉里地域に小美玉市権現山古墳（九〇）、園部川河口に行方市三昧塚古墳（八五）、出島地域にかすみがうら市富士見塚古墳（七八）などである。これら以外には明確に八期といえる古墳はない。鬼怒川流域の筑西市茶焙山古墳は上野古墳と同一とも考えられ、想定される墳丘長は七〇メートルであるが、発掘調査などを経ていないので詳細は未詳である。玉里地域にはその後、継続して首長墳が築かれ、終末期の岡岩屋古墳（径四〇）まで断絶することはない。さらに付け加えるならば、八〇メートル級の前方後円墳と六〇メートル級の前方後円墳あるいは帆立貝形古墳が築造されていたようであり、その動向は埼玉県埼玉古墳群とも相通ずるところがあると思われる。

九期の特徴としては、八〇~九〇メートル級の前方後円墳が同時

後期～終末期古墳編年

園部川・玉造	出島	牛久周辺	筑波山周辺	桜川下流	霞ヶ浦東南部
茨城郡		河内・信太郡	筑波・河内郡		鹿島・行方郡
三昧塚 (85)	富士見塚 (78)				
大日塚 (47) 地蔵塚 (66) 要害山 1 号 (75)	風返大日山 (55) *大師の唐櫃 (30)*	獅子見塚 (33)	八幡塚 (91) 甲山 (径 30) 中台 22 号墳 (31)	高崎山 2 号(27)	
塚畑 (70)	*坂稲荷山 (60)* *風返稲荷山 (78)* *折越十日塚 (60)*	木原台 4 号 (55) *楯の台 1 号 (40)* *大井 5 号 (43)* *蛇喰 (45)*	中台 3 号 (39) 中台 2 号 (径 36)	愛宕山 (55) 宍塚 6 号 (23) *宍塚 1 号 (57)* *松塚 1 号 (62)* *松塚 2 号 (57)*	宮中野夫婦塚 (103) 日天月天塚 (42) 大生西 1 号 (72) *大生西 2・4・5 号 (57・63・60)* 宮中野 85-M 号 (29) 宮中野 98-2 号 (31)
	風返浅間山 (径 56) *車塚古墳 (径 40)*	*前山 (径 30)*	*平沢 1 号 (30 × 20)*		*宮中野 97-3 号 (31)* *宮中野大塚 (92)* *姫塚 (径 40)*
				武者塚 (径 25)	*宮中野 99-1 号 (37 × 24)*

多発的に築造されることがあげられる。すなわち、久慈川流域に東海村舟塚二号墳（八〇）、内原地域に水戸市舟塚古墳（八〇）、玉里地域に小美玉市玉里舟塚古墳（八八）、同滝台古墳（八三）、石岡市要害山一号墳（七五）、筑波山周辺につくば市八幡塚古墳（九一）などである。また、帆立貝形古墳として小美玉市雷電山古墳（六五）、同地蔵塚古墳（六六）、行方市大日塚古墳（四七）、かすみがうら市風返大日山古墳（五五）や、中型の円墳と小規模な前方後円墳などが築造されるようになる。

一〇期の特徴としては、前代に大規模古墳が築かれた地域で規模を縮小あるいは明確な古墳がみられない場合と、新たに大規模古墳が築かれる地域とがある。前者には久慈川流域、内原地域、園部川・玉造地域、筑波山地域があり、後者には那珂川下流域のひたちなか市黄金塚古墳（八〇）、霞ヶ浦東南部の鹿嶋市宮中野夫婦塚古墳（一〇三）がある。特に宮中野夫婦塚古墳の築造は前代に明確な首長墓が存在していなかった場所に大規模古墳が突如として築かれ、玉里地域は継続して小美玉市大井戸古墳（一〇〇？）、同山田峯古墳（八三）が築かれる。出島地域は九期に一端帆立貝形古墳や規模を縮小した後、七〇メートル内外のかすみがうら市坂稲荷山古墳、同風返稲荷山古墳が築かれる。内原地域は九期の水戸市舟塚古墳（八〇）の後、一〇期に同牛伏四号墳（五二）や同二号墳（四五）

表1　茨城県地域における

地域	久慈川流域	那珂川河口	内原	鬼怒川・岩瀬	八郷	玉里
郡名	久慈郡	那珂郡		新治郡	茨城郡	
8期				茶焙山（70?）		愛宕山（70） 恋瀬 権現山（90）
9期	舟塚2号（80） 舟塚1号（38）	鉾の宮1号（32）	コロニー86・87号（30・30） 舟塚（80）	市ノ代3号（20） 下総		舟塚（88） 雷電山（65） 滝台（83）
10期	西の妻1号（51） 甕の原2号（33） 琵琶墓（43） 水木1号（53） *赤浜1号（23）*	黄金塚（80） 笠谷6号（43） *大平1号（48）* *虎塚(55), 笠谷7号(28)*	牛伏4号（52） 高寺2号（径25） 牛伏3号（44） 牛伏2号（45）	糠塚1号（34） 下総 ひさご塚（40） *山ノ入2号（25）* *船玉（×35）*	丸山4号(35)	大井戸（100?） 山田峯（83） 閑居台（70） 愛宕塚（62） 桃山（74） *木船塚（43）*
終末期1	*赤浜4号（径40）*	*大穴塚（径60）* *虎塚4号（×29）*	*有賀台1号（38×32）*	*高山（25以上）下総* *花園3号（30×20）*	*兜塚（径24）*	*栗又四ケ岩屋（30）* *閑岩屋（径40）*
終末期2	*銭塚（×20）*	*稲荷前1号（30×20）*				

＊斜体は埴輪のない古墳を示す。

など規模を縮小しながら前方後円墳が継続して築造されるようである。

その後の終末期古墳の時期をみると、三〇～四〇メートル級の円墳や方墳が終末期の首長墓と思われる。一〇期の前方後円墳が築造されている地域では、その後の終末期に引き続いて首長墓が築造されている場合が多い。ただし、鬼怒川流域については、九期や一〇期の明確な首長墓が存在しないところに突如として筑西市船玉古墳（三五×三五）、坂東市高山古墳（径二五以上）が築造される。鬼怒川地域は前期に大規模あるいは中規模の前方後円墳が卓越して築造されるが、中期には首長墓がみられなくなり、後期にもそれほど規模の大きな古墳はない。終末期に上述の二古墳が突如として築造されたようである。また、筑波山周辺と桜川下流地域は本来一つの地域として理解したほうがいいかもしれないので、一〇期以降に継続して終末期の首長墓が築造されている可能性が高い。

表2は茨城県域の首長墓について、時期ごとに三九メートル以下、四〇～七九メートル、八〇メートル以上と分けてその基数を示したものである。仮に三九メートル以下のものを小規模古墳、四〇～七九メートルのものを中規模古墳、八〇メートル以上のものを大規模古墳とするならば、一〇期における中規模古墳の著しい増加を指摘できるだろう。また、終末期に入ると大規模古墳がほとんどみられなくなる。小規模古墳は八期を除いてほぼ同様な数で推移する。首長墓の総数でいうならば、八期は少なく、一〇期に爆発的に増加し、その後減っていくということが言えるだろう。ただし、ここにはいわゆる前方後円形小墳は含めていないので、それを入れると三九メートル以下の基数が増加することも忘れてはならない。

表2　規模別基数

	39以下	40～79	80以上	総数
8期	0	3	2	5
9期	10	5	5	20
10期	13	31	4	48
終末期1	9	6	1	16
終末期2	4	0	0	4
総数	36	44	13	93

二　後期前方後円墳の特質—前・中期前方後円墳との比較をとおして—

茨城県地域の古墳時代を前期から見渡したとき、前期には規模の大小はあれ、各地に前方後円墳や前方後方墳が築造される。八〇メートルを越すような大規模古墳も久慈川流域、那珂川河口、霞ヶ浦東南部地域、霞ヶ浦南部地域、桜川河口、小貝川上流域に存在する。しかし、中期に至ると石岡市舟塚山古墳（一八六）を頂点に、東海村権現山古墳（八七）、水戸市愛宕山古墳（一三七）を除いて中規模の円墳になる。それは中期後半段階に顕著になり、久慈川流域、那珂川河口、桜川上流域に大規模古墳があるほかは中・小規模の古墳に集約される。その後、後期に至るとまた各地に首長墓が築かれる。ただし、散発的・中小規模のものが目立ち、大規模古墳の築造は前述したような分布を示す。

後期前方後円墳と前・中期前方後円墳の違いは、前期や中期に首長墓が存在していなかった地域に首長墓が多く築造されるということが指摘できる。県北部の太平洋側や牛久周辺、中期に目立った古墳がなかった霞ヶ浦東南部地域や詳細が不明なものの鬼怒川流域などである。また、那珂川河口や玉里地域は、若干の断続も想定されるが前期から満遍なく首長墓が築造される。密集度という意味では那珂川河口、霞ヶ浦東南部、玉里周辺地域は後期前方後円墳が数多く築造された地域であり、なかでも玉里地域は後期において継続して大規模古墳が築造された唯一の場所である（図1）。

玉里地域の継続する首長墓の卓越性は、後に高浜入りの恋瀬川を若干遡った場所に常陸国府や国分寺が造営されることを考えると、相互に無関係とは思えない。ただし、『倭名類聚抄』にみる郷名では首長墓は田余郷で国府等は茨城郷という領域の違いがある。これは、古墳時代までの水上交通が主であったものが、律令国家の時代に至り陸上交通網が整備されて、より内陸に入った場所へ国府・国分寺がつくられたということであろう。逆に言うと、国府・国分寺が作られた近辺に主だった前期～終末期の首長墓が存在しないことこそが、田余郷から程

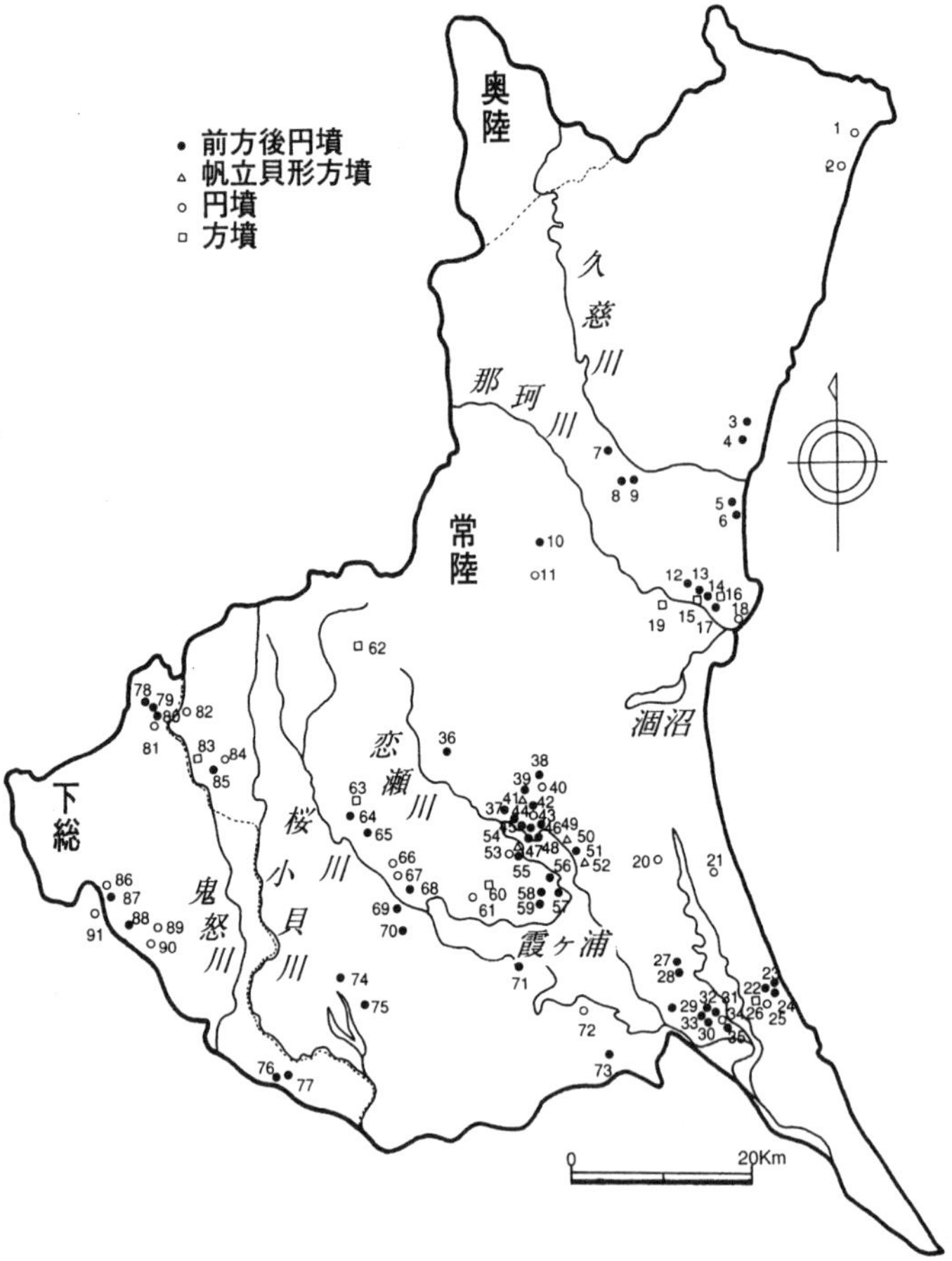

図1　古墳時代後期～終末期の主要古墳（可能性のあるものを含む：日高 2001 a から転載）

1 神岡上 3 号（33） 2 赤浜 4 号（40） 3 水木 1 号（53） 4 西の妻 1 号（54） 5 舟塚 2 号（76） 6 舟塚 1 号（32） 7 糠塚（80） 8 上宿（31） 9 十林寺（40） 10 牛伏 4 号（52） 11 高寺 2 号（25） 12 黄金塚（80） 13 大平 1 号（48） 14 笠谷 6 号（48） 15 稲荷前 1 号（30 × 20） 16 虎塚 4 号（29 × 29） 17 虎塚（54） 18 大穴塚（40） 19 吉田（八角形：29） 20 成田 3 号（21） 21 梶山（40） 22 宮中野夫婦塚（109） 23 宮中野 52 号（35） 24 宮中野 72 号（39） 25 宮中野大塚（92） 26 宮中野 99-1 号（37 × 24） 27 瓢箪塚（70） 28 赤坂山 1 号（52） 29 日天月天塚（42） 30 大生西 1 号（71.5） 31 大生西 2 号（58） 32 大生西 4 号（58） 33 大生西 5 号（60） 34 大生東姫塚（45） 35 大生東 1 号（61） 36 丸山 4 号（35） 37 要害山 1 号（75） 38 府中愛宕山（96） 39 木船塚（42） 40 栗又四箇岩屋（30？） 41 雷電山（62） 42 舟塚（72） 43 岡岩屋（40） 44 閑居台（70） 45 権現山（89.5） 46 桃山（74） 47 山田峯（83） 48 愛宕塚（62） 49 大井戸（100？） 50 地蔵塚（66） 51 三昧塚（85） 52 沖洲大日塚（47） 53 風返浅間山（40） 54 風返大日山（55） 55 風返稲荷山（78.1） 56 太子唐櫃（30？） 57 富士見塚（90） 58 坂稲荷山（60） 59 折越十日塚（70） 60 富士塚山（30 × 30） 61 加茂車塚（50） 62 花園 3 号（25 × 25） 63 平沢 1 号（30 × 20） 64 八幡塚（90） 65 甲山（？） 66 武者塚（25） 67 武具八幡塚（15） 68 今泉愛宕山（55） 69 松塚 1 号（62） 70 宍塚 1 号（54） 71 木原白旗 2 号（56） 72 前山（30） 73 福田 1 号（50） 74 大井 5 号（46） 75 蛇喰（48） 76 糠塚 1 号（32） 77 市之代 3 号（20） 78 林愛宕塚（40） 79 備中瓢箪塚（48） 80 古山八幡塚（50） 81 備中塚（48） 82 弁天山（50） 83 船玉（35 × 35） 84 駒塚（30） 85 茶焙山（70） 86 八龍神（25） 87 百戸ふき山（50） 88 宿（46） 89 高山（25 以上） 90 上出島 3 号（21） 91 穴薬師（30）

近い茨城郷領域に常陸の中心を置いた理由となったのではなかろうか。

三　前方後円墳の終焉時期

前方後円墳の終焉（築造終了）時期については、おおむね一〇期のうちに収束するとみてよい。ただし、筆者は横穴式石室の編年をおこなった際に、かすみがうら市折越十日塚古墳の年代を同風返稲荷山古墳に後続する前方後円墳であるとした。ＴＫ二〇九型式の後半代におさまるとは考えているが、千葉県栄町龍角寺浅間山古墳はそれよりも後続すると理解した（日高二〇〇〇ａ・ｂ）。これに対しては、白石太一郎（白石二〇〇一）や白井久美子（白井二〇〇二）から、浅間山古墳の横穴式石室は筆者が考えるほどは下降しないという理解が示された。浅間山古墳をめぐっては、副葬品はむしろ筆者の考える築造年代と合ってくると思われ、白石や白井の述べることが正しいのであれば、古墳築造後埋葬までの間に時間差を考える必要が出てくる。もちろん、古墳の多くが寿陵であるとするならば、築造後埋葬までに時間差があったことは想定されるものである。しかし筆者は、浅間山古墳の横穴式石室内の石棺位置や奥壁・側壁の石の使い方に折越十日塚古墳より後出する特徴を見出したいと考えており、副葬品の年代と大きく隔たる年代を想定することは困難であると考えている。

いずれにせよ、首長墓としての前方後円墳の築造はおおむねＴＫ二〇九型式期までと言えるだろう。終末期一期の時期に入ってくる可能性のある古墳としては鹿嶋市宮中野九七―二号墳、小美玉市栗又四ヶ岩屋古墳などがあげられる。また、折越十日塚古墳もこの時期まで下降する可能性がある。墳丘長三一メートルの宮中野九七―三号墳からは長頸瓶の破片が出土しており、頸部が細く窄まり非常に長くなる形態はＴＫ二一七型式期が想定される。主体部は後円部の南に設置された雲母片岩の箱形石棺である。栗又四ヶ岩屋古墳の横穴式石室の楣石は天井石の下に配されており、挿し込み式の風返稲荷山古墳などよりは新しいと考えられる。栗又四ヶ岩屋古墳の墳形はトレンチ調査により周溝が確認されているものの、その形が非常に歪でありどのような墳形になるのか判

表３　茨城県地域の終末期古墳（主要なもの）

	古墳名	墳形	規模	須恵器
1	高萩市赤浜４号墳	円	40	未詳
2	東海村銭塚古墳	方	20 × 20	未詳
3	ひたちなか市大穴塚古墳	円	60	未詳
4	ひたちなか市虎塚４号墳	方	29 × 29	TK217
5	ひたちなか市稲荷前１号墳	長方	30 × 20	未詳
6	水戸市吉田古墳	八角	29	未詳
7	水戸市内原町有賀台１号墳	方	38 × 32	未詳
8	鉾田市梶山古墳	円	40	大甕、フラスコ
9	小美玉市岡岩屋古墳	円	40	未詳
10	かすみがうら市風返浅間山古墳	円	56	未詳
11	かすみがうら市加茂車塚古墳	円	40	未詳
12	かすみがうら市富士塚山古墳	方	30	未詳
13	つくば市平沢１号墳	長方	30 × 20	未詳
14	土浦市石倉山４号墳	円	24	なし？
15	土浦市石倉山８号墳	長方	20 × 14	なし？
16	土浦市石倉山９号墳	方	16 × 11	湖西Ⅲ -3(7 世紀後葉)
17	土浦市石倉山１号墳	方	13 × 11	湖西Ⅳ -1（8 世紀初）
18	土浦市石倉山２号墳	方	13 × 13	湖西Ⅳ -1（8 世紀初）
19	土浦市東台１号墳	円	30	なし
20	土浦市東台９号墳	方	12 × 12	なし
21	土浦市寺家ノ後１号墳	方	17 × 16	湖西Ⅳ -1（8 世紀初）
22	土浦市寺家ノ後２号墳	方	12 × 11	在地産（8 世紀初）
23	土浦市寺家ノ後３号墳	方	13 × 12	在地産（8 世紀初）
24	土浦市武者塚古墳	円	25	未詳
25	稲敷市前山古墳	円	30	未詳
26	鹿嶋市宮中野大塚古墳	帆立	92	大甕
27	鹿嶋市宮中野 99 －1号墳	長方	37 × 24	なし？
28	潮来市姫塚古墳	円	40	未詳
29	行方市成田１号墳	方	9 × 8	なし
30	行方市成田３号墳	円	21	湖西Ⅲ -3(7 世紀後葉)
31	行方市成田４号墳	円	12	なし
32	行方市成田７号墳	長方	12 × 8	湖西Ⅲ -3(7 世紀後葉)
33	行方市札場１号墳	円	28	TK209
34	行方市札場２号墳	円	22	なし
35	行方市札場３号墳	方	17 × 12	湖西Ⅳ -1（8 世紀初）
36	石岡市兜塚古墳	円	24	大甕
37	桜川市花園３号墳	方	30 × 20	TK209
38	坂東市高山古墳	？	25 以上	未詳
39	筑西市船玉古墳	方	35 × 35	未詳

断がつかないものであるが、前方部を北西に向けた三〇メートルほどの前方後円墳の可能性がある。前方後円墳であるとしたら、主体部は後円部の南に構築された横穴式石室と前方部上に構築された箱形石棺ということになる。宮中野九七―三号墳と栗又四ヶ岩屋古墳はいずれも周溝の形が前方後円形を呈し、いわゆる盾形の周溝ではないことが特徴としてあげられる。いわゆる前方後円形小墳との共通性も指摘できるだろう。

終末期古墳とは前方後円墳が築造されなくなってからの古墳を指す。茨城県地域の場合、首長墓は方墳よりも円墳である場合が多く、その特徴は霞ヶ浦周辺地域で顕著である（表3）。その最たる古墳が鹿嶋市宮中野大塚古墳であり、九二メートルの帆立貝形古墳である。このほか、小美玉市岡岩屋古墳（径四〇）、かすみがうら市風返浅間山古墳（径五六）、稲敷市前山古墳（径三〇）、潮来市姫塚古墳（径四〇）などがある。ただし、小古墳の場合は方墳であることも多く、土浦市石倉山古墳群や同寺家ノ後古墳群などは方墳が多く築造されている。茨城県北部においても、高萩市赤浜四号墳（径四〇）、ひたちなか市大穴塚古墳（径六〇）などが存在する。しかし、方墳の筑西市船玉古墳（三五×三五）が内部主体の諸特徴からは一〇期に遡る可能性を有していることは他地域と比較したときに特異な現象である。このことはいわゆる終末期古墳の築造がTK二〇九型式期に遡ることを示していると思われ、最終末前方後円墳の築造年代と重なってくると思われるのである。それは、同世代間における造墓活動の微妙な時間差、あるいは前方後円墳を造り続けるという首長たちの意思表示の結果であったのではなかろうか。

首長墓としての円墳が築造された後には、方墳や長方墳に変化したと考えられ、東海村銭塚古墳（二〇×二〇）、ひたちなか市虎塚四号墳（二九×二九）、同稲荷前一号墳（三〇×二〇）、鹿嶋市宮中野九九―一号墳（三七×二四）などがあげられる。筑波山周辺にはつくば市平沢一号墳（三〇×二〇）があるが、前代の首長墓としての円墳が存在するかどうかは未詳である。ただし時期不詳のつくば市横町二号墳（径五〇）や関東地域ではほとんど類例のない畿内型横穴式石室を有するつくば市山口古墳群なども存在することは、注目しておく必要がある。一方、土浦市武者塚古墳は径二五メートルの円墳の可能性がある。

四　前方後円形小墳をめぐって

前方後円形小墳とは、市毛勳（市毛一九六三・一九七三など）、茂木雅博（茂木一九六六）、杉山晋作（杉山一九六九・一九七四）、安藤鴻基（安藤一九八一）、小室勉（小室一九八五）らが検討を続けてきた変則的古墳あるいは小規模前方後円墳、常総型古墳を、岩崎卓也が前方後円形の古墳に注目し改めて認識したものである（岩崎一九九四)。変則的古墳とは、市毛勲が概念化したものであるが、「内部施設の位置が墳丘の裾部であって、墳丘が無視されたかの如く受け取れるのである。したがって内部施設は封土では覆いきれなくなって、土壙を掘ることになる。そのためなかには、地下に埋没してしまっているものもある。このような古墳を、古墳の原則に合わないという意味合いから変則的古墳と名づける」(市毛一九六三:二一頁)とされたものである。主に茨城県地域から千葉県地域に分布している。その特徴は以下のとおりである。

以降の前方後円墳

	古墳名	規模	須恵器	埴輪
1	高萩市琵琶墓古墳	43	未詳	○
2	高萩市赤浜1号墳	23	未詳	
3	日立市水木1号墳	53	未詳	○
4	日立市西の妻1号墳	51	フラスコ(7c前半)	○
5	日立市甕の原2号墳	33	未詳	○
6	ひたちなか市黄金塚古墳	80	未詳	○
7	ひたちなか市笠谷6号墳	43	未詳	○
8	ひたちなか市笠谷7号墳	28	未詳	
9	ひたちなか市大平1号墳	48	TK209	
10	ひたちなか市虎塚古墳	55	大甕、平瓶	
11	水戸市内原町舟塚古墳	80	未詳	○
12	水戸市内原町牛伏4号墳	52	壺、甕、フラスコ	○
13	水戸市内原町牛伏3号墳	44	未詳	○
14	水戸市内原町牛伏2号墳	45	未詳	○
15	小美玉市大井戸古墳	100?	未詳	○
16	小美玉市山田峰古墳	83	未詳	○
17	小美玉市閑居台古墳	70	未詳	○
18	小美玉市愛宕塚古墳	62(帆立)	未詳	○
19	小美玉市桃山古墳	74	未詳	○
20	小美玉市木船塚古墳	43	大甕	
21	小美玉市栗又四ケ岩屋古墳	方円?(30)	あり	
22	かすみがうら市坂稲荷山古墳	60	未詳	
23	かすみがうら市風返稲荷山古墳	78	TK209、TK217	
24	かすみがうら市折越十日塚古墳	70	未詳	
25	つくば市大井5号墳	43	未詳	
26	つくば市中台3号墳	39	TK43	○
27	つくば市中台52号墳 ○	21	なし?	
28	つくば市中台58号墳 ○	20	なし?	
29	つくば市中台67号墳 ○	29	なし?	
30	つくば市中台4号墳 ○	23	なし?	
31	つくば市松塚1号墳	62	大甕	
32	つくば市松塚2号墳	57	未詳	
33	土浦市愛宕山古墳	55	未詳	○
34	土浦市宍塚6号墳	23	未詳	○
35	土浦市宍塚1号墳	57	大甕	
36	土浦市石倉山5号墳 ○	16	なし?	

表4　茨城県地域の集成10期

	古墳名	規模	須恵器	埴輪
37	土浦市東台2号墳　○	28	なし?	
38	土浦市東台4号墳　○	25	平瓶、甕	
39	土浦市東台5号墳　○	25	なし?	
40	土浦市東台6号墳　○	25	なし?	
41	土浦市東台7号墳　○	未詳	なし? 4号に壊される	
42	土浦市東台10号墳　○	32	なし?	
43	土浦市東台11号墳　○	20	なし?	
44	土浦市東台13号墳　○	25	なし?	
45	土浦市東台14号墳　○	25	なし?	
46	土浦市東台16号墳　○	20	なし?	
47	土浦市東台17号墳　○	20	なし?	
48	土浦市東台18号墳　○	25	なし?	
49	美浦村木原台4号墳	55	未詳	○
50	稲敷市楯の台1号墳	40	未詳	
51	稲敷市楯の台2号墳　○	19	TK209	
52	稲敷市楯の台3号墳　○	26	湖西Ⅱ-6(7世紀前葉)	
53	牛久市蛇喰古墳	45	未詳	
54	鹿嶋市宮中野夫婦塚古墳	107	未詳	○
55	鹿嶋市宮中野85-M号墳　○?	29	なし?	○
56	鹿嶋市宮中野98-2号墳　○?	31	湖西Ⅱ-5(7世紀初頭)	○
57	鹿嶋市宮中野97-3号墳　○?	31	TK217	
58	潮来市日天月天塚古墳	42	未詳	○
59	潮来市大生西1号墳	72	TK209	○
60	潮来市大生西2号墳	57	未詳	
61	潮来市大生西4号墳	63	未詳	
62	潮来市大生西5号墳	60	未詳	
63	鉾田市二重作4号墳	21	TK209	
64	行方市塚畑古墳	70	未詳	
65	行方市成田2号墳　○	12	湖西Ⅲ-3(7世紀後葉)	
66	行方市成田5号墳　○	18	大甕	
67	行方市成田6号墳　○	23	Ⅲ-1～2(7世紀中葉)	
68	行方市札場4号墳　○	20	平瓶(7世紀中葉)	
69	石岡市丸山4号墳	35	TK43	○
70	桜川市ひさご塚古墳	40	TK43	○
71	桜川市山ノ入2号墳	25	TK209	
72	取手市糠塚1号墳	34	未詳	○

＊古墳名の後に○のあるものは前方後円形小墳。

一、内部施設が墳丘裾部に位置すること
二、内部施設は通常扁平な板石を用いた箱式石棺であること
三、合葬（追葬）を普通とすること
四、群集墳を形成していること
五、東関東中央部に分布すること
前方後円形小墳とは、小規模な前方後円墳あるいは帆立貝形古墳で地下埋葬あるいは前方部上などに埋葬施設

をもつものを指す（岩崎一九九四）。その意味で、集成編年の九期に遡る埴輪を樹立する古墳についてもそのような概念で捉えられる可能性を指摘している。表1でいえば那珂川河口のひたちなか市鉾の宮一号墳、内原地域の水戸市杉崎コロニー八六号・八七号墳などがあげられる。岩崎は栃木県地域の古墳についても前方後円形小墳の範疇に含めて考えられることを指摘しているが、茨城・千葉・栃木県地域全体を見渡したとき、前二者の地域での数の多さは栃木県地域のそれを圧倒する。それも集成編年では一〇期以降のものが大半である。

そこで、改めて一〇期以降の前方後円墳（前方後円形小墳を含む）について集成したものが表4である。古墳名の後に○を付したものが前方後円形小墳である。基本的に埴輪の樹立のない前方後円形古墳であり、宮中野古墳群例を除いて主体部が前方部上もしくはくびれ部上に構築されている。後円部上には主体部がないのである。規模は三〇メートル以下であり、行方市成田二号墳は一二メートルほどしかない。成田二号墳はくびれをほとんど持たず、北側は弧状を描くものの南側は方形となる形態で、くびれ部に相当する場所に二基の泥岩使用の箱形石棺と推定される主体部を有していた。出土した須恵器は湖西編年Ⅲ—三期と考えられ七世紀後葉であろう。このほか年代の判明するものとしては、行方市成田六号墳（七世紀中葉）、同札場四号墳（七世紀中葉）、稲敷市楯の台三号墳（七世紀前葉）などが終末期一期の前方後円形小墳である。土浦市東台古墳群は前方後円形小墳が一二基築造されているが、出土遺物がほとんどなく年代を示す資料に欠けるが、主体部の構造からは六世紀後葉から七世紀前葉ころを中心とした築造年代を想定できるだろう。土浦市石倉山五号墳は内部主体の構造から七世紀後葉と思われる。

鹿嶋市宮中野古墳群例は前方後円形小墳とすべきかどうか保留したものである。墳丘長二九メートルの八五—M号墳は埴輪を樹立しており、後円部南裾付近に箱形石棺を構築していた。墳丘長三一メートルの九八—二号墳は埴輪を樹立しており、後円部南裾付近に雲母片岩使用の箱形石棺を構築していた。出土した須恵器は湖西編年Ⅱ—五期と考えられ、七世紀初頭と考えられる。墳丘長三一メートルの九七—三号墳は埴輪樹立がなく、後円部南裾付近に雲母片岩使用の箱形石棺を構築していた。石棺よりも南側の墳形が造出し状に張り出す。出土した須恵器長頸瓶の破片からTK二一七型式期と考えられ、七世紀中葉と考えられる。いずれも、地下埋葬であることを重視すれば前方後円形小墳とすべきかもしれない。しかし、ほかの前方後円形小墳の在り方は円墳や方墳などともに墳丘規模の小さな古墳が群集しているのに対して、宮中野古墳群は夫婦塚古墳(一〇七)や大塚古墳(九二)、九九—一号墳(三七×二四)などとともに群集墳を形成しているのである。そこに実質的な差異があるのかどうかは今後の課題としたい。

前方後円形小墳の築造年代については、六世紀中葉ころにその端緒は確認できるが、おおむね六世紀末ごろから築造がはじまり、七世紀後葉まで築造が続いていたと考えられるだろう。墳丘規模は三〇メートル以下であり、最終段階にはくびれ部をほとんど持たない形のものも出現する。周溝は墳形に沿った前方後円形である。

五　首長墓分布の在り方について—国造制への接近—

ここまで、茨城県地域の集成編年八〜一〇期さらには終末期にかけての首長墓の動向について、当該地域の前方後円形小墳も視野に入れつつ論じてきた。ここでは、改めて首長墓分布の在り方を探っていきたい。まず参照すべきは、中山信名および栗田寛補訂の『新編常陸国誌』に示された常陸郡郷図およびそれ以前の常陸六国図である(中山一八三六)[2]。本書にはそれぞれの郡内における郷名図も付されている。その比定地をめぐってはなお異論もあろうかと思うし、久信田喜一によって再検討が続けられてもいる。ただし、本稿はその郷比定が目的ではないので、ひとまずは『新編常陸国誌』に沿って記述していくこととする。

表1には後の郡の領域を示しておいた。すなわち、久慈川流域は久慈郡、那珂川河口および内原地域は那珂郡、鬼怒川・岩瀬地域は新治郡、八郷・玉里・園部川・玉造・出島地域は茨城郡、牛久周辺は河内郡・信太郡、筑波山周辺および桜川下流地域は筑波郡・河内郡、霞ヶ浦東南部地域は鹿島郡・行方郡である。このなかから首長墓

系譜を想定するために、墳丘規模の大きな古墳を抽出し、それぞれの地域でどのように展開するのか考えてみたい。表5は郡ごとに考えられる首長墓系譜を提示したものである。空欄の部分には時期が未確定の首長墓が今後位置づけられる可能性もあるが、八期には極めて限定的な首長墓の分布を示すことは間違いないだろう。他地域と比較して茨城郡領域の卓越性が指摘できる。すなわち、ほぼ同時期に茨城郷領域の愛宕山古墳、田余郷領域の権現山古墳、立花郷領域の三昧塚古墳、安餝郷領域の富士見塚古墳という拮抗するような四つの首長墓が築かれた。その後は田余郷領域では継続的な首長墓が岡岩屋古墳まで存在する。一方茨城郷領域には要害山一号墳あるいは栗又四ヶ岩屋古墳が築造されるが、前者は園部川流域として三昧塚古墳に後続すると考えることもでき、後者は田余郷領域の首長墓系譜に含めて考えたほうがいい。出島地域については、かつて検討を試みたことがある（日高二〇〇一b）。出島地域には大津郷、佐賀郷、安餝郷の三つの領域が存在し、富士見塚古墳から風返大日山古墳は安餝郷、坂稲荷山古墳は佐賀郷、風返稲荷山古墳は安餝郷、折越十日塚古墳は佐賀郷、風返浅間山古墳は安餝郷、車塚古墳は大津郷領域である。出島地域では同時期に首長墓が複数築造されることはなかったと考えられることから、大津・佐賀・安餝郷の三領域のなかで、首長墓が輪番制のごとく築造されていった可能性がある。

多珂・久慈郡では複数の郷領域をまたぐと共に、郡領域を越えて理解したほうが首長墓系譜としてはつながってくると思われる。那珂郡では岡田郷領域、安賀・茨城郷での展開が想定されるが、前者の領域に含めたひたちなか市大穴塚古墳は鹿島郡の北端部に位置する。別の郡領域ではあるが、那珂川河口として那珂郡内での展開に含めて考えたい。もっとも、後述す

後期首長墓系譜

河内・信太郡	筑波郡・隣接地域	鹿島郡	行方郡
獅子見塚	八幡塚 ↓ 甲山 ↓		
木原台4号 ↓ 大井5号 蛇喰	愛宕山 ↓ 宍塚1号 松塚1号	宮中野夫婦塚 ↓ 宮中野98-2号 宮中野97-3	大生西1号 ↓ （大生西4号） （大生西5号）
↓ 前山	↓ 平沢1号 ↓	↓ 宮中野大塚 ↓	↓ 姫塚
	武者塚	宮中野99-1号	

るように那珂のクニの範囲で考えれば同一領域ではある。新治郡は複数の郷領域をまたいで展開すると考えられる。河内・信太郡では墳丘規模が小規模や中規模のものが多く、それぞれが点在することから、まとまりとして考えるべきかどうか未詳である。筑波郡は複数の郷領域をまたぐとともに、桜川流域である信太郡北端部の宍塚一号墳、河内郡東端部のつくば市松塚一号墳などの隣接地域をもその展開に含めて考えたい。鹿島郡では鹿島郷での展開のみであり、行方郡では大生郷での展開である。下総国に属する地域は、これら以外にも後期から終末期の首長墓が分散して存在しているので、改めて検討する必要がある。参考程度に示しておいた。ただし、坂東市高山古墳は雲母片岩使用の横穴式石室であり、常陸南部の同様の埋葬施設と異なるところはない。周辺では雲母片岩使用の箱形石棺も出土していることから、河川を利用した石材輸送を考えたとき、筑西市船玉古墳などと同様の在り方であったと推定される。

　首長墓分布が郷領域内で完結している場合についても、造墓の場所が限定的であったことを示しているわけであり、首長支配領域が郷程度に留まっていたとは考えにくい。例えば那珂郡領域について、那珂川河口の岡田郷領域のみを支配していたわけではなかろう。安賀・茨城郷でも安定的な首長墓系譜が辿れるから、那珂郡全域を首長支配領域とするわけにはいかないが、幡田郷領域の馬渡埴輪窯産の埴輪の供給範囲を考えるならば、少なくとも那珂川下流域の複数の郷領域は支配領域として理解できるだろ

表5　茨城県地域の古墳時代

	多珂・久慈郡	那珂郡		新治郡	下総	茨城郡		
8期				茶焙山		愛宕山 権現山	三昧塚	富士見塚
9期	舟塚2号 | | ↓		舟塚 ↓	| | | ↓	市ノ代3号	↓ 舟塚 ↓ 滝台	↓ 大日塚 ↓ 要害山1号	↓ 風返大日山 | ↓
10期	西の妻1号 ↓ 水木1号 ↓	黄金塚 ↓ 虎塚 ↓	牛伏4号 ↓ 牛伏3号 牛伏2号	ひさご塚 | ↓ 船玉	↓ 糠塚1号 | |	↓ 大井戸 山田峯 桃山	| | ↓ 塚畑	坂稲荷山 ↓ 風返稲荷山 折越十日塚
終1	赤浜4号 | ↓	大穴塚 虎塚4号 ↓	↓ 有賀台1号	↓ 花園3号	高山	↓ 栗又四ケ岩屋 岡岩屋		↓ 風返浅間山 車塚
終2	銭塚	稲荷前1号						

う。筑波郡は全域を支配領域とした首長墓系譜が辿れる可能性もある。

『常陸国風土記』にみえる郡としては、岩城、多珂、久慈、新治、白壁、筑波、河内、信太、茨城、行方、那珂、香島がある。これらは分割を繰り返してなされた最終形の領域であり、それ以前には多珂のクニ、久慈のクニ、新治のクニ、筑波のクニ、茨城のクニ、那珂のクニがありそれぞれ国造が治めていたとする。国造制の成立をめぐっては、五世紀後半、六世紀中葉、七世紀初頭、七世紀中葉、七世紀後半などとさまざまな説が入り乱れている。(3)どの説を採るべきなのかは保留するが、白石太一郎のいうように七世紀初頭ころに国造制の施行ないし整備がなされたとするならば（白石一九九二）、少なくとも孝徳立評前の終末期の時期(4)には上記の六国造がいたことになり、その墳墓もいずれかの地にあるはずである。

多珂のクニと久慈のクニでは分けて考えることが難しいことは前述した。終末期の時期には四〇メートル以下の古墳が複数あり（生田目二〇〇五）、その中から国造の墓を想定するのは困難である。新治のクニは筑西市船玉古墳さらには花園三号墳という有力古墳が国造の墓の可能性もあるが、両者の距離は二〇キロメートル以上離れており石室の系譜も異なることは、首長墓系譜として一括することをためらう。筑波のクニはつくば市平沢一号墳、土浦市武者塚古墳などがその候補であろう。茨城のクニは広範囲である。終末期の時期に卓越した古墳を見出すのは困難であり、小美玉市岡岩屋古墳（径四〇）、かすみがうら市風返浅間山古墳（径五六）、同車塚古墳（径四〇）、稲敷市前山古墳（径三〇）などほぼ同様な規模の古墳ばかりである。前代からのつながりでいえば、田余郷領域の古墳を国造の墓と理解するのも一案であるが、出島地域との格差を見出しえない。那珂のクニは那珂川河口と内原の二つの領域と鹿島・行方の領域までが含まれる。ここまで広大な範囲を一つの領域として理解できるのかといえば、やはり郡ほどの領域でそれぞれを把握した方がいいと思われる。ただし、集成編年一〇期から終末期一期にかけて鹿島郡領域の宮中野古墳群の卓越性も確かなことであり、鹿嶋市宮中野夫婦塚古墳（一〇三）、同宮中野大塚古墳（九二）は看過できない。大塚古墳を那珂のクニの国造の墓とすることができるかもしれない。

しかし、ひたちなか市大穴塚古墳（径六〇）の存在も看過できないものであり、少なくとも那珂のクニは北と南で理解した方がいい。その後と推定される方墳では那珂のクニで卓越した規模の古墳を見出すのは困難である。

以上、首長墓分布の在り方を基にして、国造制への接近を試みたが、結果は未詳な場合が多いというものであった。接近できそうな地域はつまるところ筑波のクニのみであり、[5]それ以外の地域では判断するのを躊躇するというものである。特に茨城のクニの領域は、後に国府や国分寺が置かれた場所であり、終末期には国造の墓があったはずであるが、それを特定するには至らなかった。課題山積である。

おわりに

ここまで、茨城県地域の前方後円墳築造の終焉について論述してきた。問題が多岐に亘り、論じ残しや曖昧な部分を残したままの記述となったことをお詫びしたい。特に国造の支配領域については、今後精度を高めていき改めて文献史学との接点を見出していきたい。

註

（1）所謂変則的古墳に関しては、今なお築造年代を知る資料に欠けているものが多い。箱形石棺に副葬品がおさめられている事例が少ないとともに、盗掘されていることが極めて多いからである。かつて、杉山晋作は変則的古墳を分類した際、小野山節の古墳規制論をひきながら（小野山一九七〇）、変則的古墳としての前方後円墳の出現について論じている（杉山一九七四）。もともと従属的な位置（くびれ部や造出し部）に埋葬施設をつくっていた階層の人々が、前方後円墳を造れるようになったことで、主体的内部施設（後円部の横穴式石室）を除いただけの変則的古墳が出現したのではないかと捉えた。

（2）同書の制作年代についてはよくわかっていないが、中山信名が天保七年（一八三六）に死去していることから、それ以前である。ひとまず、天保七年以前ということで、その西暦年を記載する。

（3）いま、国造制についての諸説を詳しく述べる余裕はないが、代表的な見解と問題点については、かつて指摘しておいたので参照していただきたい（日高二〇〇一b：五四頁）。

(4) 茨城国造や那珂国造、筑波国造として登場する壬生連(直)などの壬生部は、推古一五年(六〇七)に設定されたものであり(岸一九五七、早川一九八五など)、このころまでには国造制が常陸に施行されていたことは間違いないだろう。
(5) 滝沢誠は筑波のクニ、新治のクニに首長墳が大型方墳として登場する七世紀前半に国造制の成立を求めている(滝沢一九九四)。

引用文献

安藤鴻基 一九八一「「変則的古墳」雑考」『小台遺跡発掘調査報告書』芝山はにわ博物館
石橋 充 二〇〇五「霞ヶ浦沿岸地域の古墳埋葬施設」『月刊考古学ジャーナル』五三五
市毛 勲 一九六三「東国における墳丘裾に内部施設を有する古墳について」『古代』四一
——— 一九七三「「変則的古墳」覚書」『古代』五六
稲村 繁 二〇〇〇「茨城における前方後円墳の終焉とその後」『第五回東北・関東前方後円墳研究会大会 前方後円墳の終焉とその後』東北・関東前方後円墳研究会
岩崎卓也 一九九四「関東地方東部の前方後円形小墳」『国立歴史民俗博物館研究報告』四四
小野山節 一九七〇「5世紀における古墳の規制」『考古学研究』一六―三
金井塚良一編 一九九〇『前方後円墳の消滅』新人物往来社
川西宏幸 一九七八「円筒埴輪総論」『考古学雑誌』六四―二
岸 俊男 一九五七「光明立后の史的意義」『ヒストリア』二〇
桑原邦彦 一九八四「山口県―防府地方―」『古代学研究』一〇二(特集 各地域における最後の前方後円墳 西日本Ⅰ)
国立歴史民俗博物館 一九九六『東国における古墳の終末《附編》千葉県成東町駄ノ塚古墳発掘調査報告』
古代學研究會編 一九八四「特集 各地域における最後の前方後円墳 東日本Ⅱ」『古代学研究』一〇六
後藤守一・相川龍雄 一九三六『多野郡平井村白石稲荷山古墳』群馬縣史蹟名勝天然紀念物調査報告三
小林行雄 一九六一「中期古墳時代文化とその伝播」『古墳時代の研究』青木書店(初出一九五〇)
小室 勉 一九八五「前方後円墳の終焉と方墳」『常陸国風土記と考古学』雄山閣
塩谷 修 一九九七「霞ヶ浦沿岸の埴輪」『霞ヶ浦の首長』霞ヶ浦町郷土資料館
——— 二〇〇〇「霞ヶ浦沿岸の前方後円墳と築造規格」『常陸の前方後円墳(一)』茨城大学人文学部考古学研究室
白井久美子 二〇〇二「横穴式石室について」『印旛郡栄町浅間山古墳発掘調査報告書』千葉県
白石太一郎 一九九一「常陸の後期・終末期古墳と風土記建評記事」『国立歴史民俗博物館研究報告』三五

――――　二〇〇一「竜角寺岩屋古墳の造営年代をめぐって」『千葉県史研究』九
杉山晋作　一九六九「所謂「変則的古墳」の分類について」『茨城考古学』二
――――　一九七四「変則的古墳の一解釈（その一）」『古代』五七
滝沢　誠　一九九四「筑波周辺の古墳時代首長系譜」『歴史人類』二二
田辺昭三　一九六六『陶邑古窯址群Ⅰ』平安学園
――――　一九八一『須恵器大成』角川書店
中山信名　一八三六『新編常陸国誌』（栗田寛補訂　一九七六年宮崎報恩会版　崙書房）
生田目和利　二〇〇五「茨城県北部における前方後円墳以後と古墳の終末」『第一〇回東北・関東前方後円墳研究会大会　前方後円墳以後と古墳の終末』東北・関東前方後円墳研究会
早川万年　一九八五「推古朝における壬生部設定について」『古代文化』三七―八
日高　慎　二〇〇〇a「雲母片岩使用の横穴式石室と箱形石棺」『風返稲荷山古墳』霞ヶ浦町教育委員会
――――　二〇〇〇b「関東地方における最終末前方後円墳と風返稲荷山古墳」『風返稲荷山古墳』霞ヶ浦町教育委員会
――――　二〇〇一a「第五章　第二節　古墳時代の岩井」『岩井市史　通史編』岩井市
――――　二〇〇一b「古墳時代」『霞ヶ浦町遺跡分布調査報告書―遺跡地図編―』霞ヶ浦町教育委員会・筑波大学考古学研究室
茂木雅博　一九六六「箱式石棺の編年に関する一試論」『上代文化』三六
早稲田大学考古学研究室　一九五二『上総金鈴塚古墳』早稲田大学考古学研究室報告一
和田晴吾　一九七六「畿内の家形石棺」『史林』五九―三

風返稲荷山古墳《かざかえしいなりやまこふん》

茨城県かすみがうら市

日高　慎

風返稲荷山古墳は墳丘長七八メートルの前方後円墳である。昭和三九年（一九六四）、日本大学考古学会を中心に発掘調査がおこなわれ、後円部の横穴式石室、くびれ部の箱形石棺などの全容が判明した。副葬品には多くの飾大刀や金銅装・銀装の馬具、銅鋺などがある。埴輪はなく、後円部の内部主体は、筑波山麓に産する雲母片岩の板石を組んだ複室構造の横穴式石室であった。

後室に三基の箱形石棺がコの字状に配され、前室には直刀、金銅製馬具、銅鋺などが置かれ、若干離れた場所で弓弭、刀子、須恵器などが出土した。奥石棺は耳環、東石棺は頭椎大刀一、円頭大刀二、刀子一など、西石棺は耳環、装身具類が出土した。くびれ部には雲母片岩の箱形石棺を配し、石棺内からは耳環、円頭大刀一、足付近から玉類が出土した。石棺外の約一・五メートル西側で金銅製馬具（鞍は銀装）が一括して出土した。

石室内出土の須恵器は築造の時期より若干下るものと考えられ、かつて墳丘から出土した須恵器の年代から七世紀初頭ごろの築造と考えられる。石室内奥石棺の埋葬の後、順次石棺を増やしながら追葬がおこなわれたのである。前室から出土した棘葉形杏葉の形態は造りが粗雑なもので、近畿地方はもとより全国的にも類例がない。くびれ部石棺近くで出土した心葉形鏡板付轡・杏葉は七世紀前半ごろのもののようである。石室内の石棺では東石棺からのみ飾大刀三本が出土しており、型式差が存在することから本来は奥石棺被葬者の所有物であったものを東石棺の埋葬時に副葬したのかもしれない。

風返稲荷山古墳は、関東地方の前方後円墳築造終了を考える上で極めて重要である。埴輪を樹立せず、石室およびくびれ部に豊富な副葬品を納めていた。古墳時代後期の東国の様相を解く基本資料となる古墳といえよう。

日高　慎ほか　二〇〇〇『風返稲荷山古墳』

石室内前室出土金銅製馬具

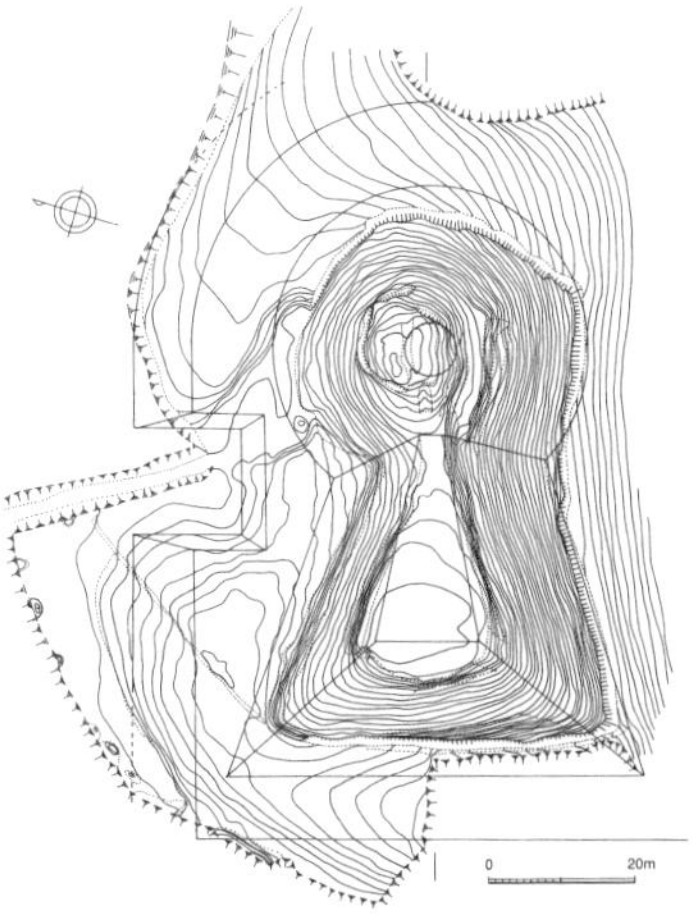

墳丘測量図（1/2,000）

（日高ほか 2000 から転載）

くびれ部石棺外出土金銅製馬具（鞍は銀装）

石室内東石棺出土飾大刀（上３本）
くびれ部石棺出土飾大刀（下端１本）

石室内前室出土須恵器

（写真４点ともかすみがうら市郷土資料館提供）

栃木県

―「絶えるもの」「続くもの」そして「生まれるもの」―

小森哲也

はじめに

モノは、その終焉の時にそのモノがもっていた本来の存在意義を表出する、と言われる。東国における前方後円墳の築造は、六世紀末から七世紀初頭にその終焉をむかえる。本小稿では、古墳時代後期における大型前方後円墳が集中する栃木県南部の首長墳を中心とする調査と研究の動向を追いながら、古墳築造が途絶える七世紀後半までの様相を概観し、その史的背景を考える一助としたい。

一　いわゆる「下野型古墳」について

栃木県の南部、思川および田川水系には、大型の前方後円墳および円墳が集中して築造される（図1・2）。五〇メートルを超える前方後円墳が一一基、円墳が六基、方墳が一基と下野の最高ランクの首長層の墓域となる。これらの首長墳は、①墳丘の第一段目に低平で幅の広い、いわゆる基壇をもつ、②前方部に石室をもつ、③凝灰岩切石を用いた横穴式石室を内部主体とする、という三点の「造墓の型」を共有する。この三つの要素を備えた古墳を「下野型古墳」（以下、下野型古墳とする）と呼称することが提唱された（秋元・大橋一九八八）。その後、

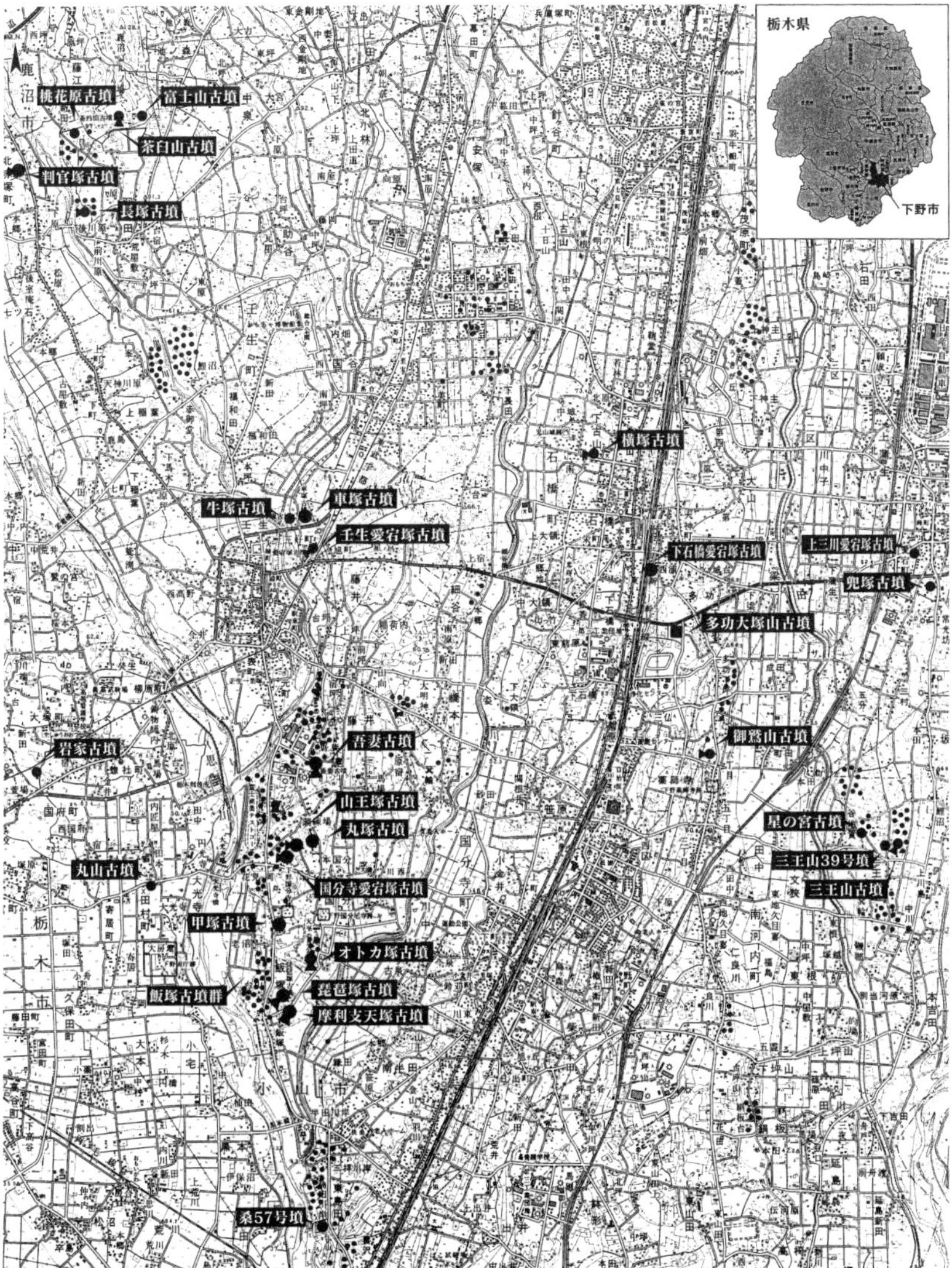

図1　思川・田川水系の主要古墳の分布（下野市教育委員会 2006 から転載）

当地を中心とする横穴式石室の特徴をもとにした研究（大橋一九九〇）、さらに大型古墳とともに中小古墳の検討（進藤二〇〇二）、一二五の地域設定に基づく首長墓系列と群集墳の分析による地域圏の抽出（草野二〇〇七）等の研究成果も発表されている。また、「これら共通性の大きい大型古墳の分布範囲」を「下野古墳群」と総称する考えも示されている（秋元二〇〇七）。

（一）基壇について（図2）

古墳でも基壇？　寺や役所に使われてきた用語「基壇」を古墳の要素にまで広げて用いたのは、尾崎喜左雄（尾崎一九六四）で、本県でも大和久震平が栃木県南部の古墳にみられる周湟内側の低く幅の広い部分を「基壇」とよび、その変遷について論及した（大和久一九七二b）。「墳丘の裾にさらに低く緩やかな傾斜をもつ、広い面」と定義し、その後、基壇をもつ墳形の発生は「中期に遡る」とするとともに吾妻古墳を七世紀後半に位置づけた（大和久一九八一）。

基壇の性格を探るⅠ　山越茂は吾妻古墳に「後円部と前方部にひとつずつ、計二つの石室」を想定し、築造時期を遡らせて「六世紀前半から中葉頃」と推定した（山越一九七四）。基壇は、古墳をより壮大化するために採用され、その性格は、地方的な特色あるいは被葬者の特定の性格を包含しているとしつつ、「この種古墳の形成時期は、那須国に対する下毛野国の優位性が確立した時期であるとともに、下毛野国の大型古墳出現の時期でもあり、これらの現象と何らかの関連があるようにも思われる」と以後の研究に重要な示唆を示した（山越一九八一）。

岩崎卓也は「思川筋の大形古墳にみられる基壇付設という共通した構造なども、同祖関係に由来」するものと位置づけた（岩崎・森田一九八四）。さらには「この基壇付きの個性的な古墳こそ、同じ祖先祭祀で結ばれた下毛野君に関係するものであろう」と論を広げた。

大橋泰夫・秋元陽光は古代史サマーセミナーにおいて「思川流域の古墳」と題し、「基壇」と「低位置突帯を

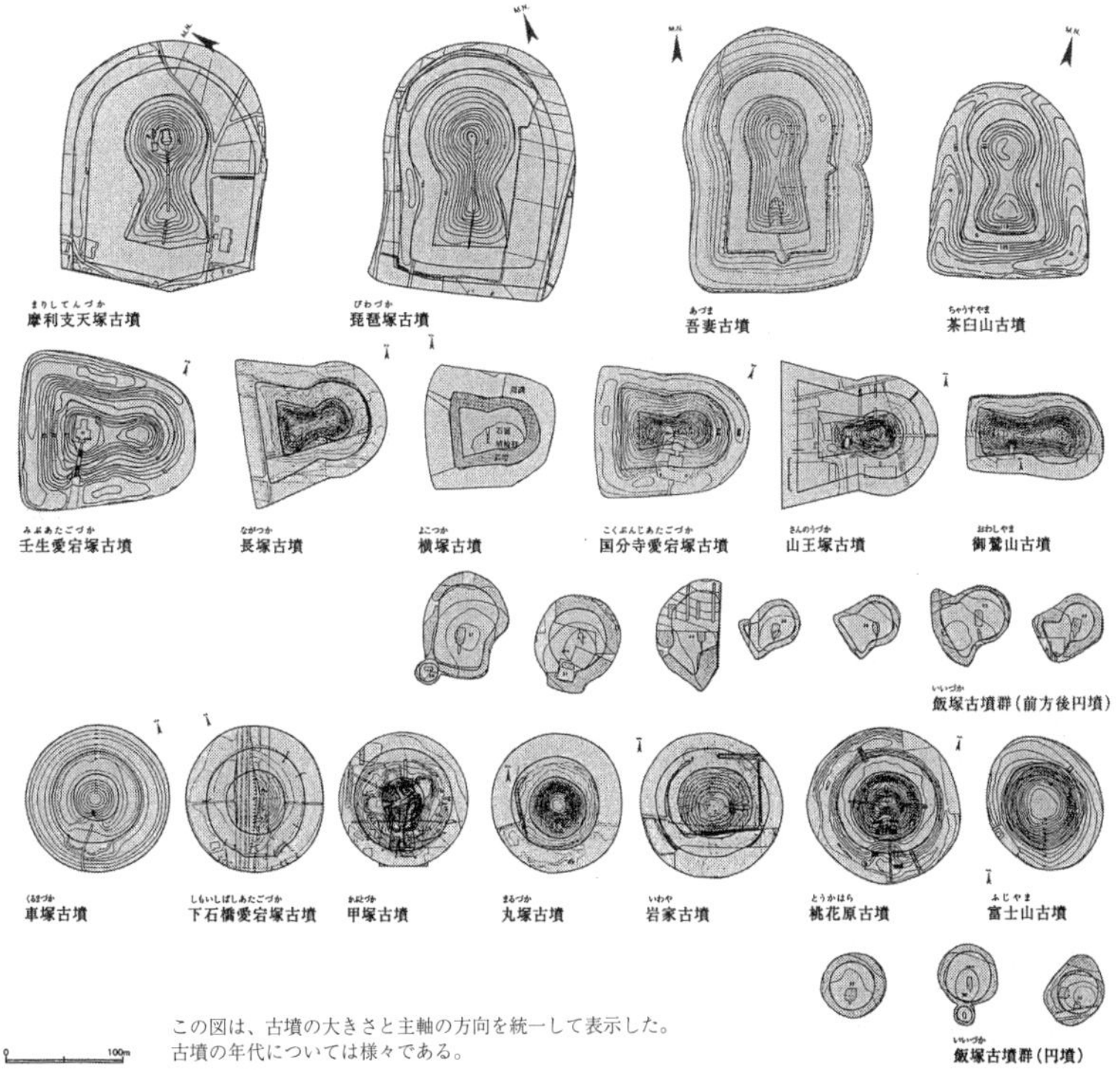

この図は、古墳の大きさと主軸の方向を統一して表示した。
古墳の年代については様々である。

図２　思川・田川水系の古墳の規模（下野市教育委員会2006から転載）

有する埴輪」に「小地域を越えた共通性」を見出し、「凝灰岩の切石を用いた横穴式石室」にも注目した（大橋・秋元一九八六）。同セミナーにおいて筆者は「栃木県における主要古墳の諸問題」と題する発表の中で、「基壇仲間」と命名しながら「基壇については、他地域で類似する構築法は認められるものの同族関係（擬制的なものも含む）で結びついていた一大勢力を示す」とした（小森一九八六）。

下野型古墳の提唱　さらに大橋・秋本は思川・田川水系の首長墓の動向を追究し、基壇の変遷については「前方部の発達度を重視」した。さらに基壇を持つ古墳の築造は共通した企画の下に行われ、背景に「基壇の採用など他の水系と異なる「下野型古墳」という共通の様式の古墳を築いた思川・田川水系の首長層がきわめて強い繋がり」を想定している。下野型古墳の築造は「きわめて強い政治的な結びつき」あるいは「一種の連合体制」を示し、この水系の首長層が下野地方の政権の中枢にあったと結論付けた（秋元・大橋一九八八）。

基壇の性格を探るⅡ

土生田純之は「基壇はかつて墳頂部で実施していた儀礼（筆者注　神人共飲共食儀礼）に一面で共通した性格を備えた儀礼を、墳丘裾部で行うために創出された」と推定した。さらにその儀礼の参列者として「首長連合を構成する首長達」を想定した（土生田一九九六）。「前代的な様相の残存」したものであり、下野において墓室内への土器の埋納が定着しなかった事情の背景と推論している。

中村享史は、基壇は当地で盛行する横穴式石室が地下式の構造のため、墳丘は低かったと考え、「低墳丘志向」から生み出されたと考えた。一方、宇都宮南部から上三川にみられる前方部前端に基壇が巡らない前方後円墳の特徴に着目し、「別系譜の可能性」を指摘した（中村二〇〇三）。

一方、広瀬和雄は、基壇は「大きな墳丘をつくりたいという願望と、にもかかわらず労働力を節減しなければならないという実力の、矛盾の統一として編み出した可能性」を指摘している（広瀬二〇〇八）。

下野市甲塚古墳の調査成果

（図３）　埴輪を伴う前方後円墳で、墳丘第一段（基壇）は全長六六メートル、墳丘第二段目は、長さ四八メートル（後円部径三五メートル・前方部長一三メートル）の規模をもつ（国分寺町教育委員会二〇〇五）。基壇面は、前方後円形の墳丘第二段全体を囲む形でほぼ円形に廻り、前方部部分で僅かに張り出す独特な平面形に復元されている。この基壇面のほぼ中央の位置に円筒埴輪列が前方部を除いてほぼ円形に全周する。埴輪は主体部のある南および東・西側では隙間なく密接して、後円部の北から北東側では、六〇～九〇センチメートルの間隔をあけて並べられていた。古墳のもつ視覚的な正面観を重要視しつつ、労働作業を省略した様子が手に取るようにわかる。この前方部西側の基壇面では形象埴輪列が確認されたが、その主体部寄りの二・五メートル四方の部分から大量の須恵器・土師器が出土した。高坏は供献された状態、坏は意図的に割った状態で確認されている。甲塚古墳の調査により、基壇において埴輪列で結界された空間に対する飲食を伴う祭祀行為が執り行われていたことが確認できた。単に省力や手抜きではない下野型古墳の一要素である基壇の機能の一面が明らかになった。

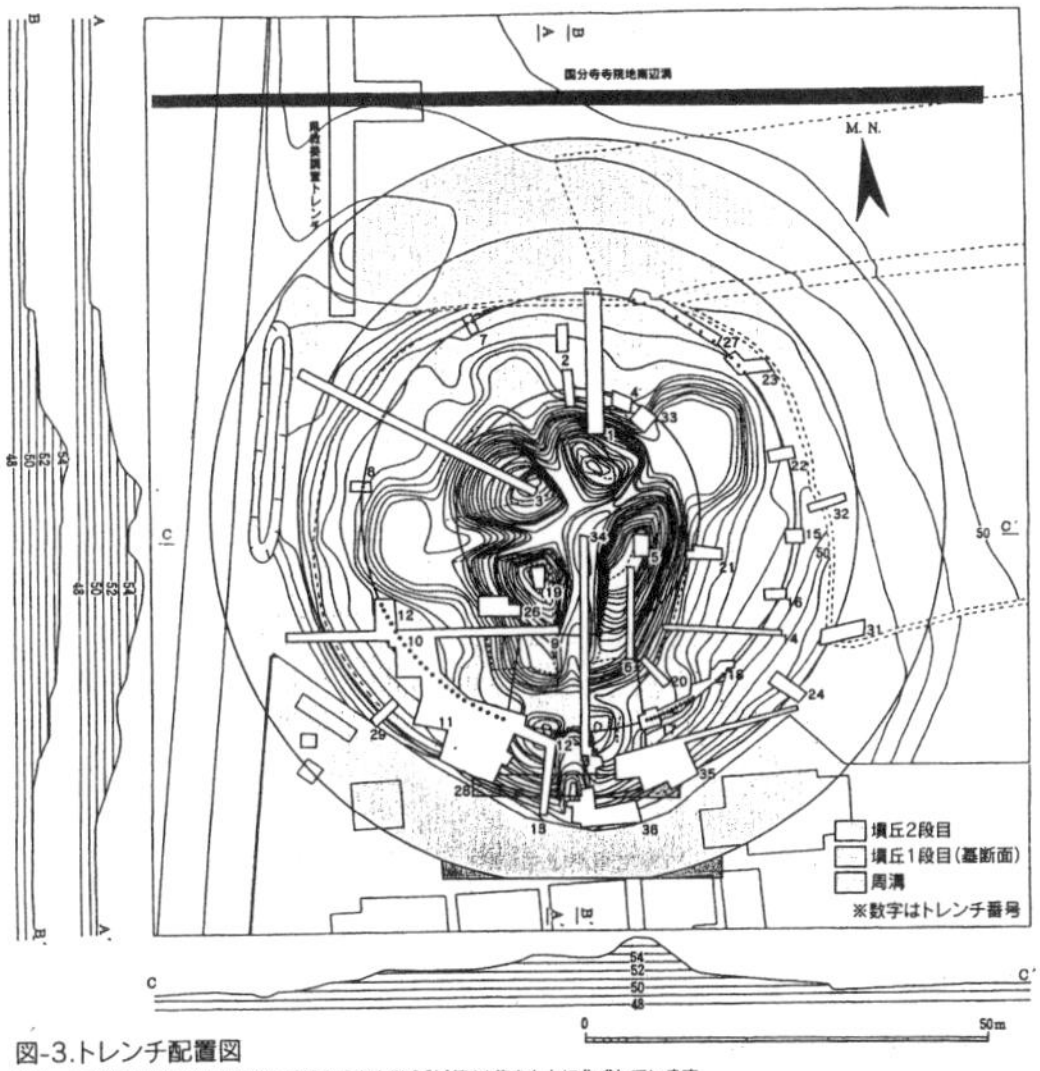

図-3.トレンチ配置図

※ベースの図は「甲塚古墳調査報告」「栃木県考古学会誌」第11集をもとに作成しています。

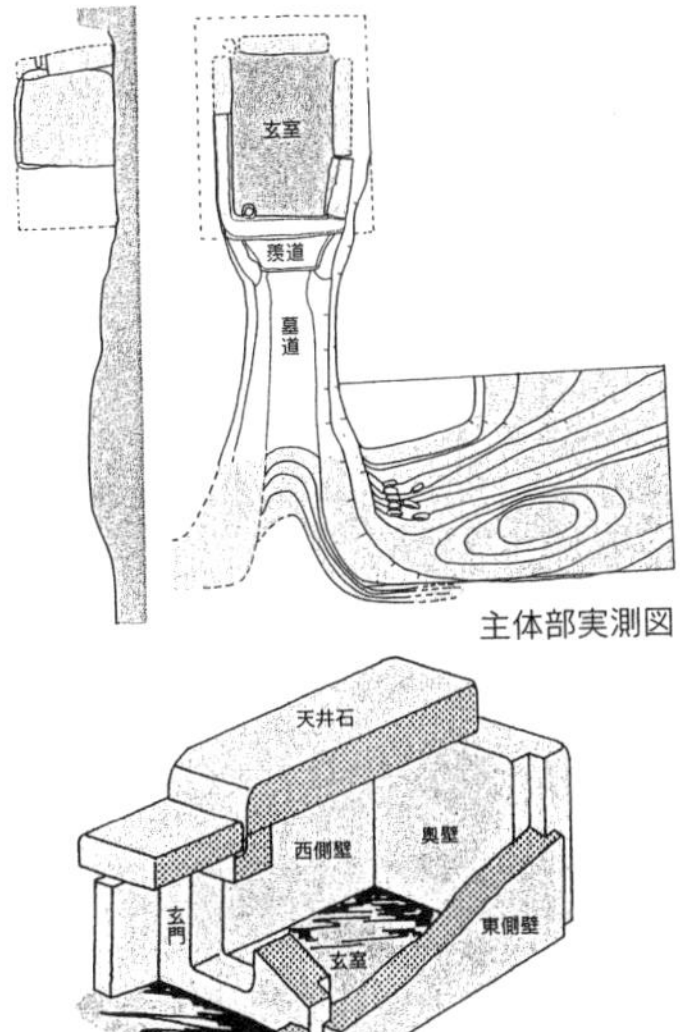

主体部実測図

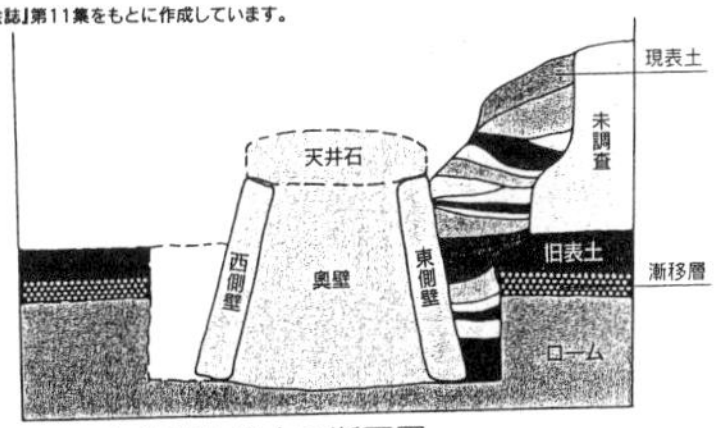

主体部と盛土の断面図

主体部模式図

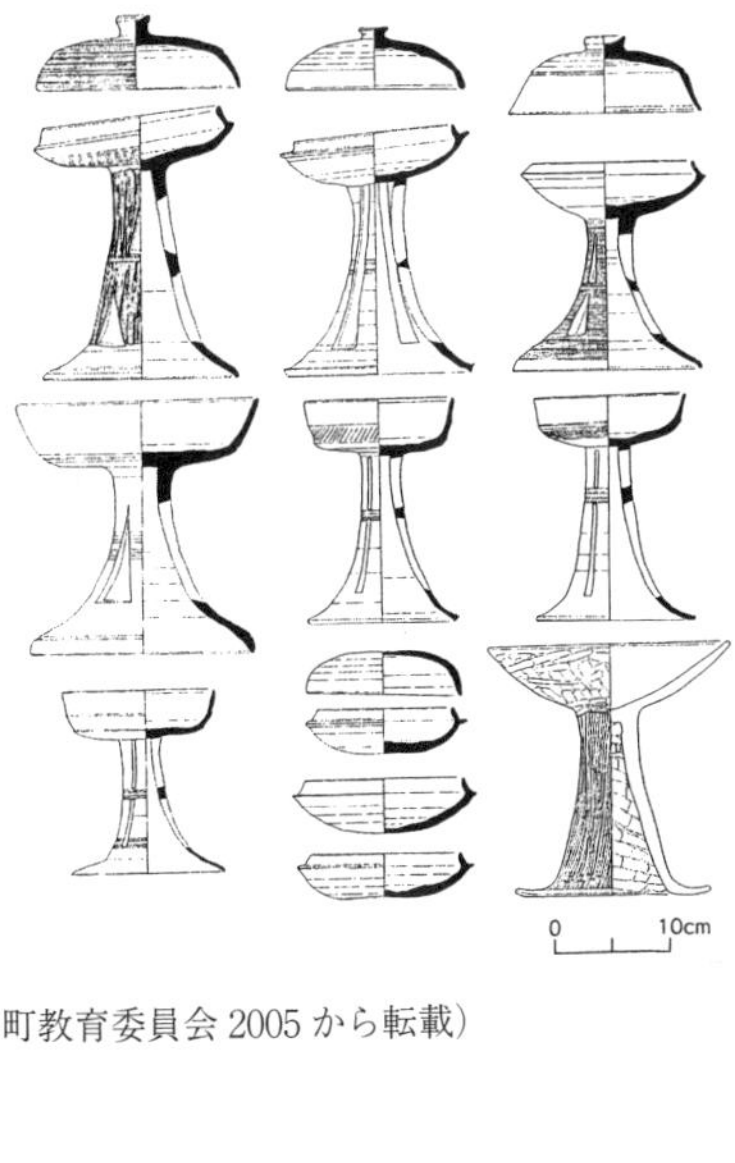

図３　下野市甲塚古墳（国分寺町教育委員会 2005 から転載）

（二）前方部石室について

前方部のみに石室あり　前記した思川・田川水系の首長墓の検討から「この地域の首長墓においては後円部ではなく、前方部に石室を構築するのが一般的」と喝破した点が卓見である（秋元・大橋一九八八）。これを根拠に、吾妻古墳の前方部石室の年代的位置づけとともに、その築造時期の見直しが進むことになる。

後円部にもあるはずだ　一方、前方後円墳の前方部だけに石室があることを認めない立場もある（池上一九八八）。墳丘そして前方後円墳の後円部をどう考えるのかという点からも重要な見解である。しかし、左記の国分寺山王塚古墳の調査成果が示すように現段階では、〈前方部だけに石室をもつ〉ことに変更の必要はない。

国分寺山王塚古墳の調査成果　下野市国分寺山王塚古墳は、前方部を西にむけた全長（推定）九〇メートル、周湟を含めると一〇〇メートル以上の大型前方後円墳である。埋葬施設は前方部の南側にある。旧地表面の標高は五二・二メートル、玄室床面の標高は五〇・八メートル、天井石上面は推定五四メートルであり、文字通り半地下式の横穴式石室となる。側壁は大型の川原石の小口積み、奥壁は凝灰岩の一枚切石、玄門は凝灰岩の一枚石を刳り貫いたものである（小森・齋藤一九九二）。調査では、意図的に後円部南側にトレンチをいれ、主体部の有無の確認を行った結果、埋葬施設は前方部のみにあることが確定できた。また、基壇部分の調査から多少の盛土があったと推測されている。

（三）凝灰岩切石使用横穴式石室について

石室の編年研究については、紙枚の都合で別稿（小森二〇〇九）に譲り、①出雲の石棺式石室との関係、②刳り貫き玄門、③低位置凸帯埴輪との共存関係の三点に絞って記してみたい。

出雲の石棺式石室との関係　秋元・大橋は、思川・田川水系の切石使用石室については、山陰の「石棺式石室」との関連を指摘した（秋元・大橋一九八八）。

筆者は、出雲との比較および九州・出雲間の交流をふまえて、下野独自に展開した可能性を考えた（小森一九九〇a）。出雲東部における狭義の石棺式石室は①閉塞石を受ける刳り込みがある刳り貫き玄門、②切石使用、③四壁・天井・床石は一枚石を指向、④前壁と奥壁で側壁を挟む、という四点とともに玄門と羨門を二重閉塞することが特徴とされている（出雲考古学研究会一九八七）。この点については、当地においては一つの石室で全ての要素を満たす例はないが各々の要素については合致する点が多い。さらに、出雲における「基壇」や、六世紀代まで前方後方墳を築造し続けた地域に石棺式石室の分布がほぼ重なるという独自性との比較も含めてその関連を考えた。しかし、地理的にみた場合、直接彼我を結びつけるのは難しいと考え、①盛土に覆われて見えなくなる石室の外面を蒲鉾形に仕上げる手法は石棺を意識している。②石棺に穴を穿つからこそ刳り貫き技法が生まれた、という二点を指摘し、これらが下野で創出されたと推定するのに「出雲あるいは九州ましてや畿内の影響を考える必要はない」とし、「下野型石棺式石室」と位置づけた。なお、より祖形に近い形態の石室がみつかっていないこと、一方、床石が欠如していることを出雲の石棺式石室との関連を考える場合の負と正の問題点とした。

この見解については、小林孝秀・市橋一郎が疑問を呈している（小林二〇〇五、市橋二〇〇八）。筆者も本県における横穴式石室や埋葬施設などの諸要素の広域地域間交流の可能性を考え始めている（小森二〇〇九）。

出雲か伯耆か　上野恵司は、当初は出雲の影響を考えなかった（上野一九九二）が、その後、出雲の影響と考えを改めている（上野一九九六）。小林孝秀は、床石の有無と玄室の平面形を勘案して、出雲ではなく、伯耆西部の「石棺式石室」あるいは肥後の影響を考えている（小林二〇〇五）。

広瀬和雄は、出雲東部の石棺式石室と酷似することから下野型石棺式石室とし、その背景として出雲東部と下野の首長層の政治的な契機による中央での接触を予察している（広瀬二〇〇八）。

市橋一郎は、栃木市岩家古墳の石室の検討の中で本県の大型切石使用石室と出雲の石棺式石室とを対比し、「山陰からの何次かの間接・直接伝播により栃木県の大形切石石室の系譜が形成された」と述べている。具体的に

図4　吾妻古墳の玄門

は、祖形あるいは系譜的には、出雲とともに西伯耆を射程に入れている。なお、岩家古墳の石室については、床石・容積の小ささ・直立する側壁の三点の要素に注目し、「石槨構造の技術情報に影響を受けた」と位置づけている（市橋二〇〇八）。

刳り貫き玄門について　凝灰岩大型切石使用石室のうち、刳り貫き玄門をもつ例があり、大きな特色となっている。栃木市・壬生町の吾妻古墳（図4）・上三川町兜塚古墳・同町上三川愛宕塚古墳・下野市甲塚古墳・同市丸塚古墳の五基で、河原石積みの側壁をもつ下野市山王塚古墳を含めて全部で六例が確認されている。吾妻古墳の縦長の長方形から漸次縦横比が小さくなる傾向が看取される。近県の類似例は、茨城県つくば市平沢古墳群、同県石岡市岩屋乙古墳、千葉県佐原市又見古墳、埼玉県行田市小見真観寺古墳等がある。系譜を考えた時、年代が一番遡るのは、下野である。他地域からの影響で成立した、と考えるよりも、〈下野が発信源〉となった可能性が高い。

低位置凸帯埴輪との関係について　非常に低い位置に凸帯がめぐる、低位置凸帯埴輪と呼称する特徴的な円筒埴輪の分布と下野型古墳の分布が一部重なる。しかし、下野型古墳ではあるが、低位置ではない円筒埴輪をもつ古墳（吾妻古墳・壬生町愛宕塚古墳・下野市御鷲山古墳等）がみられ、〈埴輪の供給と造墓の型は別のシステム〉であったことがわかる。なお、埴輪終焉後も須恵器大甕による祭祀は継続することに注目しておきたい。

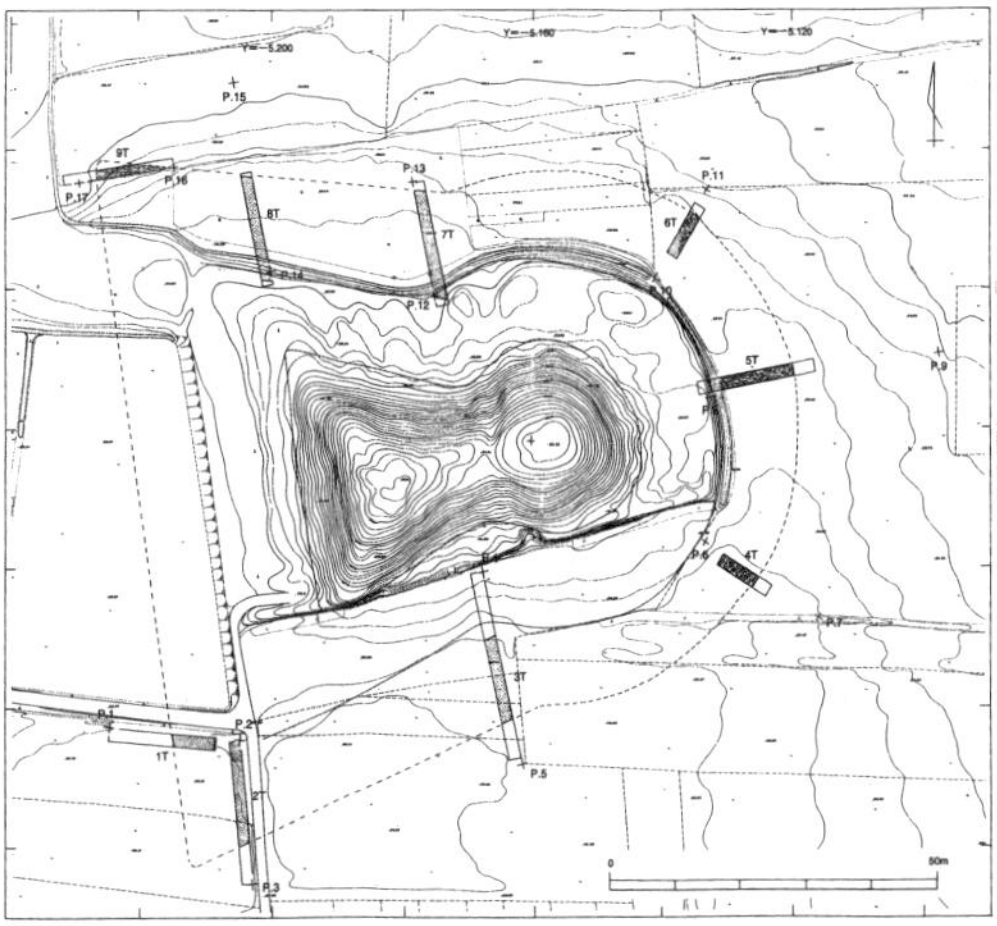

図５　長塚古墳（壬生町教育委員会2002から転載）

二　最後の前方後円墳

埴輪をもつ前方後円墳ともたない前方後円墳がある。後者を最後の前方後円墳と考える。下野市山王山古墳（九〇メートル）、そして同市国分寺愛宕塚古墳（七八メートル）、壬生町羽生田長塚古墳（八〇メートル）（図５）である。徐々に規模が縮小するような現象は認められず、現段階では前方後円墳は突然終焉をむかえた、としか表現できない。国分寺愛宕塚古墳出土須恵器（図６）は、その時期がＴＫ四三型式段階であることを示す。

三　小型前方後円墳の動向

若い研究者には「なんですかその名前は?」と訝しがられる〈オバＱ型〉前方後円墳に言及しておきたい。大型の首長墳だけではなく、小型の前方後円墳にも基壇がめぐっており、墳丘第二段が削平された場合は、くびれのない、漫画のオバＱに似た平面形の前方後円墳として確認される。本県における調査例としては、壬生町上原古墳群や小山市飯塚古墳群（図７）などがあげられる。群集墳中に散見され、上原古墳群では一六基調査したうち三基、飯塚古墳群では一四基中八基と前方後円墳の比率が高い。年代的には、六世紀の後半～七世紀初頭に位置づけられる。これらの小型の前方後円墳の築造数の多さが、この時期の東国の際立った特徴と言える（図８）。

この小型前方後円墳に関しては、岩崎卓也の先行研究がある（岩崎一九九二）。西日本では、六世紀に入ると前方後円墳が激減するのに、逆に東日本ではそれがピークに達する「対照的なあり方が何に由来するかを探る」と

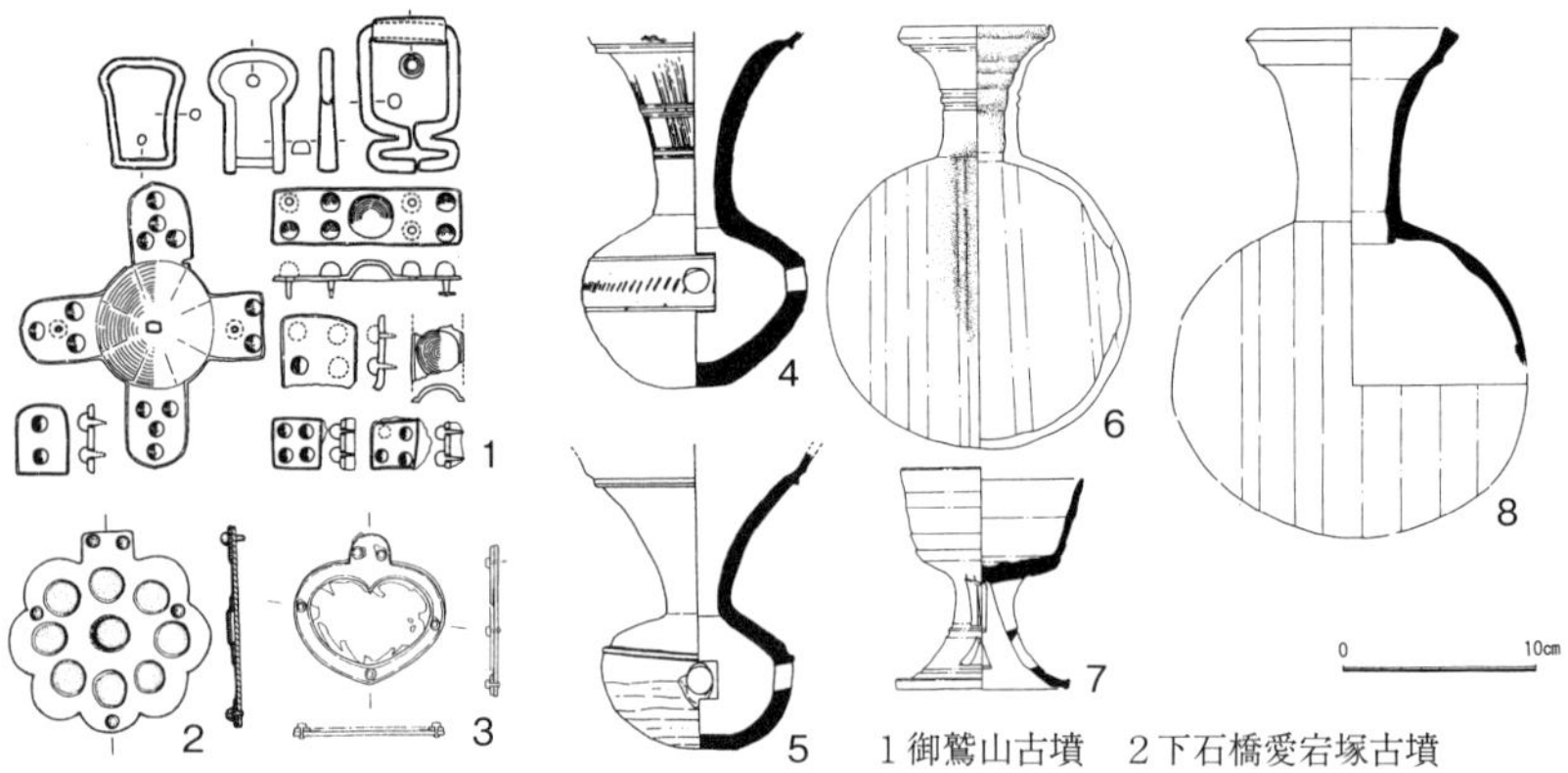

1御鷲山古墳　2下石橋愛宕塚古墳
3・6・7桃花原古墳　4・5国分寺愛宕塚古墳　8多功大塚山古墳

図6　関連古墳出土の馬具・須恵器（各古墳の調査報告書から転載）

いう目的で、栃木・茨城・千葉北半の後期前方後円墳を検討した。「前方後円形小墳」の定義としては、「前方部に張りがあり、くびれ部も顕著なものに始まり、しだいに張りを失った短小な長方形状前方部へ移行」すること、埋葬施設が前方部に位置することを挙げている。後円部そして旧地表上に設けられる首長墓に対して前方部の旧地表下に設けられることの背景に、「まだ十分な力量を持つに至らなかった六世紀の大和政権は、東日本では共同体的関係を梃子とする民衆支配体制の継続を志向した」とし、「当時なお民衆と一体感をもって結ばれていた在地小首長層を、その体制下に組み込む」た

図7　小山市飯塚古墳群
（小山市教育委員会1999『飯塚古墳群Ⅲ』から転載）

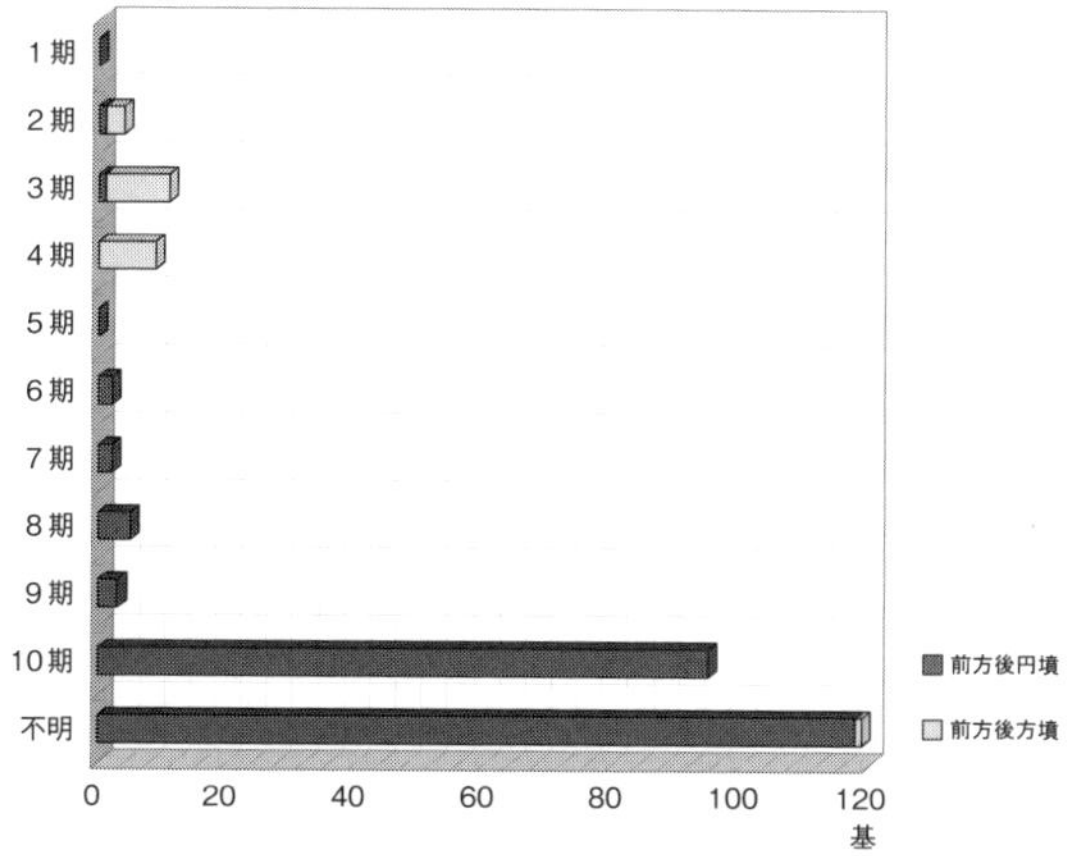

図8　栃木県における前方後円(方)墳の時期別築造数

めに築かれるようになったのが「前方後円形小墳」だ、と結語した。

なお、六世紀代の前方後円墳の増加については、集落に目を向けたとき、五世紀から六世紀に連続する集落が非常に少ない傾向があり、新たに五世紀後半ないし末代に開始される集落の調査例が増していることに注目しておきたい。小河川毎に耕地を広げつつあった小集団を統合する形で、小地域をおさえる小首長が台頭してきたことを示す（小森一九八六）。このような性格をもつ小首長を取り込み、自分たちの権力を確固たるものにしようとする有力首長層の動向の中に、集成編年一〇期の西日本の在り方からすれば、異状ともいえる前方後円墳の築造数の多さ（図8）の背景を見出したいと思う。

なお、関東各地において小型前方後円墳の終焉時期にばらつきが認められる。自動車の「空走距離」とブレーキをかけた後に車が停止するまでの「制動距離」をプラスした「停止距離」と考えると理解しやすい。

四　前方後円墳築造終焉後の首長墳とその周辺

壬生町桃花原古墳（円墳・六三メートル）・同町車塚古墳（円墳・八二メートル）下野市国分寺丸塚古墳（円墳七四メートル）・同市下石橋愛宕塚古墳（円墳・八二メートル）、下野市薬師寺観音塚古墳（方墳?・三一メートル）、栃木市岩家古墳（円墳・六一メートル）、上三川町多功大塚山古墳（方墳・五三メートル）、同町多功南原一号墳（方墳・二五メートル）等があげられる。石室の編年や出土馬具・須恵器の年代観から七世紀初頭（下石橋愛宕塚古墳）、前半（桃花原古墳・車塚古墳）、中～後半（多功大塚山古墳・多功南原古墳）に位置づけられる。前方後円墳築造停止後の有力首長層は〈まず円墳を採用し、次に方墳を採用〉したと推定される。

古墳築造基準の転換　内山敏行は「前方後円墳の過密状態の整理」と題し、「各地域支配の頂点に立つ首長以外の傍系親族など（たとえば先代首長の次男・三男等）も前方後円墳を築造する後期後半の状態は、終末期初頭に解消し、大形円墳・方墳の被葬者＝地域首長という評価が可能になる」とし「古墳の築造基準が、同族関係を介して上昇・維持できる程度の社会的地位から、制度化した身分へと転換」したと考える（内山二〇〇七）。着実に実態をふまえた立論である。

集落の動向　六・七世紀の集落の断続を概観した時、前方後円墳の終焉前後に顕著な変化はみられない。しかし、下野市（旧南河内町）薬師寺南遺跡編年の「薬師寺南Ⅰ期」の段階になると、これまでに集落がなかった地域で開始される新開の大規模集落が散見され、大いに注目される。年代的には七世紀後半～末段階にあたり、集落は安定して奈良時代に継続する。〈前方後円墳の終焉は、集落に影響を及ぼさなかった〉ことを強調しておきたい。

西下谷田遺跡の調査成果　宇都宮市茂原町、上三川町上神主、下野市下古山にまたがる行政境に所在する（板橋二〇〇三）。注目されるのは、遺構の中心施設である「区画施設」とその周囲に展開する「区画施設関連集落」である。「区画施設」は掘立柱塀によって囲まれ、その規模は南北約一五〇メートル・東西推定一〇八メートルで、二時期（Ⅰ期・Ⅱ期）に区分されている。南辺塀の中央には南門（Ⅰ期は棟門・Ⅱ期には八脚門）がある。各期の年代は、Ⅰ期が七世紀第３四半紀の後半から七世紀第４四半紀前半、Ⅱ期が七世紀第４四半紀後半から八世紀第１四半紀以前と考えられている。板橋正幸は、Ⅰ期は、家政的性格を内包した（豪族の居宅と官衙が未分化）拠点的な評衙（初期評衙）と位置づけ「毛野地方（後に下毛野国）に最初に設置された」としている（板橋二〇〇七）。七世紀初頭の下石橋愛宕塚古墳から北約四キロメートル、七世紀中葉～後半の多功大塚山古墳から約四・六キロメートルにあたるこの地に初期評衙が営まれることになる。ただし、この「約四キロメートル」の距離がやっかいである。同地域と見るのか、それともこれまでの有力首長の墓域と距離を置いて営まれたとするのか。解釈の如何により、描き出される歴史的な評価は全くちがうものになる。両者を繋ぐのは時間の連続性だけであり、現段階では、象徴的な墓と評衙あるいは初期寺院の間を直接結びつけるモノはいまのところ確認できない。列島における七世紀の地域史は、この栃木県南部の田川流域と北部の那須地域那珂川流域の遺跡群の動向が最も雄弁に物語るといっても過言ではなかろう（図9）。

築造後まもなく発《あば》かれた古墳　益子町山守塚古墳（久保・岩松一九八六）は、径四四メートル円墳で、周湟が埋まり切らない段階で、徹底的に石室を破壊されたため、築造時期を限定することが難しい。大まかには近接する小宅古墳群で前方後円墳の築造が途絶えた後の七世紀に位置づけられる。築造後間もなく、石室を基底石まで完全に破壊し、その石材を残らず周湟の方まで引きずり出した破壊者の強い意志と労力はいかほどのものであっただろう。横穴式石室はただの単に墓室として造られたことに留まらず、被葬者自体を表現していた可能性が高いと思料される。このような「全否定」が山守塚古墳のみであれば、あるいは古墳時代の前・中・後期全般を通じて散見されるのであれば、その強い意思と大きな労働力を「私怨」と片付けることも可能である。しかし、このような築造後間もない石室破壊の事実は山守塚古墳に留まらない[1]。

宇都宮市針ヶ谷新田古墳群一号墳（梁木一九八三）は、直径一七メートルほどの円墳で周湟を含めて約二四メートルの規模をもつ。埋葬主体は、凝灰岩切石積みの玄室に川原石積みの羨道がつく横穴式石室である。玄室部の石材は総て取り除かれ、掘り方と羨道部だけが確認された。調査者は、石室の構築を途中で中止した可能性を考えている。しかし、「根石をすえた溝や凝灰岩の削り屑層の検出から、石室がある程度まで構築された可能性」も考えている。筆者は、そのわずかな可能性、つまり石室の床石まではがしてしまう徹底的な石室破壊があったと推定する。石室南側の周湟部分には、多数の凝灰岩切石と川原石が散在していた。その中に鉄鏃・刀子・直刀が混入していた。石材は、周湟の床面ではなく中層に浮いた状態で出土している。破壊された横穴式石室の石材

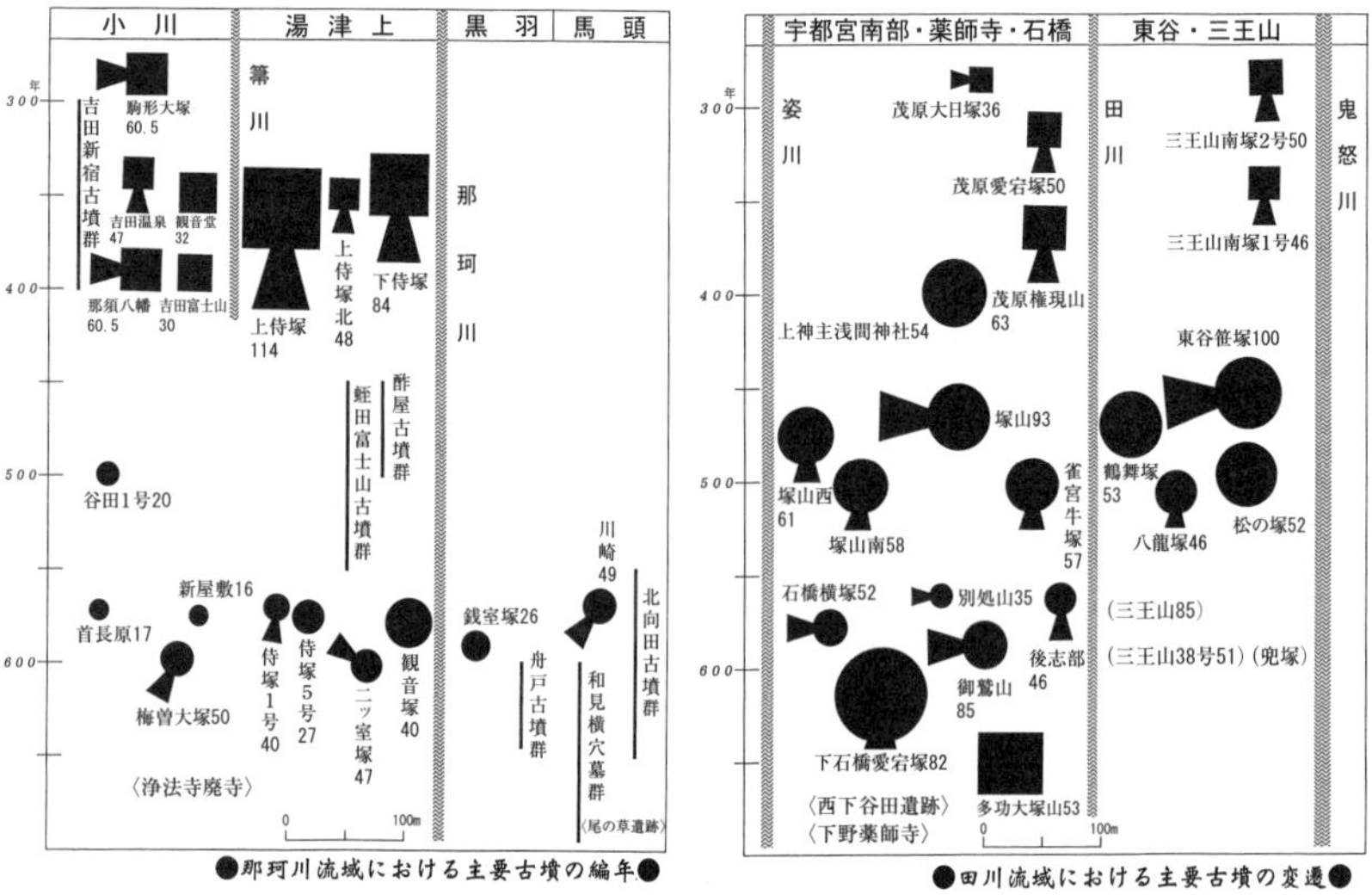

図９　那珂川流域および田川流域における主要古墳の変遷

と副葬品は、前庭部に放置され、その後周湟の埋没と並行して順次流れ込んだと考えられる。山守塚古墳のように大型円墳だけでなく、群集墳中の二〇メートルほどの円墳にも、石室を破壊し、被葬者を否定するという行為が確認できる。同様な例が、他地域にもあったことは想像に難くない。前方後円墳の築造が途絶えた七世紀に、それまでの価値を〈否定する出来事〉があったことを読み取ることができる。

五　小結—前方後円墳終焉の史的背景—

下野型古墳を築造してきた本県南部の動向は、埼玉県行田市埼玉古墳群でみられる長方形二重周湟や外方に突出する造り出し、あるいは、千葉県富津市内裏塚古墳群にみられる二重周湟など、地域ごとに独自の特色を主張しつつ、大枠では、〈前方後円墳を造る〉という体制の中で、性格を変えながらも生きてきた列島の地域首長層と軌を一にする形で理解することができる。

前方後円墳一一基に対して円墳六基そして方墳一基。この数字が物語るのは、前方後円墳築造終焉以降の「大型円墳・方墳の時代」の〈短さ〉だけではないはずだ。六世紀後半代、数的にも面的にもどんどん広がった前方後円墳被葬者に代わって、数的にも階層的にもごく限られた特定の人物だけが古墳に葬られるようになったことを示しているようだ。下野では他の地域と同様に、いつまでも前方後円墳を造り続けることはなく、文字通り〈絶えた〉。ここで注目しておきたいのは、墳形が変わっても基壇そして切石石室はそのまま〈続くもの〉であったことだ。そして何にもまして、墓域が全く移動せず、そのまま〈続くもの〉であったことだ。集落にも大きな変化は認められない。〈前方後円墳の終焉は、集落に影響を及ぼさなかった〉。したがってこのブレーキは、地方の事情でかけられたものではないことは明白だ。推古朝の大きな変革の時期にあたる。しかし、数少ない大型円墳・さらに少ない方墳を採用しながらも下野型古墳を造り続け、独自性を示してきた七世紀前半の下野の最高首長層も、引き続き〈前方後円墳を造らない〉という形を変えた大枠の残存のなかに収まっていたこともまた事実である。七世紀後半になって間もなく、この地に、郡衙の前身とも言える評衙、西下谷田遺跡が営まれる。一見、〈新たに生まれた〉ようにも見える。が、眼を見開いてよく観ると〈続いている〉ように見える。けだし、評衙の長である評督は、もはや古墳には葬られなかったようだ。その意味では〈生まれた〉のだ。〈否定する出来事〉を生みの苦しみの一つと位置づけておきたい。

註

（1）古墳および横穴式石室が、完存あるいは未盗掘の状態でみつかることは非常にめずらしい。筆者は、それぞれの古墳ごとに墳丘がいつ壊されたのか、その石室がいつ開口したのか考える材料をきちんと吟味する必要性を痛感する。なかなかの難問である。しかし、その作業の小さな積み重ねが、「お宝探し」の段階から耕作あるいは石材入手という古墳破壊当時の生活事情を物語る場合と、墳丘あるいは被葬者の「全否定」という歴史的事実を示す場合の二者を峻別する。後者の場合、その物語る内容は、深くそして重い。

引用・参考文献

秋元陽光・大橋泰夫　一九八八「栃木県南部の古墳時代後期の首長墓の動向」『栃木県考古学会誌』九　栃木県考古学会

秋元陽光　一九九四『上神主浅間神社古墳・多功大塚山古墳』上三川町教育委員会
――二〇〇五「栃木県における前方後円墳以降と古墳の終末」『シンポジウム　前方後円墳以後と古墳の終末』東北・関東前方後円墳研究会
――二〇〇七「河内郡における終末期古墳」『上神主・茂原官衙遺跡の諸問題』栃木県考古学会
池上　悟　一九八八「野州石室考」『立正大学文学部論叢』八八　立正大学文学部
板橋正幸　二〇〇三『西下谷田遺跡』栃木県教育委員会・（財）とちぎ生涯学習文化財団
――二〇〇七「県内の郡内複数官衙について―古代下野国河内郡を中心として―」『上神主・茂原官衙遺跡の諸問題』栃木県考古学会
市橋一郎　二〇〇八「栃木市岩家古墳の石室に関する検討」『栃木県考古学会誌』二九　栃木県考古学会
出雲考古学研究会　一九八七『石棺式石室の研究―出雲地方を中心とする切石造横穴式石室の検討―』出雲考古学研究会
岩崎卓也・森田久男　一九八四「古墳は語る」『小山市史』通史編Ⅰ　小山市
岩崎卓也　一九九二「関東地方東部の前方後円形小墳」『国立歴史民俗博物館研究報告』四四
上野恵司　一九九二「下野・切石石室考」『立正考古』三一　立正大学考古学研究会
――一九九六「東国古墳の石室にみる出雲の影響」『考古学の諸相』坂詰秀一先生還暦記念会
内山敏行　二〇〇七「北関東と東北」『本州東北部における古墳時代の終末と律令社会の成立』福島大学行政政策学類考古学研究室
大金宣亮　一九八四「各地域における最後の前方後円墳　栃木県」『古代学研究』一〇六　古代学協会
大橋泰夫・秋元陽光　一九八六「思川流域の古墳」『第一四回古代史サマーセミナー研究報告資料』古代史サマーセミナー事務局・栃木県考古学会
大橋泰夫　一九九〇「下野における古墳時代後期の動向―横穴式石室の分析を通して―」『古代』八九　早稲田大学考古学会
大和久震平　一九七一・一九七二a「栃木県における横穴式石室と馬具の変遷（Ⅰ）（Ⅱ）」『栃木県史研究』一・二　栃木県史編さん専門委員会
――一九七二b「第5章古墳文化」『栃木県の考古学』吉川弘文館
――一九八一「後期・終末期の古墳」『栃木県史』通史編一　栃木県
尾崎喜左雄　一九六四「横穴式古墳の基壇と所謂前庭」尾崎先生著作集第三巻『上野国の古墳と文化』尾崎先生著書刊行会一九七七所収
君島利行　二〇〇六『桃花原古墳』壬生町教育委員会
草野潤平　二〇〇七「下野における後期・終末期古墳の地域設定と動向」『関東の後期古墳群』六一書房
久保哲三・岩松和光編　一九八六『益子・山守塚古墳』益子町教育委員会
国分寺町教育委員会　二〇〇五『甲塚古墳―平成一六年度規模確認調査―』

小林孝秀　二〇〇五「刳り抜き玄門を有する横穴式石室の比較検討―下野の事例とその評価をめぐる基礎的作業―」『専修考古学』一一　専修大学考古学会
小森哲也　一九八六「栃木県における主要古墳の諸問題」『第一四回古代史サマーセミナー研究報告資料』古代史サマーセミナー事務局・栃木県考古学会
――　一九九〇a「下野における凝灰岩切石使用の横穴式石室」『第四回企画展　古墳文化の終焉』栃木県立しもつけ風土記の丘資料館　栃木県教育委員会
――　一九九〇b「下野の首長墓」『峰考古』八　久保哲三先生追悼号　宇都宮大学考古学研究会
――　一九九四「地域の概要　下野」『前方後円墳集成』東北・関東編　山川出版社
――　二〇〇九「古墳時代後期における広域地域間交流の可能性―栃木県真岡市磯山古墳群の地下式横穴墓をめぐって―」『野州考古学論攷―中村紀男先生追悼論集―』中村紀男先生追悼論文集刊行会
小森紀男・齋藤恒夫　一九九二「大形前方後円墳の築造企画（1）―栃木県国分寺町山王塚古墳の復元をめぐって―」『研究紀要』一（財）栃木県文化振興事業団埋蔵文化財センター
下野市教育委員会　二〇〇六『下野市周辺の古墳群』
白石太一郎　一九九二「関東の後期大型前方後円墳」『国立歴史民俗博物館研究報告』四四
進藤敏雄　一九九〇「栃木県の群集墳の一様相」『古代』八九　早稲田大学考古学会
――　二〇〇二「栃木県の後期古墳の地域性」『シンポジウム　前方後円墳の地域色』東北・関東前方後円墳研究会
常川秀夫　一九七四「下石橋愛宕塚古墳」『東北新幹線埋蔵文化財発掘調査報告者』栃木県教育委員会
中村享史　一九九六「鬼怒川東流域の横穴式石室」『研究紀要』四（財）栃木県文化振興事業団埋蔵文化財センター
――　二〇〇三「栃木県における後期古墳の諸段階」『シンポジウム　後期古墳の諸段階』東北・関東前方後円墳研究会
土生田純之　一九九六「葬送墓制の伝来をめぐって―北関東における事例を中心に―」『古代文化』四八―一　財団法人古代学協会
広瀬和雄　二〇〇八「6・7世紀の東国政治動向（予察）―上総・下総・下野・武蔵地域の横穴式石室を素材として―」『古代日本の支配と文化』奈良女子大学21世紀COEプログラム
壬生町教育委員会　二〇〇二『長塚古墳』
梁木　誠　一九八三『針ケ谷新田古墳群』宇都宮市教育委員会
山越　茂　一九七四「外形より見た下野国の古墳11例」『栃木県研究』八　栃木県史編さん専門委員会
――　一九八一「古墳時代研究の諸問題」『栃木県史』通史編一　栃木県
山ノ井清人　一九八一「栃木県における切石使用横穴式石室の編年」『栃木県考古学会誌』六　栃木県考古学会

群馬県

加部二生

はじめに

古墳時代の群馬県地域は、ほぼ中央部を南流している、現在の利根川の旧流路（古利根川）によって大きく東西に分断されている。前橋市街地の中央部付近では最大幅三キロメートルにわたって広瀬川低地帯とよばれる河川氾濫原が広がっている。中洲には古墳や集落跡が確認されることから、すべてに常時水流があったわけでは無いが、この地形的な隔世は無視することができない。この点を重視して、本稿の地域区分については、古利根川の右岸を西毛地域、左岸を東毛地域と呼ぶ。また、古墳名称や時期区分、規模等の基礎データについては特別明記しない限り、県内外を問わずすべて『前方後円墳集成』によっている。

太田天神山古墳の被葬者によって隆盛を極めた東毛地域の勢力が急速に衰退すると、集成編年七期に舟形石棺を埋葬主体部にもつ岩鼻二子山古墳が西毛の高崎地域に構築される(1)。

この石棺を持つ盟主墳の系譜は、不動山古墳を経て集成編年八期には、上並榎稲荷山古墳、平塚古墳、保渡田古墳群などに継承される。石棺はいずれも箱形の形状を維持し、礫で被覆した石槨内に安置されるのを特徴とする。こうした、西毛地域で隆盛のピーク迎えたヒエラルキーの頂点は、次の集成編年九期段階に至り、藤岡台地に構築された七輿山古墳の被葬者によって結実する。

一 群馬県地域における集成編年九～一〇期の様相

集成編年九期段階において、西毛地域では横穴式石室がいち早く簗瀬二子塚古墳で導入され、周辺の円墳被葬者も挙って導入している。また、切石積石室も御三社古墳で確認され、巨石巨室墳は笹森稲荷古墳、横穴式石室の前庭に関しては高塚古墳、富岡五号墳などで導入されている。後世に継承して、展開される横穴式石室の要件は、ほぼこの段階で西毛地域に勢揃いしていることが留意される。

七輿山古墳被葬者を頂点とする上毛野最高首長の地位は、集成編年七・八期に盟主墳が各地に構築され、人によっては連合政権・地域連合と呼称された横並びの膠着状態から脱却して、太田天神山古墳被葬者以来の中央集権制が西毛地区に回復したことを意味している。集成編年九期に墳長八〇メートル以上の前方後円墳は七基確認されているが、一〇〇メートルクラスとなると、西毛では鏑の谷にある笹森稲荷古墳（一〇六メートル：以下数値のみを記す）、と前橋二子山古墳（一〇四）、東毛では前橋大室古墳群の中二子古墳（一〇八）と粕川流域にある上武士天神山古墳（一二七）、それに七輿山古墳を加えた計五基のみである。

この時期の東毛・太田地域では、横穴式石室の導入が遅れることが指摘されている。九期段階の帆立貝形古墳はほとんど竪穴系主体部で、僅かに北部の亀山京塚古墳で横穴式石室は確認される程度である。この点については、中期的要素が遅くまで残ることに起因すると考えている。おそらく前代からの保守的な風土が、葬送概念を覆す新来の埋葬主体部を倦厭したことが要因ではないかと考えられる（加部一九八九）。

こうして頂点を極めた七輿山古墳被葬者の死後は、上毛野最高首長を包括する中央勢力は再び太田地域へと中心拠点を移行すると考えられ、西毛の勢力は削がれる様相を示している。特に、藤岡地域の没落は著しく、急速に衰退し、白石二子山古墳の六六メートルが最大古墳となる。こうした現象は、中期に太田天神山古墳から次世

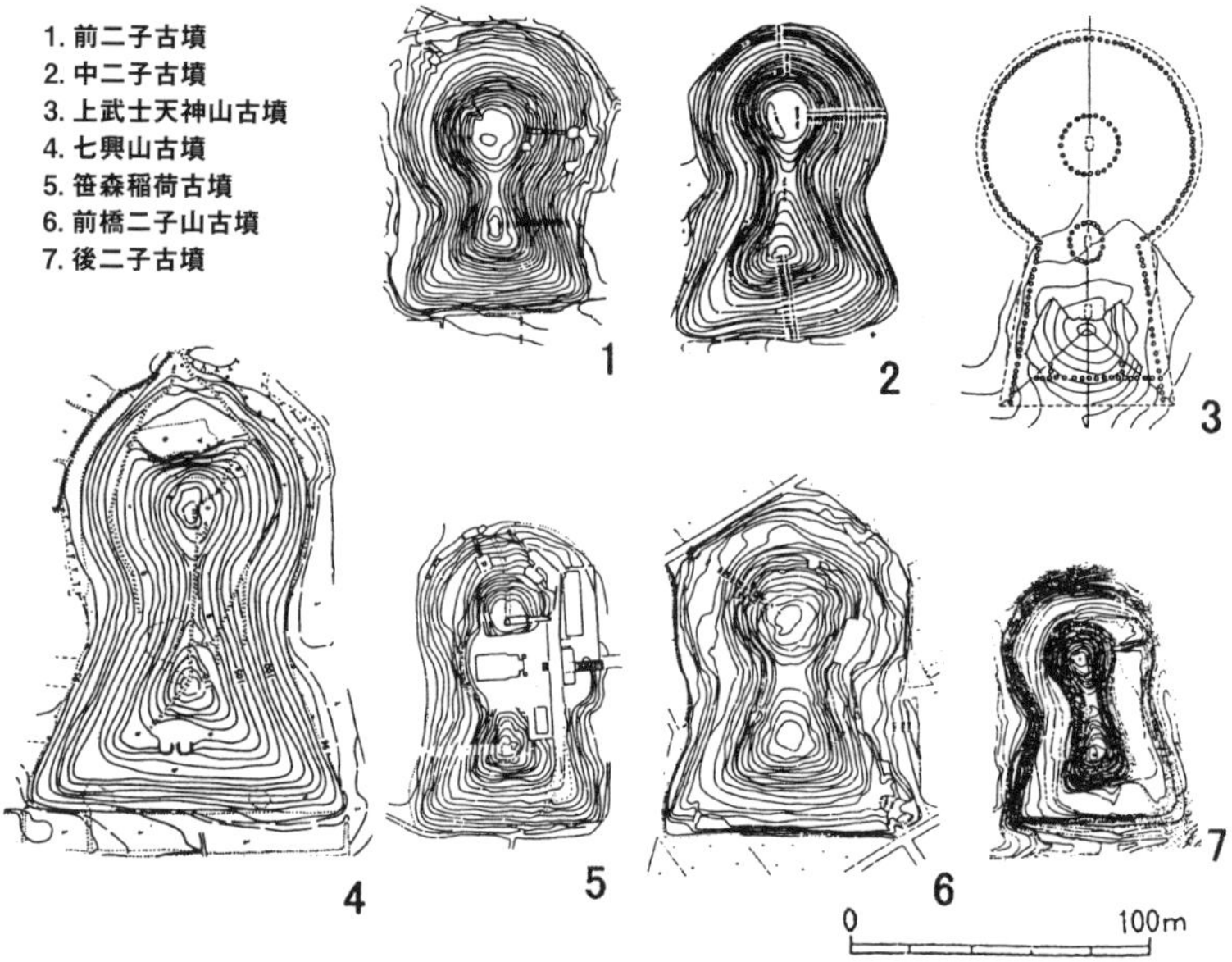

図１　群馬県地域における集成編年９期の大規模前方後円墳（『前方後円墳集成』から作成）

代の鶴山古墳、あるいは丸塚山古墳へと移行したときに規模が半減した状況に類似している。

集成編年一〇期における墳長八〇メートル以上の前方後円墳は一七基確認されている。これらの中で、最大規模と考えられるのは、太田東矢島古墳群の九合村六〇号墳（一一二）割地山古墳（一一〇）、後円部径のみで六〇メートルある御嶽神社古墳（地割から一〇八メートルと推定）等である。いずれも発掘調査によるデータでは無いので前後する可能性を持つが、重要なのはいずれも太田東矢島古墳群内に所在する点である。これ以外の一〇〇メートル以上の大規模古墳としては、原之城遺跡居館主の奥津城と考えられている五目牛二子山古墳（一〇二）、前橋台地の大屋敷古墳（一〇三）のみである。これに東矢島観音山古墳（九九）、綿貫観音山古墳（九七）、八幡観音塚古墳（九六）、九合村五七号墳（九五）、総社古墳群の総社二子山古墳（九〇）、穂積稲荷山古墳（九〇）、邑楽の赤岩堂山古墳（九〇）、早川流域の小角田前二号墳（九一）、上淵名双児山古墳（九〇）、前橋台地の上両家二子山古墳（九〇）、玉村オトカ塚古墳（八七）、粕川流域の荷鞍山古墳（八〇）が八〇メー

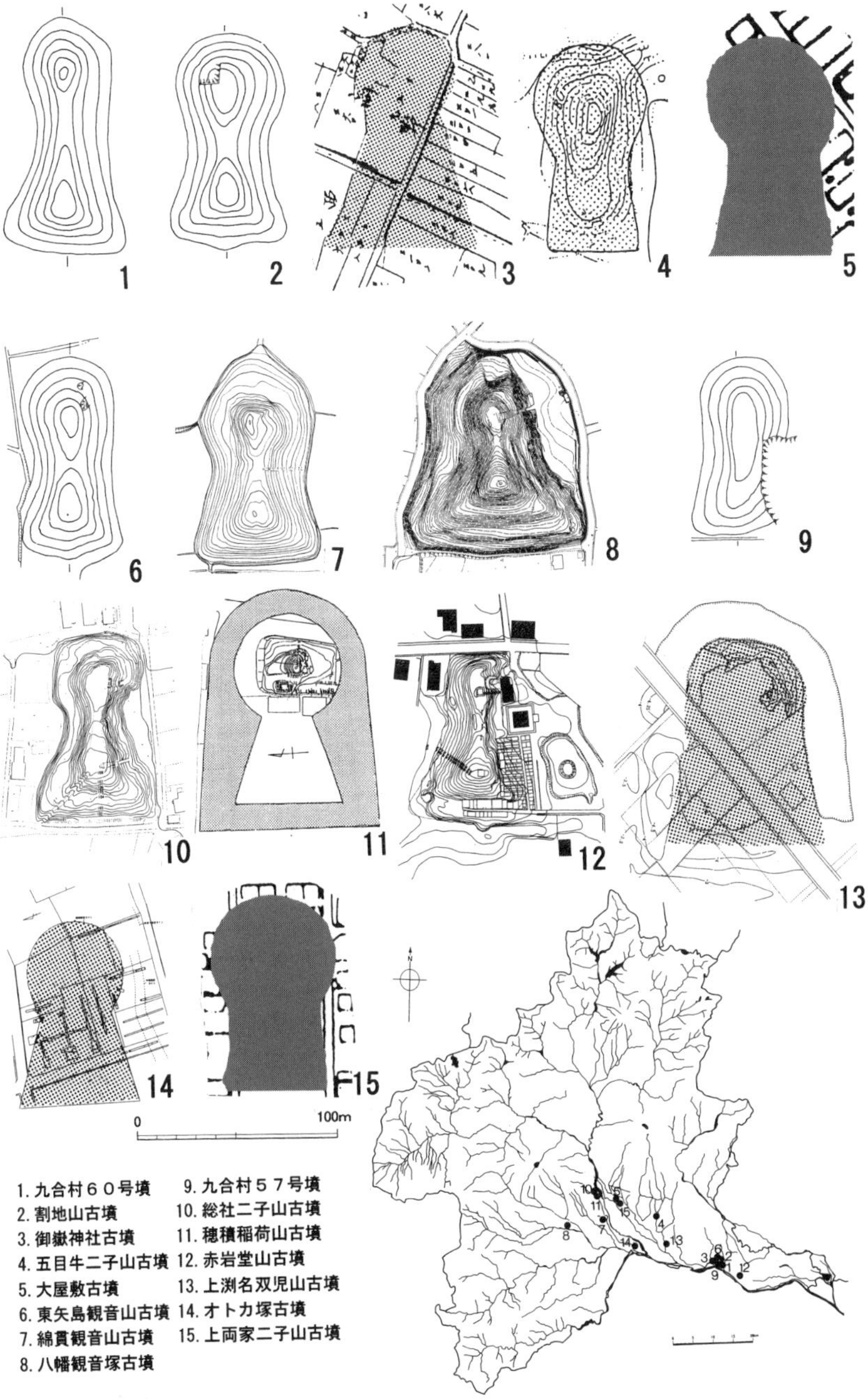

図２　群馬県地域における集成編年10期の大規模前方後円墳（『前方後円墳集成』から作成）

トル以上の大規模古墳である。

この時期の主要古墳における造営の背景を見ると、律令の郡領域に複数が配されると言われるが、大規模古墳に関しては限られた地域にのみ構築されていることがわかる。おそらく西毛勢力の名残は拡散して、八幡観音塚古墳、綿貫観音山古墳を構築したと考えられる。また、七世紀代以降、上野国の中心を担っていく総社古墳群にも二基構築されている。前橋台地にも三基が構築されていて、八期以降継続して勢力を維持しており、後の朝倉君の本願地であろうか。一方、東毛地域では、粕川流域の上武士天神山古墳以来の勢力も一〇期には東西に分離し、原之城遺跡周辺のグループと早川沿いの二基からなるグループが新設されている。太田周辺部以東では前述したとおり、八・九期には帆立貝形古墳程度であったのが、邑楽の利根川下流域に赤岩堂山古墳が築造され、太田南部地域に東矢島古墳群が構築されている。

これらの年代観について、割地山古墳が一部発掘調査された結果、チャート製の巨石使用横穴式石室が確認され、副葬品として、多量の挂甲小札と馬具類、金銅製刀装具、鉄鏃、胡祿金具、弓両頭金具、刀子などが出土している。これらの遺物や、組合せ式家形埴輪の年代観などから考えて、一〇期に比定されることが明らかになった。隣接する東矢島観音山古墳についても、戦前に破壊された際に割地山古墳同様、チャート製の巨石巨室墳であることが確認されている。横穴式石室は、全長九メートル以上、幅一・八メートル以上、玄室部の高さ三メートル以上の規模をもつ。副葬品として、甲冑類（挂甲か?）、銅釧、鉄環（馬具の一部か?）、丸玉、鉄鏃、馬具四組、馬鈴二、須恵器提瓶二、坩（袋物の須恵器か?）四などの豊富な出土遺物が確認されている。特に玄室高三メートル以上という値は、綿貫観音山古墳や八幡観音塚古墳よりも高く、畿内の横穴式石室を彷彿させるものである。これらの二基はいずれも巨石使用の巨室墳という点で、共通性を持ち、いずれからも甲冑類、馬具類が出土している。出土埴輪の比較検討や主軸方位の近似性を考慮しても、さほどの時間差があるとは考えられない。東矢島古墳群の最南端に位置する九合村六〇号墳は、現状で、群馬県下における一〇期最大規模の古墳である。

埋葬主体部は横穴式石室であり、埴輪類等の検討から、割地山古墳に後続する時期を考えている。また、北側に隣接する九合村五七号墳については、武人埴輪と大刀、勾玉などが出土しており、九合村六〇号墳と同時期と考えている。

御嶽神社古墳についても、チャート製の巨石巨室墳と考えられる。実測図がないので全貌は明らかでないが、古い地割からは、墳長一〇〇メートルを越える規模を有する。後円部に比して、前方部の発達した今泉口八幡山古墳に近い形態であったと考えられる。出土遺物は川西V期の円筒埴輪のほかに人物埴輪、家形埴輪、靫形埴輪と須恵器提瓶、大甕などが出土している。提瓶は小振りの器形で、おそらく最終段階の製品と考えられる。本墳の西側には横穴式石室を有すると考えられる沢野村一〇五号墳があり、御嶽神社古墳に近い時期を想定している。

筆者は、東矢島古墳群の変遷については、東矢島観音山古墳と割地山古墳をMT八五~TK四三型式期に位置付け、続いて九合村六〇号墳と九合村五七号墳がTK四三型式期に構築され、御嶽神社古墳と沢野村一〇五号墳がTK二〇九型式期に構築されたと考えている（加部二〇〇九）。

ところで、清水が戦前に作成した東矢島古墳群の実測図については、群馬県地域における前方後円墳と比較すると平面形状に違和感がある。一メートルコンタのラフな印象から、スケッチ図の感は否めないと捉えて信憑性に欠けるとされていた。しかし、「上毛古墳綜覧」作成時には一部の地域では平板測量による墳丘図が作成されており、この図を埼玉県北部の主要前方後円墳と比較すると近い形態であることに気づく。特に東矢島古墳群とは現利根川の対岸にあたる東南一三キロメートル程度の位置にある、小見真観寺古墳やその下流域の真名板高山古墳、埼玉古墳群の中では、瓦塚古墳、愛宕山古墳、中の山古墳などと平面形が類似する。また、すでに橋本博文も述べている（橋本一九七九）が、東矢島古墳群では墳長一〇〇メートルクラスの墳丘規模に比して、墳丘高が低いことが指摘できる。この点についても、小見真観寺古墳や真名板高山古墳などと共通する要素である。

二　群馬県地域における前方後円墳の終焉時期

群馬県地域においては、埴輪の消滅と前方後円墳の消滅はほぼ一致しているとされてきた。しかし、僅かながらではあるが、埴輪をもたない前方後円墳も確認されている。ここでは、これらの古墳から出土した遺物類を再検討することにより、当該地域における前方後円墳の終焉時期を探ってみたい。

なお、これらを検討する前に、群馬県地域において埴輪の消滅がはたして六世紀代で確実に終わるのか改めて咀嚼してみたい。

ここで俎上にのぼるのは、墳長五六メートルの前方後円墳である太田市今泉口八幡山古墳の再評価である。本墳については、埴輪を有することを理由に単純に六世紀終末に位置付けられてきたように思われる。それは埴輪が当該地域において六世紀代で消滅するという定説に基づいて安易に導き出された結論である。しかし、埋葬主体部の刳抜式家形石棺内から出土している、須恵器䃭付き蓋や脚付盌の系譜で捉えられるような無蓋高坏、あるいは、後円部で破砕されて出土している土師器類の年代観を無視することは当然できない。

本墳の横穴式石室内に安置されていた家形石棺における縄掛突起の断面形態は、総社愛宕山古墳と宝塔山古墳の中間に位置付けられる。また、石棺内から出土している須恵器䃭付き蓋は湖西地域の編年では、浜松市地蔵平B一〇号墳出土品など遠江編年のⅢ期後半（七世紀初頭）に比定される。土師器の丸底壺については、後円部の盛土内旧表土上で故意に破砕されて出土しており、墳丘構築にかかわる儀礼祭祀に用いられた可能性がある。これらの器種については、本地域では六世紀代後半代から丸底化して七世紀代まで存続している。この時期、長胴甕が狭長化のピークへと推移するのに逆行して長胴化した器形から球胴化へと移行する傾向があり、この壺の形態的特徴は七世紀前半代に比定されることから、須恵器の年代観と矛盾しない。やはり後円部から出土している、土師器の口縁部が内傾した浅身の坏は、群馬県地域では少ない器形である。千葉県榎作遺跡〇四四F号住居跡出土品等に類似し、七世紀前半代に位置付けられる。以上のことから、本墳の築造年代は七世紀の第Ⅰ四半紀に比定したい。群馬県地域における埴輪の樹立は、七世紀初頭段階まで一部地域では継続していたと考えられる。また、消費地に供給はされなかったものの、駒形神社埴輪集積場から出土している一括資料は、本墳出土埴輪よりも後出すると言われている。樹立はされていないかもしれないが、あるいは本墳造営以降も短期間ではあるが、埴輪生産は継続され、消費されていた可能性を持つ。

埴輪を配列しなかった前方後円墳については、六世紀以降の古墳で五基確認している。これらの中で最大規模なのは、前橋市荒砥伊勢山古墳で、墳長六八メートルを有する。本墳は、輝石安山岩巨石使用の乱石積横穴式石室を持ち、出土遺物に耳環一〇点があった。残念ながら、遺物から年代を考える根拠としては乏しい。ただし、横穴式石室は、奥壁幅、二・三メートル、高さ二・五メートルの鏡石一枚で構築する巨石巨室墳である。同じく巨石墳である荒砥大稲荷古墳は奥壁二段積であり、周辺地域の状況から考えると本墳の方が後出要素である。おそらく七世紀初頭〜前半代に編年されると考えている。

次いで規模が大きいのは、下総地域に近い渡良瀬川下流域の微高地上に占地する板倉町筑波山古墳である。墳長五四メートルであるが、調査時点ではほとんど盛土が残っていなかった。また、葺石も確認されていない。墳形が、赤城山南麓地域に多い、いわゆる、基壇を有する古墳に類似しており、おそらく、広いテラス面を有して小規模な盛土があったと推定される。周辺の舟山古墳も類似した墳丘状況であるが、そちらは埴輪を樹立している。本墳はかつて埋葬主体部が破壊され、極端な胴張りプランを有する角閃石安山岩互目積の横穴式石室内から副葬品として、銀象嵌の円頭大刀柄頭、鉄刀数振、耳環九、水晶製切子玉九、瑪瑙製勾玉二、馬具類、鉄鏃等が出土している。円頭大刀柄頭は、橋本博文の研究では、A—1—a類の第四段階に分類され、六世紀終末の実年代が与えられている（橋本一九八五）。

赤城山南麓地域に立地する前橋市の荒砥大稲荷古墳（荒砥村六八号墳）は、墳長四四メートルの帆立貝形古墳であるが、埴輪・葺石ともに確認されなかった。基壇面を広く持つタイプであるが盛土は高く、埋葬主体部は前庭を有する巨石巨室の横穴式両袖型石室である。前庭出土の土器は、古相の製品を混入しているものの、口縁部が開くタイプの土師器坏類は六世紀終末〜七世紀初頭の時期である。その他、須恵器平瓶、フラスコ瓶は湖西産の製品と考えられ、七世紀初頭に比定される。

同じく赤城山南麓地域に位置する前橋市の五代大日塚古墳は、墳長三〇メートルの前方後円墳である。現在、墳丘はほとんど破壊されており、後円部の一部が僅かに高まりを残す程度であるが、記録類や地割から概ね盛土の範囲は復元できる。ただし、赤城山南麓地域に多い基壇部分を広くとる構造である可能性もあり、墳長はさらに大きくなるかもしれない。埋葬主体部は巨石使用の横穴式両袖型石室で、石材は現在も確認することができる。墳丘が破壊された際に出土した遺物類には、仿製渦文鏡一、耳環多数、飾大刀類複数、冠残片、甲冑類、鉄鏃、馬具類のセットと須恵器𤭯が出土している。馬具類の中では、花形杏葉が小野山編年三期（六〇〇〜六一〇年代）に比定され、鉸具造素環鏡板付轡も七世紀初頭に位置付けられる。圭頭大刀は、柄頭の外縁に覆輪状の金銅製金具を巡らせ、柄間と重なる部分を金具で絞める。懸通孔の周囲を透かし細工のある鋲留飾板で装飾する。類例としては奥原一五号墳出土品があり、七世紀前半代に比定される。双龍環頭大刀は新納分類Ⅵ式のもので、装飾付大刀編年の第九段階に比定される。新納泉の編年では八段階が五九〇年頃で、一〇段階に戊辰年銘大刀の六〇八年をあてがっていることから、六世紀終末〜七世紀初頭に位置付けられる。須恵器𤭯は比較的小振りなもので、産地は不明であるが、胴部沈線間の模様等は消失した退化傾向にある製品である。本品は、綿貫観音山古墳出土品より新しいと考えられ、ＴＫ二〇九〜二一七型式段階に相当する。以上のことから、双龍環頭大刀はやや古相であるものの、概ね七世紀初頭に位置付けられる。

桐生市川内天王塚古墳は、墳長二五メートルの前方後円墳である。調査時点で後円部の一部が残存している程度であったが、周辺の地割や記録類から盛土範囲の状況は復元できる。ただし、本墳も基壇を広くとるタイプの

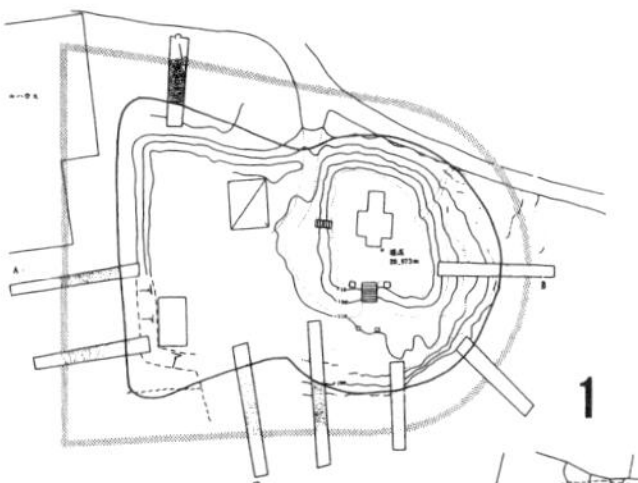

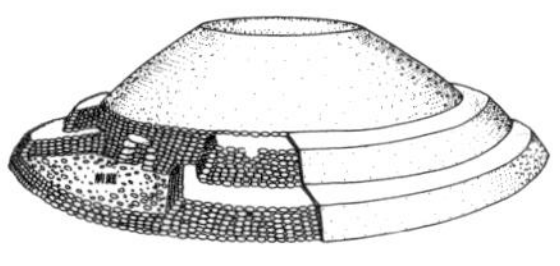

図３　前庭を有する古墳の完成図（奥原 53 号墳）
（『奥原古墳群』から転載）

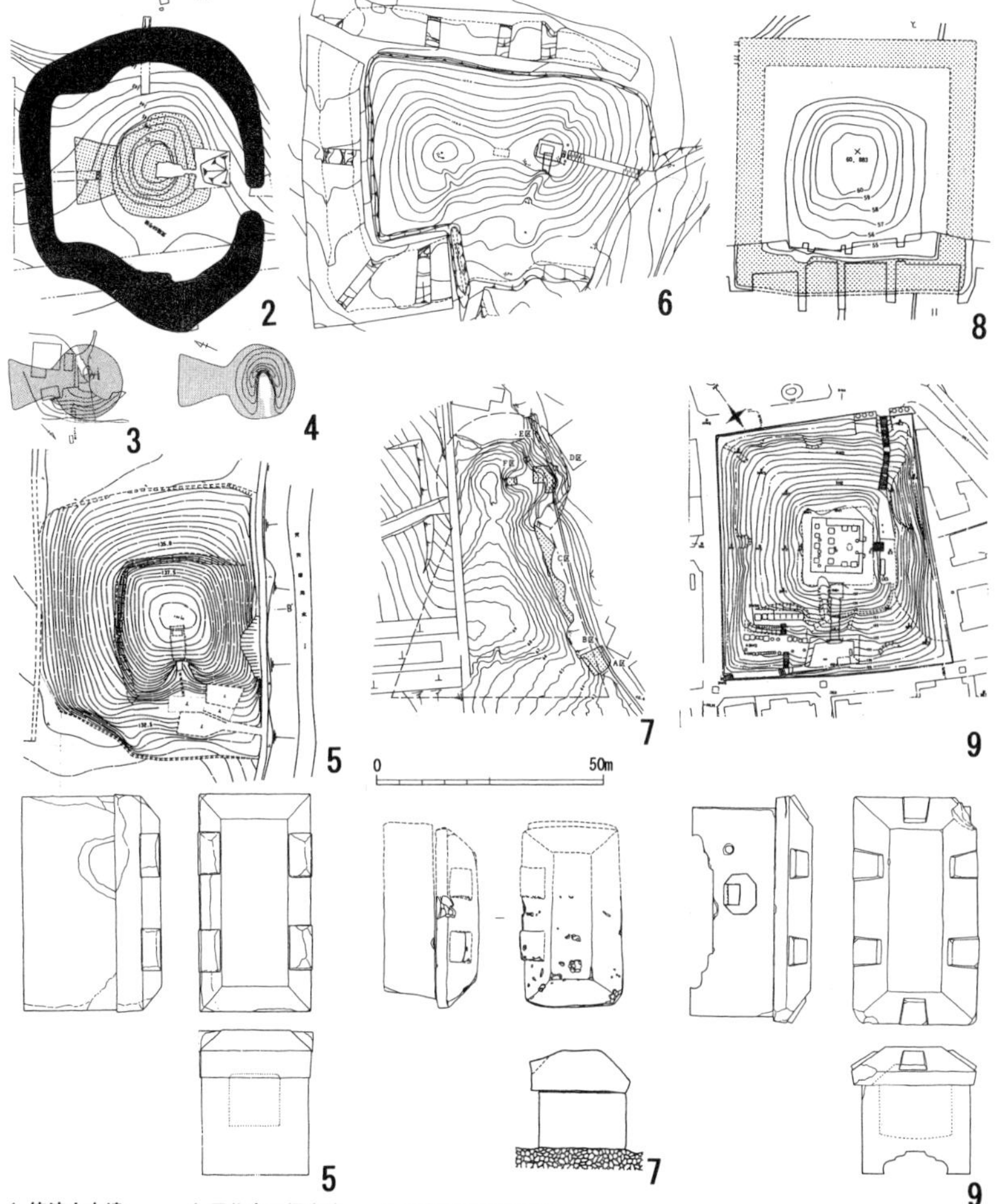

1. 筑波山古墳　4. 五代大日塚古墳　7. 今泉口八幡山古墳
2. 荒砥大稲荷古墳　5. 総社愛宕山古墳　8. 巌穴山古墳
3. 川内天王塚古墳　6. 荒砥伊勢山古墳　9. 宝塔山古墳

0　2m

図４　群馬県地域における最後の前方後円墳と関連主要古墳
（加部 2009 シンポジウム資料集から転載、一部改変）

可能性があり、本来の墳長はさらに大きいかもしれない。埋葬主体部は円礫積みの横穴式両袖型石室で、副葬品として、円頭大刀、鉄刀三、鉄鏃一五、素環環状鏡板付轡、須恵器無耳堤瓶等が出土している。円頭大刀は滝瀬芳之によって板金造無窓鐔二足佩用円頭大刀に分類されている。柄頭は金銅装で、柄間及び鞘木全体を金銅板で覆う。柄間板金具は蕨手文状の打ち込み模様で、鞘板金具は上下二列の円文を打ち出し、間に蕨手文を施す。滝瀬の編年のⅡ期に該当し、六世紀終末～七世紀前半に比定される。須恵器堤瓶は、片面の平坦面が消失した球胴タイプでフラスコ瓶にとって変わる直前の器形と考えられる。産地は不明であるが、湖西の編年では、遠江Ⅲ期末に比定され、七世紀初頭に位置付けられる。また、馬具の素環轡については、鋲形の立聞を造出するが鏡板径が六センチメートルと小型のもので、やはり七世紀初頭に位置付けられる。

なお、東関東地域で前方後円形小墳と呼ばれている墳墓については、群馬県地域でも赤城山南麓地域を中心に分布している、基壇面を広くとって盛土の少ない小規模前方後円墳に類似している。時期が不明のため本稿では除外したが、これらの中には、埴輪を配列せず葺石も持たない事例が確認されており、あるいは時期的にそれらの類例になるのかもしれない。特に規模は五〇メートル以上あるものの、盛土の少ない筑波山古墳は地理的には下総地域に近いものである。また、高い盛土を持つ荒砥大稲荷古墳、五代大日塚古墳、川内天王塚古墳や九期の前橋大室古墳群などは、下野型古墳との関連性も無視できない。

以上、群馬県地域の最終末と考えられる前方後円墳を六基検討してみた。その結果、埴輪を有する今泉口八幡山古墳は、七世紀第Ⅰ四半紀に築造されている。一方で、前橋周辺や東毛地域の一部では、六世紀終末～七世紀初頭段階で埴輪を消失した前方後円墳が構築されている。群馬県地域での埴輪の消滅は全県一斉に行われたのではなく、地域によって若干の相違があったと考えられる。特に、県内で最後まで埴輪生産を行っていたと考えられる太田地域周辺では、他地域に比して埴輪の消滅が遅れているのではなかろうか。同様に前方後円墳の消滅する時期も七世紀初頭段階を前後する時期と考えられ、西毛地域では比較的早く消滅している可能性が高い。また、赤城山南麓地域では群集墳中に小規模前方後円墳や帆立貝形古墳が多く確認されており、あるいはこれらの築造はさらに遅くまで行われていた可能性がある。

三　前方後円墳終焉の意義

六世紀代の群馬県地域には大規模な円墳は意外と少なく、群集墳中に含まれる最大規模三〇メートル前後の古墳が知られる程度で、四〇メートルを越えるものは意外と少ない。また、方墳についても同様で、埴輪を有する方墳は、積石塚的な数メートル程度の小規模なものを除くと、全く確認されていない。それらが、前方後円墳の消滅以降、速やかに転換すると考えられるが、墳形の推移や転換の時期は各地で微妙に異なっている。

集成編年の一〇期以降の状況を見ると、一〇期に大規模前方後円墳が造営されていた地域については高崎、邑楽地域をのぞいて後続して大規模方（円）墳が構築されている。太田地域では、北部の律令期山田郡域で前方後円墳の最終段階の埋葬主体部に刳抜式家形石棺が採用される。横穴式石室内に安置された古墳が、二基確認されている。前述した今泉口八幡山古墳と吉沢庚申塚古墳である。今泉口八幡山古墳は墳長五六メートルと御嶽神社古墳の半分程度であるが、主体部の棺は形骸化が著しいものの、畿内地域のステータスを踏襲するものである。それ以降は今泉口八幡山古墳の北側に隣接する径三〇メートル程度の円墳もしくは方墳の可能性もある菅ノ沢御廟古墳が七世紀前半代に構築され、一辺四〇メートルの方墳[2]で複室構造の横穴式石室を有する巌穴山古墳や墳形不明ながら石室内から和銅開寶が出土した、矢田堀弁天塚古墳の築造をもって本地域の古墳時代は終焉を迎える。なお、太田南部の東矢島古墳群でも二〇メートル程度の終末期方墳と考えられる道風山古墳が築造されている。

一方、西毛地域では、広瀬古墳群の周辺にカロウト山古墳が構築されている。墳形は五〇メートル程度の方墳と考えられ、総社古墳群に匹敵するものであったと考えられる。硬質の輝石安山岩使用切石積横穴式石室内に、かなり形骸化している刳抜式家形石棺が安置されていた。この石棺は狭長なもので古く見誤られることがあるが、形状の縦横比は西長岡横塚二八号墳の石棺に近い。

律令期に上野国の中心として栄える総社古墳群では、七世紀代に大型方墳を三基構築するが、それぞれの墳丘構造や埋葬主体部の状況は三者三様で全く異なり、これを三世代と捉えて問題ないのであろうか。これらの嚆矢となる総社愛宕山古墳は一辺五六メートルの方墳で、三基の中では最大規模である。(3) 畿内的要素が高いと言われる横穴式石室（水野一九九八）に刳抜式家形石棺を納める。

総社愛宕山古墳の横穴式石室は、玄室平面企画だけを見るならば、畿内の赤坂天王山古墳などに近い形状である。総社愛宕山古墳は玄門部が埋没しているため現状の石室図面では袖部に曖昧さを残すが、床面まで下げればおそらく規模では勝る。羨道部の幅や石棺の大きさでは劣っているものの、玄室側壁部分で最下段を立てる石の使い方は、越塚古墳などにも共通する要素である。また、石棺蓋石の縄掛突起が蓋の斜面部分からほぼ水平に突出しており、これについても畿内地域では赤坂天王山古墳や牧野古墳などに近い形状であることが指摘される。相異点は、石棺の配置が今泉口八幡山古墳同様、石室主軸に直交して置かれる点で、畿内地域では少ない配置法である。また、玄室高が、畿内地域の奥壁最上段に相当するほぼ一石分を欠き、天井が低いことから必然的に前壁部分も明瞭でなくなる傾向にある。こうした前壁の低い点は、当地の横穴式石室における伝統的な地域色であり、本墳石室も立面構造的には折衷様式であることが理解される。なお、羨道入口部は埋没しており、天井石が一石しか残存していないことから、本来の長さを欠いていると考えられる。次世代の宝塔山古墳では前室を含めて九メートルあり、本墳の場合、あるいは前庭がないと仮定するならば、羨道長が七メートルを越える可能性も否定できない。年代観については、以前は、石材加工度の問題から特に下げる傾向にあったと理解している。しかし、近年は、県内で六世紀代の輝石安山岩加工用材も確認されていることから、本墳の年代は従来の見解よりも古く、七世紀初頭頃と考えられる。

おそらく、太田地域ではまだ前方後円墳で埴輪祭祀をやっているかどうかという段階に、いち早く、畿内的な大方墳を構築する視覚的効果は、絶大なインパクトを与えたに違いない。これに対して、前橋荒砥地域や太田周辺地域の保守勢力が、旧態依然の墳墓形態に拘るのは、過去に、太田地域が横穴式石室の導入に消極的だった要因と共通して、伝統性に裏打ちされた、牧歌的で鷹揚な風土に由来するのではないだろうか。

すでに水野敏典が指摘するように、七世紀代に関東地方で構築される大規模方墳や円墳はほとんど非畿内系石室が採用されている。総社古墳群に至っても、後続する宝塔山古墳や蛇穴山古墳は非畿内系石室である。唯一、畿内的要素をもつ横穴式石室を採用している総社愛宕山古墳の被葬者像は、その後の律令体制への移行の過程で、中央集権制度を確立するために畿内政権から派遣された、進歩的な要人ではあるまいか。

まとめ

群馬県地域における、主要な前方後円墳を時代別に整理すると、墳長八〇メートル以上の前方後円墳は集成編年八期が七基、九期は七基であったのが一〇期では倍増以上の一七基に増加している。しかし、八期・一〇期ともに傑出した規模の前方後円墳は存在せず、横並びの並立状態であることが明らかになっている。この点については、これがある種の地域連合と呼ばれた共同体が地方統治する在り方を表象している可能性は高い。しかし、集成編年九期については前後の時期と様相を一変している。

九期最大の七輿山古墳については、墳丘規模のみの比較から見ると、畿内大和勢力と対抗できる規模であったことが窺える。この時期に大和で最大規模の古墳は、見三才古墳の一三八メートルで、規模では七輿山古墳の方が秀でている。ちなみに畿内の九期最大古墳は河内大塚山古墳の三三五メートルであり、摂津の今城塚古墳（『集成』では八期に比定）が一九〇メートルで次いでいる。

七輿山古墳被葬者の死後は、上毛野の中央勢力は再び太田地域へと移行すると考えられる。一〇〇メートル前後の前方後円墳が五基集中して構築されている。しかし、その墳丘構造は、むしろ北武蔵のそれに近く、従来の群馬県地域の在り方と異なっている。こうした中で、東矢島古墳群の玄室高三メートル以上という数値は重大な意味をもっている。仮に事実とすると、いままでに県内地域で確認されてきた横穴式石室中、最大高であると考えられ、あるいは、畿内的な横穴式石室が東矢島古墳群中に築造されていた可能性も否定できない。

集成編年一〇期の前方後円墳を墳丘規模から分類してみると、前述した墳長八〇メートル以上一七基に続く四〇～七九メートルの中規模前方後円墳は七二基で、三九メートル以下の小規模前方後円墳は四四基と予想していたピラミッド構造にはならない。この理由については、小規模前方後円墳は発掘調査をしないとわからないものが多く、今後も増加する可能性を秘めている。しかし、現況の数字もある程度の事象を反映しているとも考えられる。それは、群馬県地域では六世紀代に四〇メートルを越えるような大規模円墳・方墳はほとんど構築されていないことから窺える。そういった意味では、セカンダリークラスの前方後円墳が、大規模円墳に土量で逆転される事例は皆無である。

ところで、この時期の下毛野では、近年の発掘調査で墳長一三四メートルであることが確認された栃木県壬生町の吾妻古墳が構築される。この大きさは、八期以降の毛野全般の後期古墳を見ても七輿山古墳の一四六メートルに次ぐ大きさである。そこで、『前方後円墳集成』から日本全国の集成編年一〇期を調べて見ると、畿内では大和に見瀬丸山古墳（三一〇）と平田梅山古墳（一四〇）が確認されるが、吾妻古墳はそれに次ぐ日本全国三位の大きさである[4]。

こうした現象から、規模のうえでは集成編年一〇期において、東国の雄の座を下毛野に明け渡していることになる。これ以降、律令期に至るまで下毛野優位の体制が確立していくようである。

時代は新しくなるが、「新撰姓氏録」左京皇別下では、上毛野氏は下毛野氏の下位に序列されている。この点については、奈良時代初期に下毛野朝臣古麻呂が大宝律令の撰定にかかわった功績から正四位下まで上りつめたことと関連付けられている。黛弘道は、この時点で下毛野氏が上毛野氏より優位に立ち、七〇九年に古麻呂が没した以後も持続されて八一五年の「新撰姓氏録」撰進に及んだものと解釈されている（黛一九八一）。

しかし、七世紀代の下毛野地域には下石橋愛宕塚古墳（八四）、壬生車塚古墳（八二）、国分寺丸塚古墳（七四）、千駄塚古墳（七〇）と大型古墳が相次いで構築されている。これに対して、上毛野の七世紀代は、五〇メートル以上の古墳は総社愛宕山古墳、宝塔山古墳のみで、蛇穴山古墳（四二）、中塚古墳（四〇）、巌穴山古墳（四〇）の方墳群が次に大きい程度であり、墳形の違いこそあれ、確実に形勢が逆転していることが読み取れる。おそらく、白鳳段階には下野薬師寺が建立されており、六世紀後葉の吾妻古墳被葬者の躍進は、後世の律令段階の興隆を決定付ける萌芽期であったと位置付けることが可能である。

従来、埴輪の消滅と一体であったと考えられていた群馬県地域における前方後円墳の消滅時期は、概ね六世紀代で終了するものの、最終末では微妙な地域差を生じている。一部では七世紀前葉まで残ると考えられるが、それらに八〇メートル以上の大型墳は無く、最大墳は墳長六八メートルの荒砥伊勢山古墳である。その点で、埴輪の無い前方後円墳でも山王山古墳（九〇）や、羽生田長塚古墳（八〇）などを構築している栃木県とは終焉の在り方が異なっていると考えられる。しかし、この差は時期の相違に起因していると考えられ、したがって、栃木県の方が早く前方後円墳が消滅している可能性がある。群馬県地域で、埴輪を持たないこれらの小〜中規模前方後円墳においても、副葬品には在地生産が困難と言われている装飾大刀や馬具類、金銅製品等の威信財を入手できた被葬者である。一方、埴輪の消滅については、ほぼ六世紀で消失するが、最後まで埴輪生産を行っていたと考えられる太田地域周辺部では七世紀初頭段階まで残存すると考えられる。

水野敏典は、前方後円墳体制の崩壊の意味するものは、「畿内政権の墳墓を用いた秩序表現が古墳時代後期において解体へと向かった」可能性を指摘して、七世紀の畿内「大王墓における方墳の採用が墳墓を用いた秩序表現の再編成」と捉えた。また、横穴式石室や鉄鏃の検討から畿内志向が薄れて地域の独自性が明確になることから、関東地域と畿内地域との関係が弱まっていくことを指摘して、このことは、個別地域の独立性を示す要素と畿内政権の二面性の現われとしている。しかしながら、前段部分の、墳丘規模で畿内地域を凌駕するものは、集成編年五期には全国四位の規模を誇る吉備の造山古墳が築造されているし、大和に限定するならば、集成編年九期の七輿山古墳でも破綻をきたしていることになる。さらに方墳による再編については、ほぼ同時に千葉や栃木では畿内大王墓を二〇メートルも上回る方墳が構築されることになり、律令に向かって中央集権制を高めて行く流れに逆行するかのごとく、再編の効果は全く機能しなかったことになる。

おそらく水野の指摘する二面性については、古墳時代後期に限られたものではなく、前方後円墳を採用しながら埋葬主体部ではむしろ大陸的な志向の強い北部九州や有明海沿岸地域などの中期段階にも認められ、造山古墳の築造もそうした流れの中で位置付けられるのではないだろうか。こうした要素が顕著に現われているのが、群馬県地域で爆発的に流行した横穴式石室の前庭である。これらは調査例の蓄積から、古墳を最終的に土饅頭に造らず、石室前面部分が開いた状態で竣工していることが明らかになっている。つまり、視覚的に完成形態が異なるもので、畿内地域ではほとんど普及していない[5]。群馬県地域の事例はおそらく北部九州から近江、美濃などを経由して入ってきたと考えられ、最も普及している。ただし、群馬県内の古墳でも前庭を採用しない横穴式石室墳は同時代にもあるわけで、それらが古墳群内で隣接して構築されている。前庭が有るものを単純に非畿内系とはもちろん断言できないが、古墳群の中にこれらの二面性が視覚的に看取できるとするならば今後の研究もやりやすい。こうした古墳群内で隣接する前庭の有無については、北部九州や近江などでも混在しているのを確認している。ちなみに群馬県地域では前方後円墳には前庭が付随しないものが多い。

墳丘規模からみた畿内地域における後期大規模古墳の状況は、予想以上に脆弱で、例えば、九期の河内大塚古墳、一〇期の見瀬丸山古墳と傑出する大王墓は一基のみである。関東もそれらに呼応するかのように、地域を違えて九期の七輿山古墳、一〇期の吾妻古墳がそのエリア内では傑出した規模で構築されている。

註

（1）刳抜式舟形石棺の用語については、刳抜式割竹形石棺をも包括して、これらを刳抜式石棺と総称する意見もある。しかし、ここでは徳江秀夫の先行研究（徳江一九九四）を遵守して、岩鼻二子山古墳一号石棺による変質の系譜であることを重視したいと考えている。故に、本稿では舟形石棺と呼称する。

（2）巌穴山古墳の墳丘規模については、『群馬県史』等で現存する盛土部分で測定した値を表示していた。しかし、駒澤大学が周溝を調査して、それをもとに復元した『太田市史』の図では三九メートル程度で、周溝墳丘側立ち上がりの法面分を加えて四〇メートルとした。

（3）宝塔山古墳の墳丘規模については、白石太一郎（一九九〇）の復元案よりも若干小さくなると考えている。というのは、筆者が写真を提供している墳裾を確認した工事位置が図上にも示されているが、復元案はそれよりも大きくとっていることから明らかである。

（4）『前方後円墳集成』では墳長一三八メートルの筑後・岩戸山古墳について、本文中では磐井の墓と認めつつ一〇期としている。被葬者の問題はさておき、同古墳からはMT一五型式期の須恵器を出土しているので、九期とすべきであろう。

（5）B類前庭は平林古墳やホケノ山古墳などで認められるが、一般的でない状況は特に大和で顕著である。

なお、紙数の都合で報告書類の参考文献は割愛している。ご容赦願いたい。

参考文献

加部二生　一九八九「群馬県東部における初期横穴式石室の様相」『東日本における横穴式石室の受容』群馬県考古学研究所ほか

――　二〇〇九「太田市東矢島古墳群の再検討」『利根川』三一　利根川同人会

白石太一郎　一九九〇「関東の終末期大型方・円墳について」『関東地方における終末期古墳の研究』文部省科研費報告書

滝瀬芳之　一九八四「円頭・圭頭・方頭大刀について」『日本古代文化研究』創刊号

徳江秀夫　一九九四「関東・東北地方の刳抜式石棺」『古代文化』四六―五　古代学協会

新納　泉　一九八七「戊辰年銘大刀と装飾付大刀の編年」『考古学研究』一三五　考古学研究会

橋本博文　一九七九「上野東部における首長墓の変遷」『考古学研究』一〇二　考古学研究会

――　一九八五「亀甲繋鳳凰文象嵌円頭大刀・小刀及び鋼本を象嵌装飾する大刀と佩用者の性格」『板倉町史』通史上巻

黛　弘道　一九八一「『毛野氏族』雑考」『群馬県史しおり』資料編三　群馬県史編さん室

水野敏典　一九九八「関東における前方後円墳の終焉」『前方後円墳の終焉』第四三回埋蔵文化財研究集会発表要旨　埋蔵文化財研究会

綿貫観音山古墳《わたぬきかんのんやま》

群馬県高崎市

加部二生

井野川西岸台地上に立地する。全長一〇〇メートルの前方後円墳で、二重の周溝を巡らす。一九六八年に調査され、後円部墳頂部と墳丘西側の中段に盾・家・鶏・器財形埴輪のほか、多くの人物埴輪群が出土した。後円部に開口する横穴式石室は、墳丘中段より僅かに高い位置が床面で、全長一二・五メートル、玄室長八・二五メートル、奥壁幅三・九五メートルの規模である。羨道側壁の一部で河原石を使用する他は、すべて加工した角閃石安山岩を用いていた。

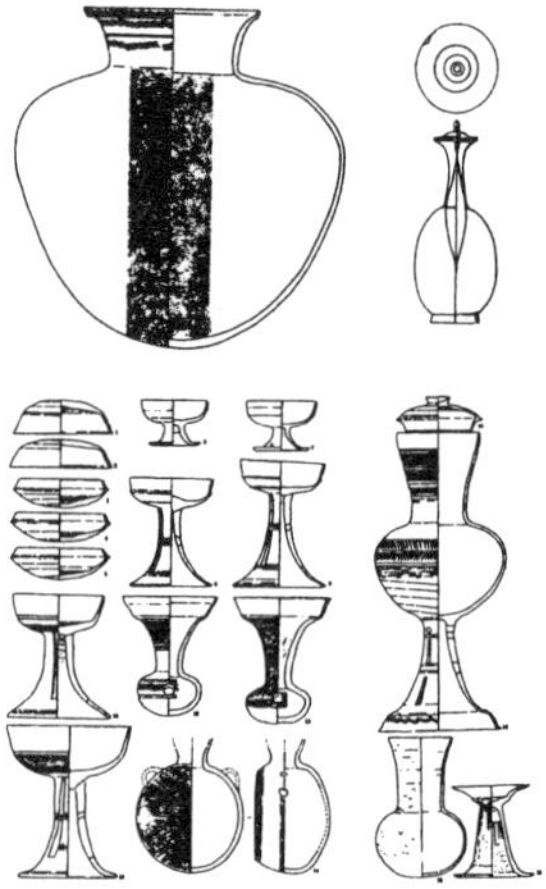

図１　出土容器類
（群馬県埋蔵文化財調査事業団 1999 から転載）

石室の東側壁が殆ど崩壊して石室内に倒れ込んだため、盗掘をまぬがれ、多くの副葬品が出土した。

銅鏡は二面出土しており、獣帯鏡は、器面の荒れた中国宋（南朝）代の踏み返し鏡と考えられている。滋賀県甲山古墳出土品の二面および、韓国公州市に所在する熊津期百済の武寧王陵出土品と同型鏡である。銅製水瓶は高さ三一・〇センチメートルで、法隆寺の百済観音が手にする水瓶を彷彿させる。つくりが入念な優品で、中国山西省の北斉庫狄迴洛墓出土品との関連性が指摘される。

武具類では、舶載品と考えられる鉄製冑と銹の付着がない挂甲、籠手、脛当等があり、金銀装頭椎大刀、鞘口と鞘尻に双龍文様銀象嵌をほどこした銀被せの鉄製捩棒形素環頭大刀、銀装刀子、約六〇〇本を超える鉄鏃等の武器を伴っている。馬具類は、いずれも豪華絢爛な製品で轡は四セット確認されている。

群馬県埋蔵文化財調査事業団　一九九九『綿貫観音山古墳Ⅱ』

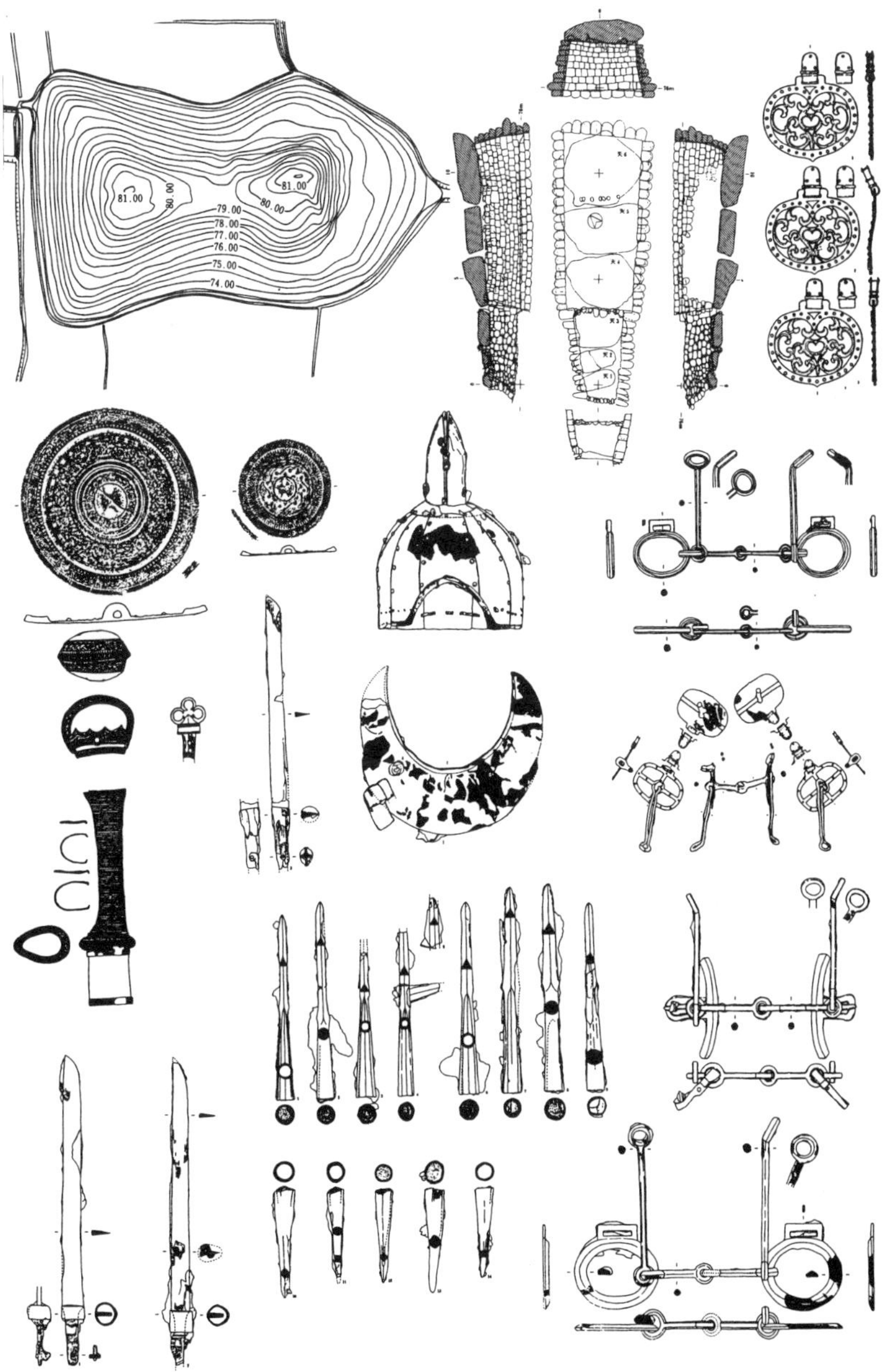

図2　綿貫観音山古墳（墳丘：1/2,000　石室：1/400　遺物 1/10）
（群馬県埋蔵文化財調査事業団 1999 から転載）

八《はち》幡《まん》観《かん》音《のん》塚《づか》古墳

群馬県高崎市

加部二生

烏川と碓氷川に挟まれて東西に延びる丘陵性台地に、前方部を西面して占地している。墳丘は二段築成で、墳長九七メートル、前方部前幅九一メートル、後円部直径七四メートル、前方部高さ一四メートル、後円部高さ一二メートルで、前方部が著しく発達した形状である。周溝は周囲にめぐらされ、墳丘には葺石、埴輪も確認される。形象埴輪では人物、馬、家、器財類が検出されている。

後円部に巨石使用の両袖型横穴式石室があり、全長一五・三メートル、奥壁幅三・四二メートルの規模である。副葬品は金属製品を中心として三〇種類約三〇〇余点出土している。鏡四面、銀装圭頭大刀二、銀装鶏冠頭大刀、鉄鉾二、刀子一二、鉄鏃四二、弓金具、挂甲二領と付属具（肩甲、手甲、籠手・臑当等）、鉄斧、鉄鉇、鉄地金銅張花形鏡板付轡、鉄製環状鏡板付轡二、鹿角製鑣轡、鉄地金銅張雲珠二、鈴付金銅製雲珠、鉄地金銅張辻金具五セット、鈴付金銅製辻金具二セット、銅地鉄透板被辻金具三セット、鉄地金銅張花形杏葉、金銅製心葉形透彫障泥金具?、革帯金具、鞍鞍金具一〇セット、鉸具八セット、鐙吊り金具、鞍金具、金環一四点（七対）、銅鋺二、承台付蓋鋺二、銀製筒形容器、須恵器、蓋、高坏、𤭯、長頸壺二、脚付長頸壺、提瓶、甕等があり、特に馬具類の意匠から仏教文化の影響を想定させる。

四面ある鏡のうち画文帯環状乳神獣鏡は埼玉稲荷山古墳、宮崎県山ノ坊古墳、三重県波切塚原古墳、千葉県大宮氏旧宅裏山古墳、京都郡内出土品と同型鏡とされる。

横穴式石室は巨石使用でありながら天井部の低い、典型的な上野地域の横穴式石室の様相を呈す。

高崎市教育委員会　一九九二『観音塚古墳調査報告書』

図1　出土容器類
（高崎市教育委員会 1992から転載）

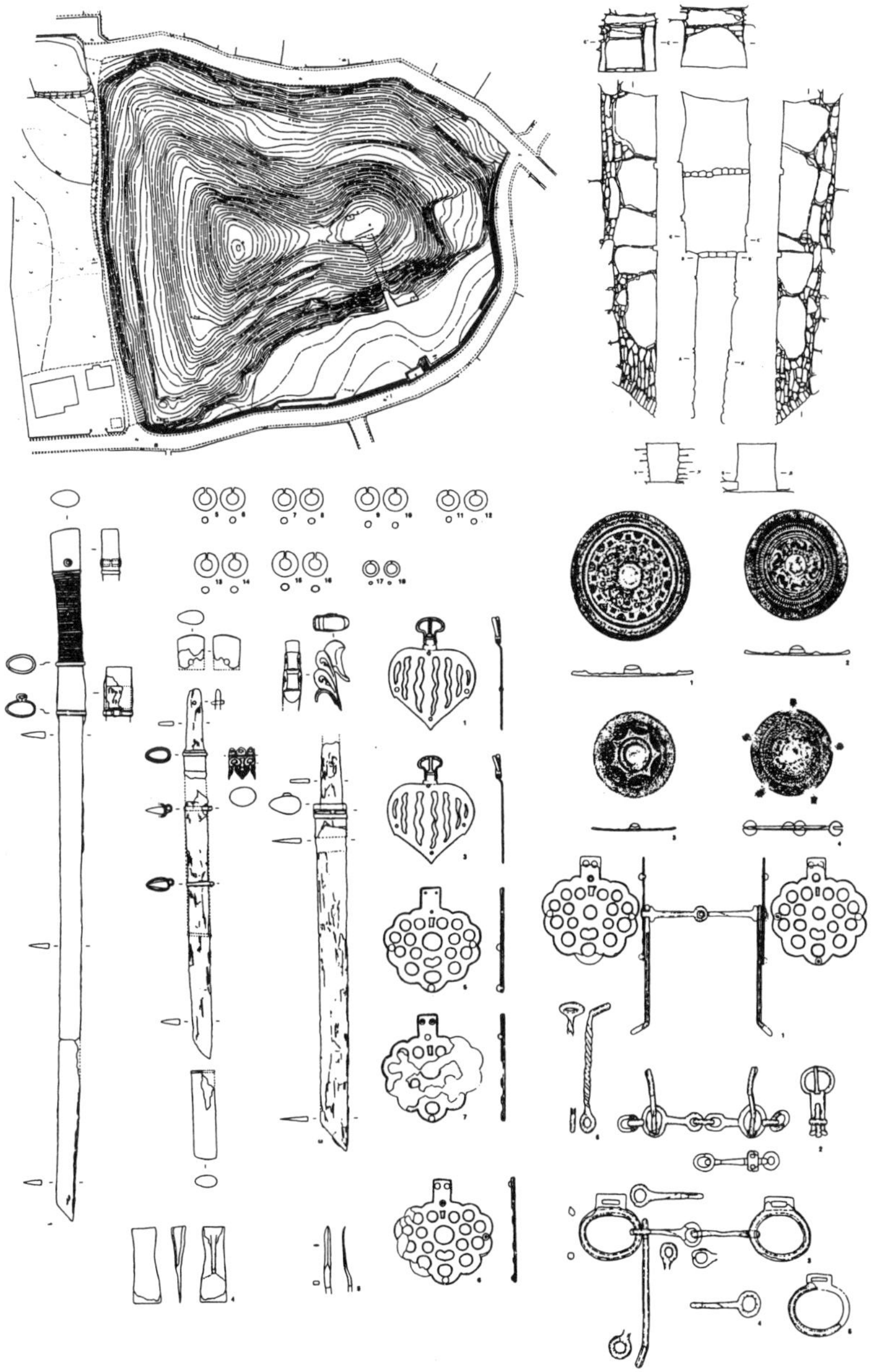

図２　八幡観音塚古墳
（墳丘：1/2,000　石室：1/400　遺物：1/10）（図１・２とも高崎市教育委員会 1992 から転載）

埼玉県

太田博之

はじめに

埼玉県における前方後円墳の終焉時期は、これまで前方後円墳集成畿内編年一〇期（広瀬一九九二：以下、「集成〇期」と記す）後半、須恵器ＴＫ二〇九型式段階のことと考えられてきた。この理解は今日においても変更の必要はないと思われる。終末期には大型の円・方墳が首長墓に採用され、前方後円（方）墳の造営は完全に途絶える。また、東関東の一部地域に見られる形骸化した小型前方後円墳の類も今のところ見出せない。

一　後期前方後円墳の築造数の変化—集成八～一〇期の様相—

（一）集成八期

埼玉県の後期前方後円墳の動向は、埼玉古墳群とその周辺部における大型首長墓群の造営によって特徴づけられる。まず、集成八期には、行田市埼玉古墳群で稲荷山古墳（主軸長一二〇メートル：以下数値のみを記す）と二子山古墳（一三五）が、また周辺では、行田市とやま古墳（六八）が築造される。稲荷山古墳・二子山古墳では、周堀覆土中に、榛名山二ツ岳起源の渋川テフラ（以下、ＦＡと記す）の堆積が指摘され、出土須恵器の型式は稲荷山古墳がＴＫ二三～ＴＫ四七型式、二子山古墳がＴＫ四七型式である。円筒埴輪は、稲荷山古墳に二次調整のヨコハケがわずかに残り、二子山古墳では、二次調整を欠くものの、方形透孔をもつ個体が多いという特徴が見られる。ともに集成八期のうちにあって、築造順は稲荷山古墳が先行し、二子山古墳が後続すると考えられる。とやま古墳は利根川近くの低地帯に立地する古墳で、すでに消滅しているが、水田下から円筒埴輪列が検出されている。円筒埴輪に二次調整のヨコハケが残り、埼玉稲荷山古墳と同時期の築造と推定される。

集成八期に該当する前方後円墳は、これまでのところ右の三古墳に限られるようである。主軸長六〇メートル以下の前方後円墳は見られず、とやま古墳に次ぐ規模の首長墓には、鴻巣市新屋敷六〇号墳（四三）・熊谷市鎧塚古墳（四四）・同女塚古墳（四六）・同横塚山古墳（三〇）のような、五〇メートル以下の帆立貝形古墳が採用されている。他地域においても、最上位の首長墓には、東松山市おくま山古墳（六二）・朝霞市柊塚古墳（六〇）など、六〇メートル前後の大型帆立貝形古墳が選択されている。

（二） 集成九期

集成九期の前方後円墳には、集成八期と比較し、明らかな墳丘規模の縮小化傾向が認められる。埼玉古墳群では、墳丘下旧表土層にＦＡが堆積し、ＭＴ一五～ＴＫ一〇型式の須恵器を出土する瓦塚古墳（七三）が、この時期に該当するが、主軸長は八〇メートルに満たない。

埼玉古墳群以外では、荒川右岸江南台地上の熊谷市とうかん山古墳（七四）が、採集された円筒埴輪から集成九期の可能性が考えられる。墳丘規模では、埼玉瓦塚古墳を上回るものの、前段階の稲荷山・二子山古墳との格差は大きい。

また、埼玉古墳群北方に所在する行田市若小玉古墳群の三方塚古墳（五八）は、墳丘下にＭＴ一五型式の須恵器を出土する住居跡があり、六世紀前葉段階に該当する円筒埴輪が出土している。さらに、児玉地域には、ともに横穴式石室を備える本庄市秋山諏訪山古墳（六〇）・同生野山一六号墳（五八）が築かれる。集成八期に比べ、墳丘規模が縮小する一方で、主軸長五〇〜六〇メートル台の前方後円墳が、さきたま以外の地域にも築かれるようになる。

こうした傾向の一方で、集成九期には、直径が前方後円墳の主軸長を超えるような大型円墳がみられる。埼玉古墳群の丸墓山古墳（一〇五）は、埼玉二子山古墳に類似する円筒埴輪をもつが、墳丘下旧表土層中にFAの堆積を観察し、埼玉二子山古墳に後続する集成九期の築造が確実視される。比企丘陵北部の熊谷市甲山古墳（八〇）も、採集される埴輪から集成九期に該当する可能性が高い。集成九期の埼玉県では、最大規模墳の墳形が、前方後円墳から円墳へ移っている。

なお、三方塚古墳の属する若小玉古墳群は、一部を残してほとんどが消滅し、形成過程に不明な部分も多かったが、近年の発掘調査や明治期の地籍図の検討から、複数の前方後円墳・大形円・方墳・群集墳によって構成される後・終末期の大規模な古墳群であることが明らかになってきた（金子一九八〇、渡辺一九九三）。前方後円墳は三方塚古墳のほかに愛宕山古墳（七三）・荒神山古墳（七三）の二基があり、墳丘が近接する笹塚・稲荷塚古墳も、本来は主軸長七〇メートル台の前方後円墳であったと推定される。若小玉古墳群では、集成九期から集成一〇期にかけて、複数の前方後円墳が継続的に築造されていた可能性が高い。その後、終末期には、大型円墳の八幡山古墳（八〇）、方墳の地蔵塚古墳（二八）へと築造が続くことから、埼玉古墳群の造営主体に比肩する集団の存在が想定される。

(三)　集成一〇期

集成一〇期には、埼玉古墳群とその周辺地域で、ふたたび大型前方後円墳の造営が見られるようになる。とくに、主軸長一〇〇メートル以上の前方後円墳は、古墳時代全期間を通じ、この集成一〇期が最も多い。埼玉古墳群には集成九期の瓦塚古墳に続いて鉄砲山古墳(一〇九)が築かれる。また、周辺では、行田市若王子古墳(一〇三)・同真名板高山古墳(一二七)・同小見真観寺古墳(一一二)・菖蒲町栢間天王山塚古墳(一〇七)があり、さきたま地域に主軸長一〇〇メートル超の大型前方後円墳五基が集中する。これに対し、さきたま地域以外の前方後円墳には、同様の大型化傾向は認められない。比企地域の坂戸市胴山古墳(六〇)など、主軸長は最大でも六〇メートル台にとどまる(岡本二〇〇三、小久保ほか一九九八、埼玉県教育委員会一九九四)。

二　後期前方後円墳の特質

(一)　埼玉古墳群の特異性

埼玉古墳群は、集成八期から終末期に至る長期かつ連続的な群形成と、墳丘主軸方位を統一し、規則的で密集度の高い古墳配置を特徴とする。埼玉県は東国の他地域に比べ、前・中期の前方後円墳が少なく、帆立貝形古墳や大型円墳を含めても、集成七期までの間に明確な首長系譜を見出しにくい。埼玉古墳群の形成に見る長期安定型首長系譜の存在は、古墳時代前・中期における県内首長墳の様相と著しい対照をなす。

埼玉古墳群のいまひとつの特徴は、前方後円墳に長方形二重周堀を採用するという平面設計の特異性にある。長方形二重周堀は、群内最古の稲荷山古墳においてすでに導入され、集成一〇期の鉄砲山古墳・中の山古墳など、最終段階の前方後円墳まで継承される。また、大型前方後円墳に限らず、群内最小の愛宕山古墳も、同形の周堀を備える。長方形二重周堀の採用は、築造時期・墳丘規模に関係なく埼玉古墳群の前方後円墳に共通している。

さらに、稲荷山・二子山・将軍山の三古墳には、二重周堀の中堤西側に台形の造出が付設され、稲荷山古墳では、この中堤造出周辺の周堀から各種の形象埴輪が集中的に出土している。これに対し、中堤造出がなく、かわって中堤と外堤を連結する陸橋状の施設を備える瓦塚古墳では、陸橋状施設から離れた前方部西側中堤上に形象埴輪群を配置している。大型前方後円墳に特徴的な中堤造出は、形象埴輪群を集中的に配置すべく創案された特殊な施設であることが推測される。

埼玉古墳群で確認されるこのような集団的個性には、畿内の古墳を範型とする古墳時代中期までの同一性志向とは異なった造墓意識が表出しているように見える。前方後円墳の採用により、諸首長との同一性を表示すると同時に、あわせて一定の差異を主張しようとした古墳造営者の意思を示すものだろう。

遺構レベルでの地域的特徴の発現は、埼玉古墳群に限らず、群馬保渡田古墳群の内堀中島や幅広の基壇部をもつ栃木の下野型古墳、常総地域のいわゆる変則的古墳など、漸次各地で確認されるようになる。東国の後期前方後円墳は、その終末に向かって、徐々に地域的個性化の傾向を深めていくようである。

(二) 前方後円墳被葬者層の拡大

埼玉県内には、現在、一三〇基余りの前方後円(方)墳(帆立貝形古墳を除く)が所在する。このうち、一五基(前方後方墳一二基を含む)が前期(集成一~四期)、一基が中期(集成五~七期)に属し、時期不詳の二四基を除くと、九三基が後期(集成八期以降)に属する。後期のうちでは、三基が集成八期、一六基が集成九期と比較的少数にとどまるのに対し、残る七四基はいずれも集成一〇期に属し、後期全体の約八〇%に達する。さらに、時期不詳とした二四基のうちにも、集成一〇期の築造と推定される事例が多く、当該期の前方後円墳の占有率は、さらに上昇する可能性が高い。

集成一〇期におけるこのような前方後円墳築造数増加の原因は、主軸長七〇メートル以上の大型前方後円墳が再び築造されるようになったこともさることながら、主軸長六〇メートル台までの中・小型前方後円墳の急増に理由がある。とくに、集成九期以前には、ほとんど見られなかった主軸長三〇~四〇メートル台の小型前方後円墳が、数多く築造されたことが大きく影響している。これらの小型前方後円墳は、主軸長五〇メートル以上の前方後円墳に比べ、前方部が相対的に矮小で、また集成八・九期の帆立貝形古墳とも相違する独特な平面設計をも

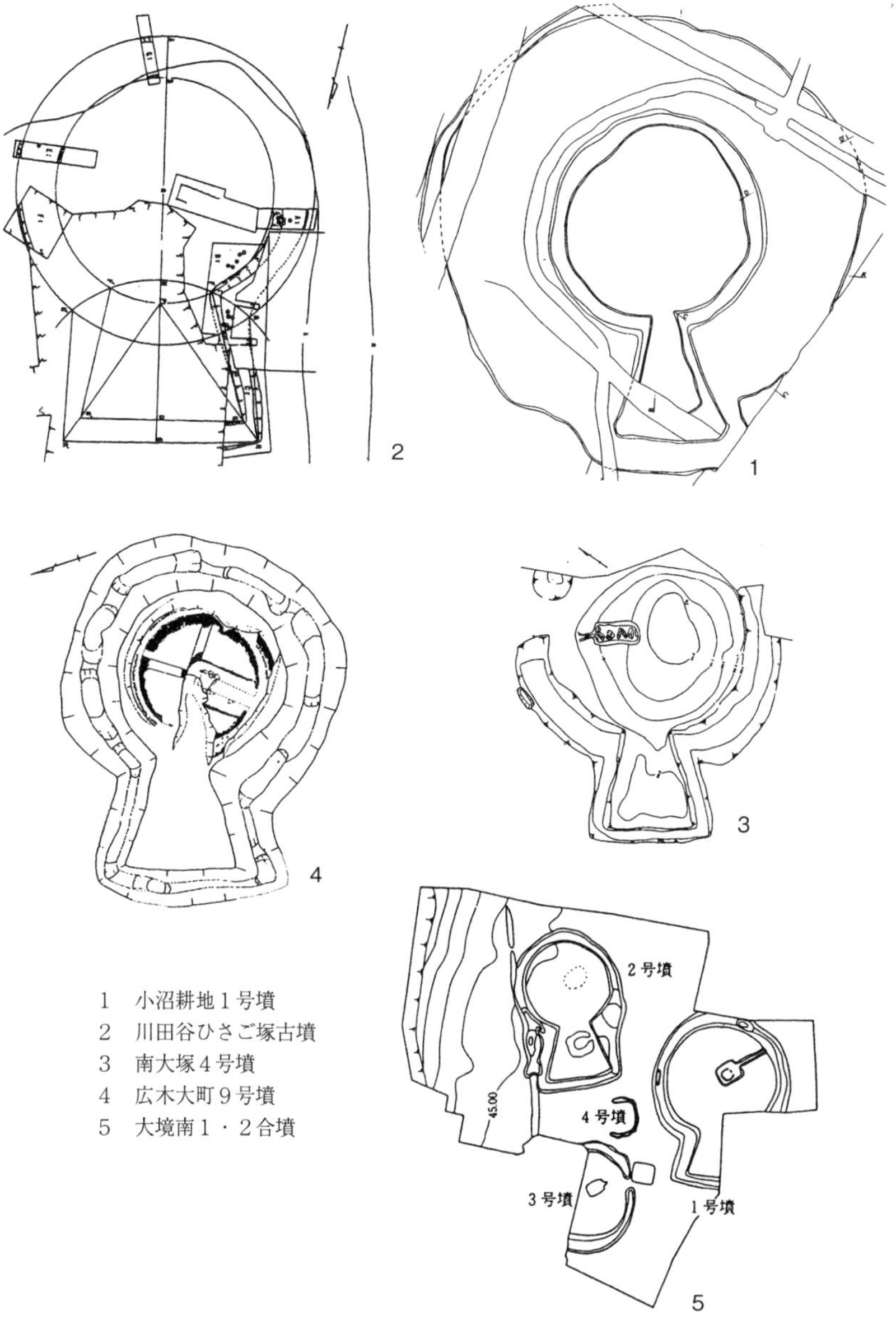

図1　古墳時代後期後半の小型前方後円墳（各報告書から転載、一部改変）
（1～4：1/4,000　5：1/2,000）

つことを特徴とし（図1）、いずれも埋葬施設に横穴式石室を備え、ほとんどの場合この時期に造営を開始する新式群集墳の一角にあって、小型円墳と同一群を形成する。

以上、集成一〇期段階の埼玉県では、前方後円墳の墳丘規模が分散化し、平面設計が多様化すると同時に、被葬者層が飛躍的に拡大するという変化を確認できる。このことは主軸長一〇〇メートル超の大型前方後円墳を頂点とする地域的な政治的秩序の再編が急速に進行し、群集墳被葬者層の頂点に位置する小首長が、新たに前方後円墳被葬者層として編成されていったことを示すものだろう。なお、この時期、埼玉古墳群では、鉄砲山古墳と同段階の埴輪をもつ群内最小規模の愛宕山古墳（五三）が築造されている。主軸長七〇メートル以上の前方後円墳で占められる集成八・九期段階に比べ、埼玉古墳群造営者層の内部でも、階層分化が進行していることを意味している。

（三）資材の移動と首長の交通圏

集成一〇期段階の特徴として、緑泥片岩製の石棺・石室石材や生出塚窯製の埴輪が、県内各地の古墳に供給されたことはすでに知られている。古墳築造に関係するこれらの資材は、さきたま周辺の大型前方後円墳を造営した首長層を頂点とする地域的政治秩序を基盤に、重量物の運搬を可能とする河川交通網の整備を前提に供給されていた可能性が高い。

緑泥片岩は、秩父地方の荒川河岸を主産地とし、これを加工した石棺・石室石材は、県内の元荒川・荒川流域に分布する。これら石棺・大型石材の移動は、河川を通じて行われたと想定されているが（田中一九八九）、運搬を円滑に実行するための前提として、さきたまの首長層を頂点とした流域首長間の調整機構が機能していたことが推測される。また、石棺・石材の配布についても、さきたまの首長層が管掌したことが考えられる。

一方、生出塚窯の製品は、埼玉古墳群をはじめ、元荒川・荒川流域、比企・入間地域の古墳にも広く供給されている。他窯の製品が、比較的近傍の古墳へ供給されることが通常であるのに対し、生出塚窯製品は分布の様相を異にする。生出塚窯は、埼玉古墳群に近い元荒川流域右岸の大宮台地北端に立地していること、多条突帯の大型円筒埴輪を生産し、これをさきたま地域の一〇〇級前方後円墳に供給していること、県内の広範囲の古墳に製品が供給されていることから、同窯における埴輪生産とその製品流通とは、緑泥片岩製の石棺・石室石材の場合と同じく、さきたまの首長層の管下にあったと考えられている（山崎一九九九）。

ところで、緑泥片岩製の石棺や生出塚窯製の埴輪が、その主要分布域から大きく離れ、東京湾岸を中心とした遠隔地の古墳に供給される場合のあったことが以前から指摘されている（日高一九九七、太田二〇〇二）。その範囲は横浜・川崎両市から東京都下、さらに千葉県市川市から木更津市にかけての範囲に及ぶ。一方、千葉県側からは富津市金谷付近に産出するとされる房州石製の石室石材が埼玉将軍山古墳にもたらされている。さらに、横浜市域から多摩川下流域にかけての古墳には、群馬県南部ないし埼玉県北西部の利根川中流域域に生産地をもつ埴輪がもたらされていることも知られるようになった（稲村一九九九、中里二〇〇三）。

集成一〇期に見られる、このような諸資材の遠距離移動現象において特徴的なことは、内陸部で生産された資材が、沿岸部の古墳へもたらされる場合がほとんどであるという点で、移動の方向に明確な偏りが認められることである。河川流域を横断するような内陸間相互の資材の移動が、この時期にはあまり目立たないことと対照をなしている。

（四）集成一〇期の古墳秩序と首長間の関係

右のような、集成一〇期における諸資材の遠距離流通の意味については、以前にも述べたことがあり、そこでは二つの流通モデルを抽出できることに触れた（太田二〇〇二）。

ひとつは、東京湾岸の小型前方後円墳や円墳に供給された緑泥片岩製石棺や生出塚窯製埴輪のように、資材の生産・流通を管掌する最高首長層と中小首長層との間の階層的傾斜を背景にした流通モデルである。生産地から消費地への単一方向の移動現象は、古墳造営のための資材が、最高首長層から中小首長層へ、あたかも「分与」されているかのように映る。この場合、最高首長層の管下に生産された資材が、中小首長層の古墳へ供給されるという点において、畿内中央と列島各地域の首長層との間に形成された政治秩序と同一構造をもつといえる。列島の中央と地方との古墳秩序が、地域を単位として再現されている。

ただ、この古墳秩序がやや複雑であるのは、先に確認したように、東京湾岸の古墳には、埼玉県北西部以遠の利根川中流域からも埴輪の供給を受けている例が珍しくないことである。そこから読み取れるのは、諸資材の移動から推測される首長の関係は、つねに個別対偶的なものではないという点であろう。首長間の関係の実態は、同時多面的、空間複合的であることが、むしろ一般的であり、明確な境界を有する排他的な領域形成を伴って成立するものではないことを確認できる（太田二〇〇二）。

いまひとつは、埼玉将軍山古墳の房州石製石室石材や金鈴塚古墳の緑泥片岩製石棺に見られるような、古墳構築資材の生産・流通を管掌する有力首長層間または地域間の対等的関係を基盤とした流通モデルである。遠距離かつ相互方向の移動として現象し、古墳造営資材の「交換」と認識される。埼玉将軍山古墳や金鈴塚古墳の石棺・石室石材から推測される地域間の資材交換と見られるような物資の移動は、東国内部で取り結ばれた首長間の関係が、階層的な傾斜を有するものばかりではなく、地域の政治秩序を代表するトップ同士が、対等で相互扶助的な関係を取り結ぶ場合のあったことを示している。こうしたトップ間の結合は、古墳平面設計の相同性からも推測されたように、あるいは婚姻関係を伴う場合すら存在したのかもしれない（坂本一九九六）。トップ間が婚姻関係を結び、下位層との間に血縁的隔絶をもたらすことで、首長権の安定化を図ったとする推測は成り立ちうる解釈である。いずれにせよ、右の二つのモデルに見るような首長間の関係は、内陸部―沿岸部間の物資流通の実態からみて、水陸の交通網の保全を目的とした有力首長層の主導による広域首長連合体の成立を物語るものであろう。

三　前方後円墳の終焉時期

埼玉県では集成一〇期に編年される大型古墳の中に、行田市埼玉中の山古墳・若王子古墳など埴輪の樹立を確認できない例が認められる。また、副葬品の編年観から、小見真観寺古墳も一〇期後半に該当し、埼玉県内では、これらが最終末の前方後円墳と考えられる。

(一)　埼玉中の山古墳（図2）

埼玉中の山古墳は、埼玉古墳群の南東端に位置し、浅間塚古墳・戸場口山古墳など古墳時代終末期の大型円・方墳に隣接している。埋葬施設・副葬品ともに未確認ながら、通常型式の埴輪を確認できないことから埼玉古墳群最後の前方後円墳と考えられる。不整方形の二重周堀を備え、墳丘に有孔平底壺系円筒形土器（以下、単に円筒型土器と記す）を墳丘上に配列している。また、須恵器も、甕・器台などの大型器種を主体に、東・西・北の各トレンチから出土しており、これらも円筒形土器と同様、墳丘上に配列されていた可能性が高い（中島・谷井ほか一九八九、斎藤一九九四）。

須恵器は、後方部北東トレンチの内堀で、ＴＫ二〇九型式の坏身を出土している。円筒形土器の一部と同工の資料が、埼玉県大里郡寄居町末野遺跡第三号窯跡において検出されているが、同窯で併焼の須恵器もＴＫ二〇九型式の資料である。周堀出土の須恵器坏身と、共伴する円筒形土器と併焼の須恵器が型式的な一致をみている。埼玉中の山古墳の築造時期は、須恵器ＴＫ二〇九型式段階のうちに置くことができる。

なお、埼玉中の山古墳の円筒形土器は墳丘にのみ配列されていた可能性が高い。遺物の出土状況を見ると各トレンチとも内堀墳丘寄りに集中し、内堀中堤寄り及び外堀での分布はきわめて希薄である。埼玉古墳群では、外

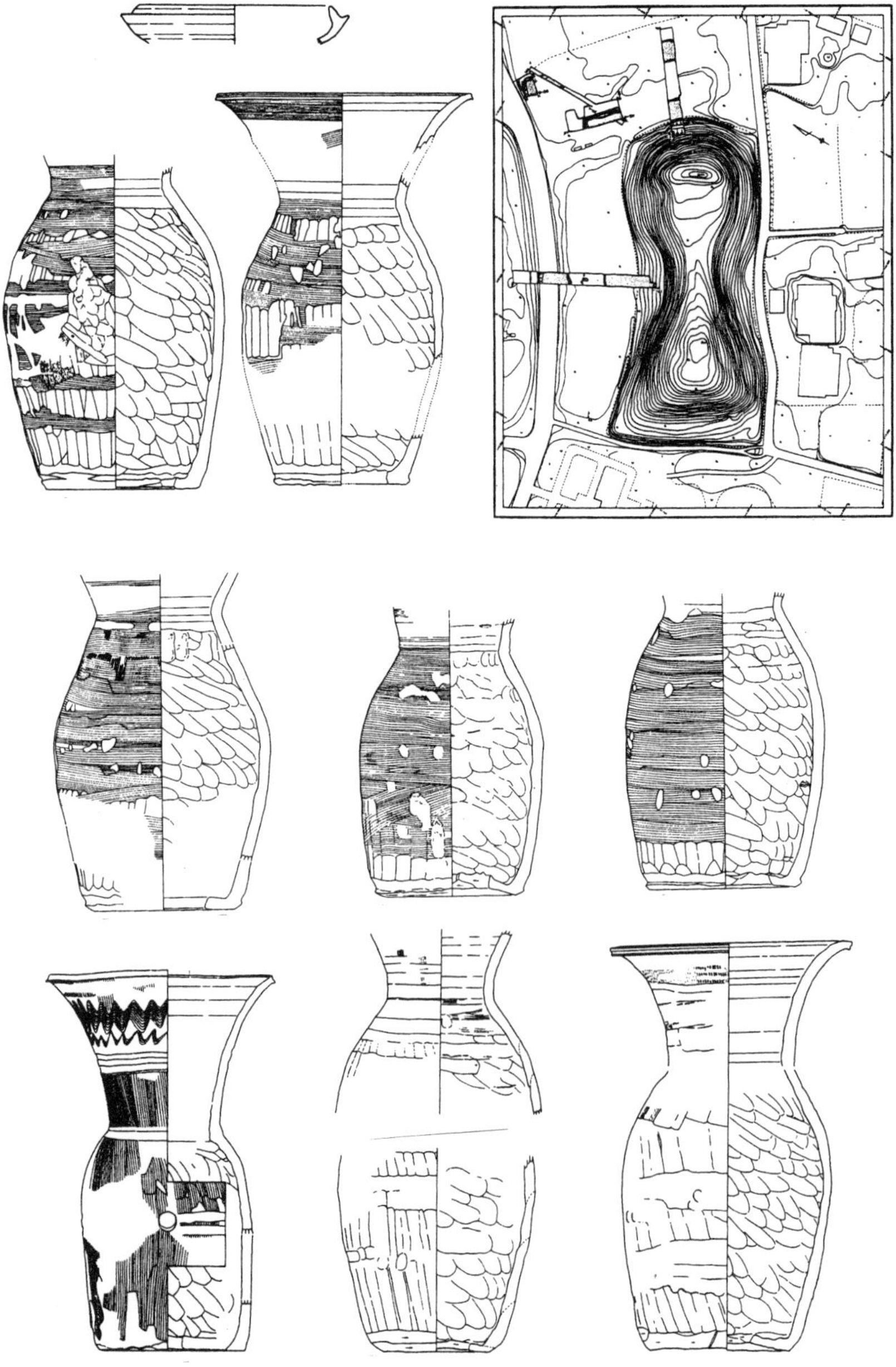

図２　埼玉中の山古墳と出土遺物（中島・谷井 1989 から転載）
（古墳：1/2,000　須恵器：1/6　円筒形土器：1/10）

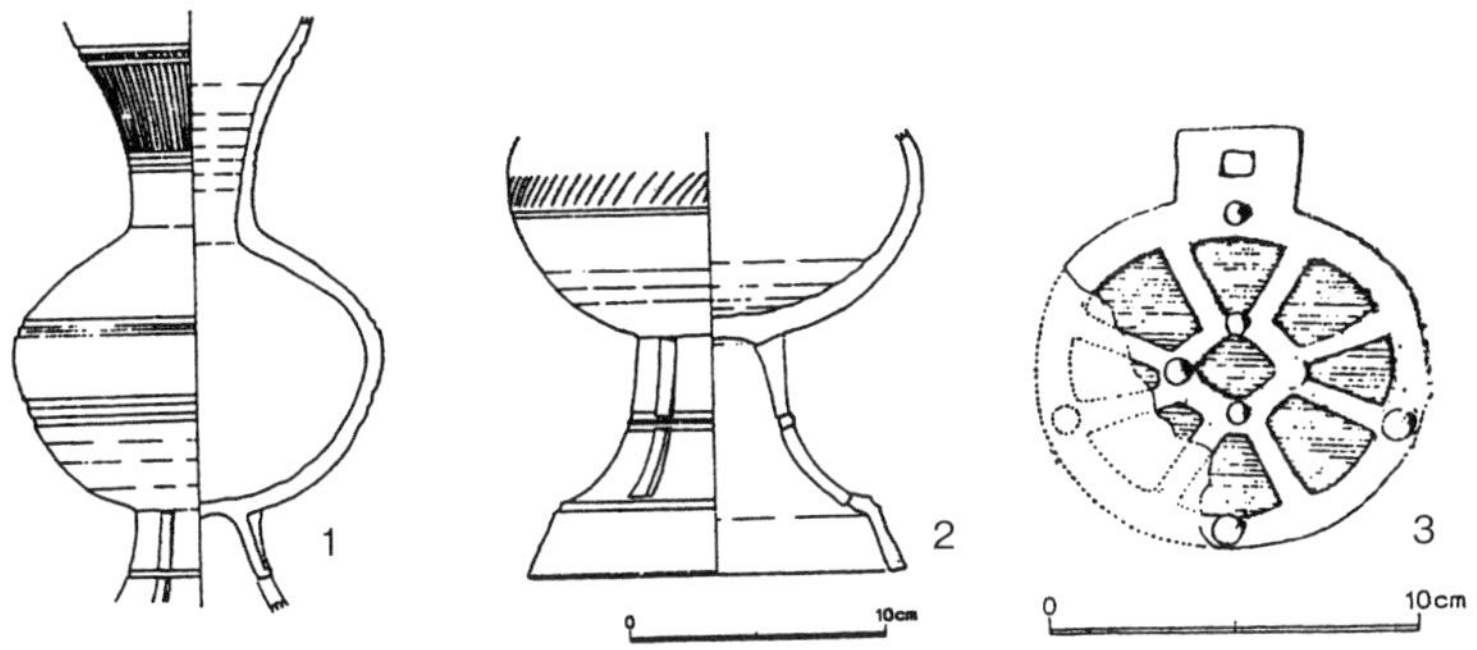

図3　若王子古墳の出土遺物（1・2：杉崎1986　3：後藤1942から転載）

堀での出土状況から、稲荷山古墳・愛宕山古墳・鉄砲山古墳に、中堤への埴輪の配置を確認できるが、中の山古墳の円筒形土器の場合、これらの古墳とは明らかに配列方式が異なる。

（二）　若王子古墳（図3）

若王子古墳は埼玉古墳群東方の微高地に所在した前方後円墳で、明治三九年（一九〇六）に埋葬施設が発掘されたのち、昭和九年（一九三四）には墳丘も破壊され、現在は消滅している。発掘時の記録によれば、埋葬施設は側壁に角閃石安山岩、奥壁と天井に緑泥片岩を用いた大型の横穴式石室で、刀片、鉄鏃、甲冑、雲珠、杏葉、土器類が出土している。また、江戸時代の古記録からは、これより以前にも、拵付大刀、金環、土器類が出土したことが知られる（塩野二〇〇四）。現在、地元に伝えられている須恵器脚坏長頸壺は（図3―1・2）、Ⅱ型式第四段階（TK四三型式段階）とされる（杉崎一九八六）。しかし、共伴の鉄地金銅製車文楕円形杏葉（図3―3）は、須恵器TK二〇九型式段階の資料と考えられ、若王子古墳は最終末の前方後円墳のひとつである可能性が高い。

（三）　小見真観寺古墳（図4・5）

小見真観寺古墳はこれまで埴輪をもたないと考えられてきたが、平成二〇年三月の調査で、周堀の一部が検出され、堀底近くから埴輪が出土している（埼玉県教育委員会二〇〇九）。ただ、北東側に近接して所在し、同時に調査された、虚空蔵山古墳の周堀からも埴輪が出土しており、しかも両古墳出土の埴輪が酷似していることから、小見真観寺古墳の周堀出土の埴輪が、虚空蔵山古墳からの流れ込みによるものである可能性も否定できない。埼玉古墳群北方に展開する利根川右岸の沖積地に所在し、埋葬施設は後円部中央と、中央から北側へ外れた後円部中段の二箇所に有する。後円部中心の埋葬施設は刳り抜き玄門をもつ緑泥片岩板石組方形複室構造の横穴式石室である。首長墳の埋葬施設として片袖形単室構造や切石積胴張形複室構造の横穴式石室が一般的な埼玉では特異な存在といえる。一方、後円部中段の埋葬施設は、石室と同じく、緑泥片岩の板石を組み合わせた石槨もしくは大型の組合式箱形石棺状の施設で、内法は全長二・八〇メートル、幅一・七六メートル、高さ一・二一メートルを計測する。

後円部中心石室出土とされる確実な資料は、現在伝えられていない。副葬品として知られている資料は、すべて後円部中段の埋葬施設から出土している。銀装圭頭大刀一、頭椎大刀二、竪矧広板衝角付冑一、挂甲一、長頸棘篦被鑿箭式鉄鏃・同片刃箭式鉄鏃五〇以上、銅鋺二、金環三、銀製圭頭柄頭刀子が確認できる。

銀装圭頭大刀は、佩用装置が異なる以外、群馬県高崎市八幡観音塚古墳、千葉県木更津市金鈴塚古墳奥壁付近出土資料と同型式である。頭椎大刀は一振が横畦目式の柄頭に六窓鍔を備え、柄間に金銅板を巻いて、吊手孔付佩用金具を付け、足間、鞘間には佩表に二列の連続円文を打ち出した金銅飾板を装着して、鞘尻に蟹目釘を打つ。他の一振は、鞘の装飾が明確ではないが、竪畦目式の柄頭に六窓鍔と丸尻の鞘尻金具をもつ（瀧瀬一九九一）。各々の製作年代は、銀装圭頭大刀が須恵器ＴＫ四三～ＴＫ二〇九型式段階、横畦目式頭椎大刀は装飾に文様を打ち出した金銅板を多用することからＴＫ二〇九型式段階に該当しよう。竪畦目式頭椎大刀は丸尻鞘尻金具をもつことからこれよりやや新しいと考えられるが、柄部の装飾などからは大きな時間的隔たりは認められない。

竪矧広板衝角付冑は、衝角部と頭頂部の伏板を別造りとし、地板一一枚で構成され、地板間の鋲留は三箇所を数える。この型式の冑は、時間の経過とともに、頭頂部の伏板と衝角部が別造りとなり、地板枚数が増加

図４　小見真観寺古墳と埋葬施設
（墳丘測量図：埼玉県 1982　石室ほか実測図：田中ほか 1989 から転載）
（古墳：1/2,000　右下 後円部中心石室：1/200　左下 後円部中段箱形石棺状施設：1/150）

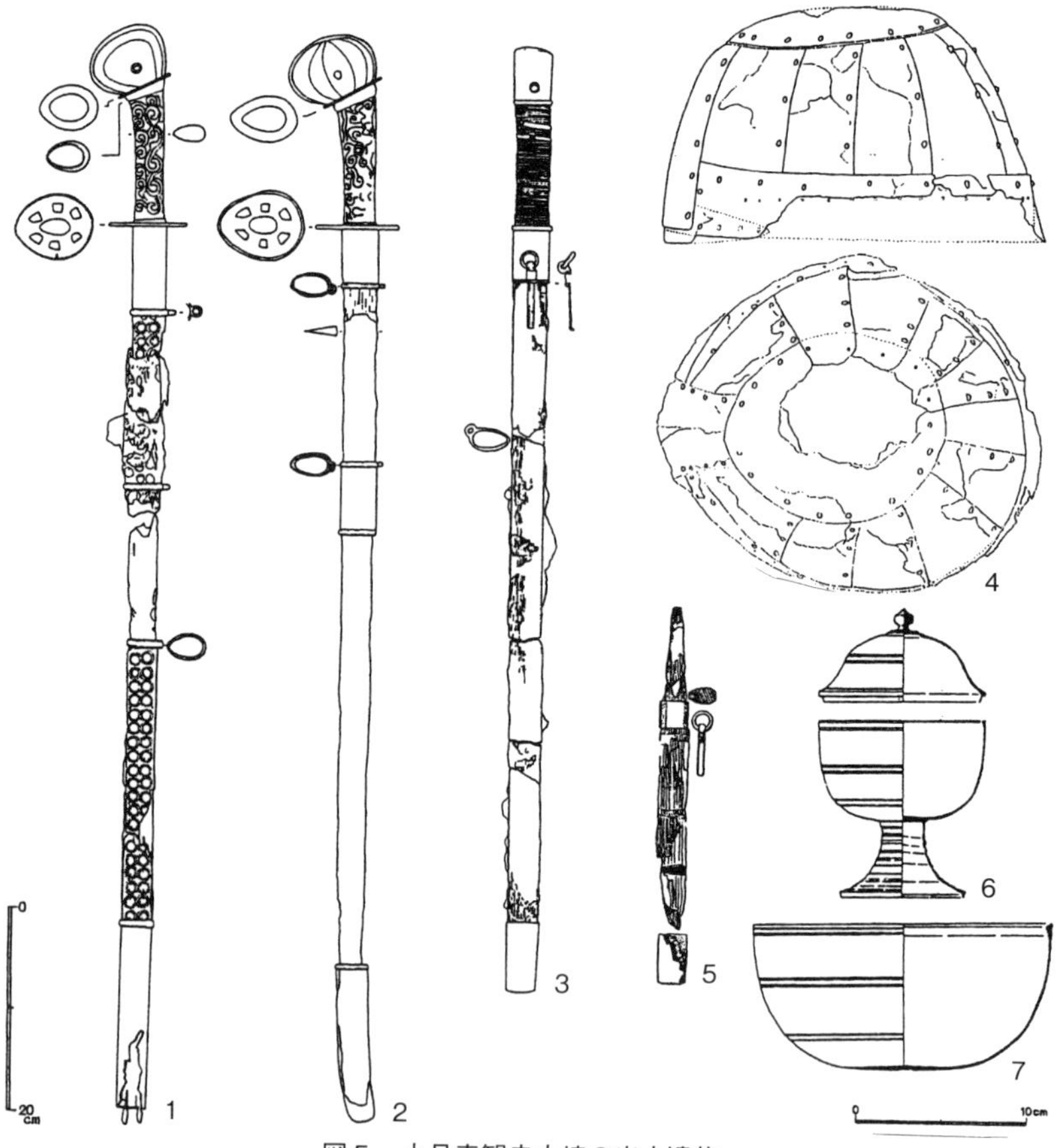

図5　小見真観寺古墳の出土遺物
（1～3：瀧瀬1991　4：村井1974　5神林1939　6・7：田中ほか1989から転載）

し、地板間の鋲留数が減少する方向で型式変化する（内山一九九二）。小見真観寺古墳の冑は、頭頂部伏板と衝角部が一体造りとなる千葉県木更津市金鈴塚古墳例より後出的要素を備える。伏板・衝角部別造り型式のなかでは、地板枚数七枚、板間鋲留三箇所の群馬県前橋市金冠塚古墳例より新しく、地板枚数九枚、地板間鋲留数二箇所の栃木県足利公園内古墳例に前後する時期にあたり、TK二〇九型式段階後半からTK二一七型式段階に該当することが考えられる。これらのことから、小見真観寺古墳後円部中段施設出土の一括遺物には、TK二〇九～TK二一七型式段階の副葬が想定され、古墳の築造時期はこれを遡り、ほぼTK二〇九型式段階のうちに置くことができるだろう。

以上、三古墳の検討から、埼玉県における前方後円墳の終焉時期は、須恵器TK二〇九型式段階にあることを確認できるだろう。

四　前方後円墳終焉の歴史的意義

近藤義郎は前方後円墳終焉の理由に制度的身分秩序の形成を考える。近藤は前方後円墳成立の背後に大和連合を盟主とする周辺諸集団の擬制的同祖同族連合の形成を見（近藤一九八三：二〇七頁）、一方、前方後円墳の廃止については、古墳時代を通じて大和の大王の位置が不動のものとなり、もはや前方後円墳の築造によって示される同祖同族の設定を行うことなしに諸首長との上下関係が保証されるに至ったことを意味するとした見解を示している（近藤一九八三：三七四頁）。前方後円墳に関わるこうした近藤の考えは、古墳時代前期から後期にかけての国家構造の特質が、同祖関係を本質とした「カバネ秩序」として現される首長層間の擬制的同族関係の基盤とするものであったという西嶋定生の見解（西嶋一九六一）に基礎をおくものである。この西嶋の論に対しては、カバネの成立が前方後円墳の出現まで遡らないとする批判が後になされたが、一方で各地首長層による墓制の共有に現象するような一定の政治的身分秩序が、汎列島的に形成されていた事実は認められるべきである。むしろ、比較的粗放ながらも全土的な擬制血縁結合が先行して成立し、これを基本としていっそうの組織化を進め、システム的により洗練することで「カバネ秩序」が形成されるに至ったとする想定も可能だろう。そして、西嶋もまた前方後円墳という伝統的墓制の廃棄が、従来の「カバネ秩序」に代わる官司的身分秩序としての冠位制の導入に原因することを示唆し、これを推古朝のこととしている（西嶋一九六一：一七一・一七二頁）。前方後円墳の消滅に、擬制的同祖同族関係という血縁原理から冠位制という法制的原理へと結合原理の根本的な変革を見出だそうとする立場である。

冠位制の整備が、六〇三年以降、七世紀を通じて、繰り返し試みられていることからも理解されるように、前方後円墳の終焉は、七世紀における本格的な制度的身分秩序形成に向けての重要な転換点であり、全土的な人民統合原理の転換を背景にするという意味において、重要な時代的画期をなしているといえる。東国における前方後円墳の終焉も、畿内をはじめ列島他地域での前方後円墳の終焉と同調する点で、血縁原理に基づく政治結集形態の最終的な精算行為に関わる現象と位置づけることができるだろう。

引用・参考文献

稲村　繁　一九九九『人物埴輪の研究』同成社

内山敏行　一九九二「古墳時代後期の朝鮮半島系冑」『研究紀要』一　財団法人栃木県文化振興事業団埋蔵文化財センター

太田博之　二〇〇二「埴輪の生産と流通―生出塚埴輪窯製品の広域流通をめぐって―」『季刊考古学』七九　雄山閣

岡本健一　二〇〇三「埼玉県における後期前方後円墳の展開―さきたま将軍山古墳を中心として―」『後期古墳の諸段階』第八回東北・関東前方後円墳研究会シンポジウム発表要旨資料　東北・関東前方後円墳研究会

金子真土　一九八〇「八幡山古墳の立地と環境」『八幡山古墳石室復原報告書』埼玉県教育委員会

神林淳雄　一九三九「刀子について」『人類学雑誌』五四―七　東京人類学会

小久保徹・杉崎茂樹ほか　一九九八「県内主要古墳の調査（一）行田市高山古墳、白山古墳及び花園町黒田古墳群」『調査研究報告』一　埼玉県立さきたま資料館

後藤守一　一九四二『日本古代文化研究』河出書房

近藤義郎　一九八三『前方後円墳の時代』岩波書店

埼玉県　一九八二『新編埼玉県史』資料編2　原始古代　弥生・古墳

埼玉県教育委員会　一九九四『埼玉県古墳詳細分布調査報告書』

――――　二〇〇九『埼玉県埋蔵文化財調査年報』平成一九年度

斎藤国夫　一九九四『埼玉古墳群発掘調査報告書』行田市文化財調査報告書第三一集　行田市教育委員会

坂本和俊　一九九六「埼玉古墳群と无耶志国造」『群馬考古学手帳』六　群馬県土器観会

塩野　博　二〇〇四『埼玉の古墳』さきたま出版会

杉崎茂樹　一九八六「行田市若王子古墳について」『古代』八二　早稲田大学考古学会
瀧瀬芳之　一九九一「埼玉県の拵付大刀」『研究紀要』八　財団法人埼玉県埋蔵文化財調査事業団
田中広明　一九八九「緑泥片岩を運んだ道―変容する在地首長層と労働差発権―」『土曜考古』一四　土曜考古学研究会
田中広明・大谷　徹　一九八九「東国における後・終末期古墳の墓礎的研究（一）」『研究紀要』財団法人埼玉県埋蔵文化財調査事業団
中里正憲　二〇〇三「角閃石安山岩混入の埴輪（大刀編）」『埴輪研究会誌』七　埴輪研究会
中島利治・谷井　彪ほか　一九八九『奥の山古墳・瓦塚古墳・中の山古墳』埼玉古墳群発掘調査報告書第七集　埼玉県教育委員会
西嶋定生　一九六一「古墳と大和政権」『岡山史学』一〇　岡山史学
日高　慎　一九九七「埴輪から見た交流と地域性―柴又八幡神社古墳をめぐって―」『人物埴輪の時代　埴輪から探る房総と武蔵の交流と地域性』葛飾区郷土と天文の博物館
広瀬和雄　一九九二「前方後円墳の畿内編年」『前方後円墳集成　畿内編』山川出版社
――　二〇〇三「大和の後期前方後円墳」『後期古墳の諸段階』第八回東北・関東前方後円墳研究会シンポジウム発表要旨資料　東北・関東前方後円墳研究会
――　二〇〇三『前方後円墳国家』角川書店
村井嵓雄　一九七四「衝角付冑の系譜」『東京国立博物館研究紀要』九　東京国立博物館
山崎　武　一九九九「生出塚窯産埴輪が供給された前方後円墳形態」『考古学ジャーナル』四四三　ニューサイエンス社
渡辺貞幸　一九九三「地籍図等による古墳群の復元―埼玉古墳群周辺の場合―」『翔古論聚』久保哲三先生追悼論文集　久保哲三先生追悼論文集刊行会

永明寺古墳《ようめいじこふん》

埼玉県羽生市

太田博之

永明寺古墳は、埼玉・群馬県境を東流する利根川は、羽生市付近で、北方へ大きく蛇行し、その流路に沿って、埼玉県側から群馬県側へ微高地が突出している。永明寺古墳はその微高地の縁辺部に立地している。周囲に現存する御廟塚古墳、稲荷塚古墳や複数の古墳跡とともに村君古墳群を形成する。主軸長七三メートル、後円部径三六メートル、同高さ七メートル、前方部幅四二メートル、同高七メートルの規模を有し、かつては周堀の痕跡も観察された。墳丘からは円筒埴輪片が採集されている。

一九三一年（昭和六）、後円部墳長で埋葬施設が発見され、多数の副葬品が出土している。埋葬施設の型式は河原石を用いた礫槨とする見解が一般であるが、緑泥片岩上で遺物が検出されたとする報告もあり、詳細は定かではない。

鉄製横矧板鋲留式衝角付冑一、同小札甲一、同九窓鍔付大刀一、同鏃片多数、同環状鏡板付轡一、木芯鉄板張三角錐形壺鐙二、鉄製鞍金具一、金銅製雲珠一、鉄製鋸一、同刀子二、金銅製耳環一が現存する。衝角付冑は地板幅に比べ胴・腰巻板の幅が広く、小札甲は胴部・草摺とも綴孔二孔×二列で幅一・九〜二・〇センチメートルの幅の狭い小札を用いる。九窓鍔付大刀の鍔と鈿には銀象嵌による文様が施されている。鍔には平面と端面に二条の直線と連続C字文を組み合わせた文様を配し、鈿には直線と波状文を交互に加えている。環状鏡板付轡は、鏡板に大型の矩形立聞がつき、二連の無捩衔を伴う。

図1　墳丘測量図（1/1,500　埼玉県 1982 から転載）

鉄鋸は短冊形を呈し、片側のみに歯がつく。歯の形状は不等辺三角形をなすいわゆる栓歯で、歯振りが認められる。築造時期は、九窓鍔付大刀や環状鏡板付轡の型式から、須恵器ＴＫ四三型式期前半、前方後円墳集成畿内編年一〇期前葉段階と推定される。

現在、永明寺古墳は、利根川の右岸側に位置するが、中世以前の利根川は、永明寺古墳や現在の羽生市街地が乗る、微高地の南側を東京湾へ流下していたことから、古墳の造営基盤を考えるとき、群馬県館林市や板倉町など、利根川左岸の東毛地域との関連も無視できない。東毛地域では、他地域に比べ、横穴式石室の導入が遅れ、集成一〇期のなかでようやく一般化していくことが知られている。埼玉県内では、行田市埼玉将軍山古墳、熊谷市伊勢塚古墳など、永明寺古墳と同じ集成一〇期前葉段階には横穴式石室の導入が始まっている。竪穴系埋葬施設をもつ永明寺古墳は、むしろ東毛地域の特質を有するという見方もできるだろう。

埼玉県　一九八二『新編埼玉県史　資料編二』
塩野　博　二〇〇四『埼玉の古墳』

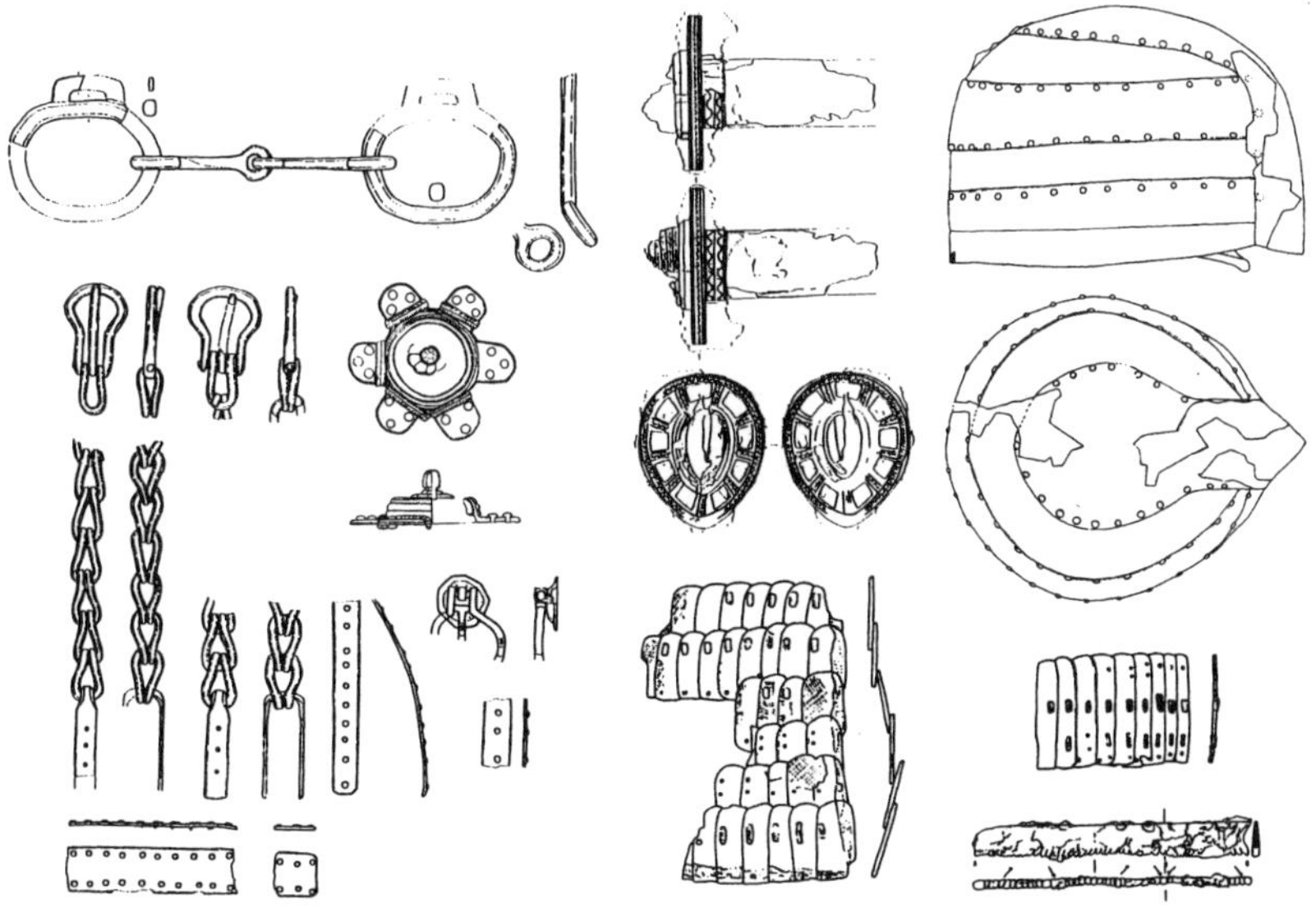

図２　出土遺物（1/8　塩野 2004 から転載）

埼玉《さきたま》将軍山《しょうぐんやま》古墳

埼玉県行田市

太田博之

埼玉将軍山古墳は、利根川と荒川に挟まれた氾濫原の埋没ローム台地上に占地する埼玉古墳群の一角にあって、古墳群の北東端に位置し、埼玉稲荷山古墳の東側に隣接する。墳丘は東半分を失い、後円部上面も大きく削平されている。主軸長九〇メートル、後円部径四〇メートル、前方部幅六八メートルの規模を有し、後円部西側のくびれ部寄りに方形の造り出しが付き、方形の二重周堀がめぐる。墳丘中段には円筒埴輪列があり、墳丘造出には形象埴輪の樹立が推定されている。また、墳丘西側の中堤にも、古墳群内の稲荷山古墳、二子山古墳と同様に、外堀側へ向かって張り出す平面台形の造り出しが存在している。

中心埋葬施設は後円部中段に開口する片袖式横穴式石室である。一八九四年（明治二七）に発掘され、乳文鏡一、銅碗三、石製高台杯一、三連三葉環頭大刀一、鉄製横矧板鋲留式衝角付冑一、同小型方形板革綴式冑一、同小札甲一、同馬冑一、同蛇行状鉄器二、金銅製十字文心葉形鏡板付轡同棘葉形杏葉五、鉄製輪鐙二、銅製八角稜

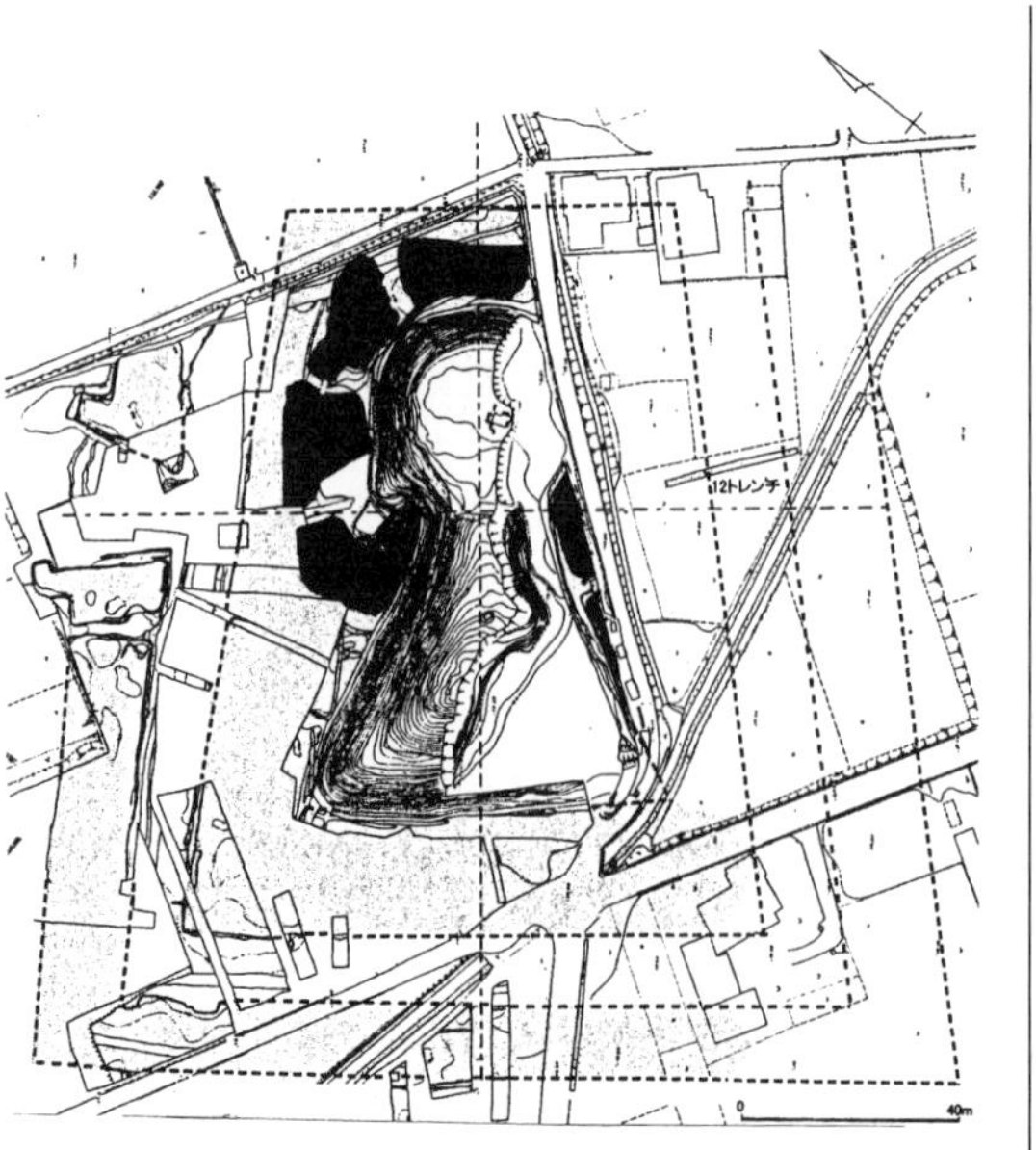

図1　墳丘測量図（1/2,500　岡本 1997 から転載、一部改変）

鈴三など豊富な副葬品が出土している。築造時期は、造出し出土の須恵器がＴＫ四三型式の前半に比定され、前方後円墳集成畿内編年一〇期前葉段階にあたる。

埼玉将軍山古墳の特徴は、横穴式石室の構築材に房州石を使用することと、副葬品に多数の朝鮮半島製金属製品を含むことであろう。埼玉将軍山古墳の石室石材に用いられた房州石は、穿孔貝の棲管が残る凝灰質砂岩で、千葉県富津市鋸山山麓の海岸に露頭する稲子沢層の転石を用いたことが推定されている。秩父産の緑泥片岩製石棺が木更津市金鈴塚古墳に運ばれていることとあわせ、両地域の首長間の特殊な関係が窺われる。

一方、副葬品に見られる朝鮮半島製金属製品は、三連三葉環頭大方形板革綴式冑、馬冑、蛇行状鉄器などの武器・武具・馬具類が主体を占め、しかも単なる威信財というよりも、朝鮮半島において首長層の身分表示機能を果たすような器物が目立つ。東国と朝鮮半島の首長層との間の直接的な交通関係が成立していた可能性を示す資料である。

岡本健一　一九九七『将軍山古墳』

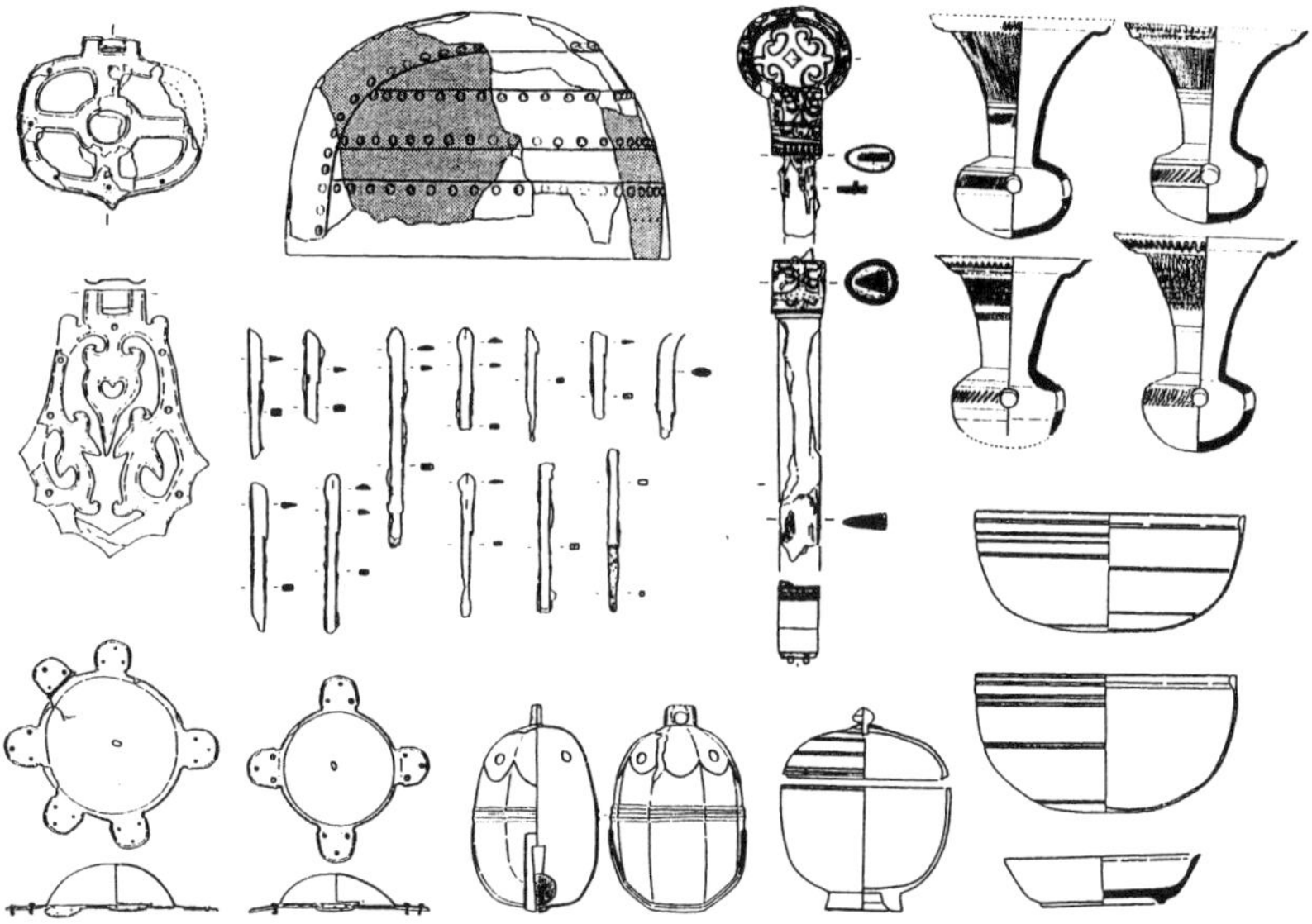

図２　出土遺物（1/8　岡本 1997 から転載）

千葉県

田中　裕

はじめに

千葉県域における前方後円（方）墳の数は、『前方後円墳集成』によると六七七基あり、全国第一位である。第二位は四四五基の茨城県、第三位は三九一基の群馬県で、上位を関東が独占する。奈良県の当初集計では二五二基であるから、面積を考慮しても差は歴然としている。それが消滅するわけであるから、もともと少なかった地域とは大いに事情が異なったであろう。その歴史的背景を正しく理解するには、単なる前方後円墳の有無だけでなく、築造数の推移と、さらに地域内部の動向に踏み込んで観察する必要がある。

前方後円墳は首長墓の代名詞となっているが、実態はどうか。これについて、千葉県域で調査歴のある前期・中期古墳を集成し、古墳規模の統計的分析を試みたことがある（図1、田中二〇〇〇）。すると、墳丘長一〇～二〇メートルの円墳・方墳が最も多いが、三〇メートル前後で急激に数が減る。四〇メートル以上になると、数がますます希薄になる一方、規模差はいっそう顕著になる。前方後円墳は三〇メートル前後から現れ、五〇メートル以上では主体を占める。このことから、集団の基層部分を直接統率するような一義的「長」は墳丘長三〇メートル前後の古墳を造営し、三〇メートルより大規模の古墳を造れるかどうかは、むしろ首長相互の関係に規定さ

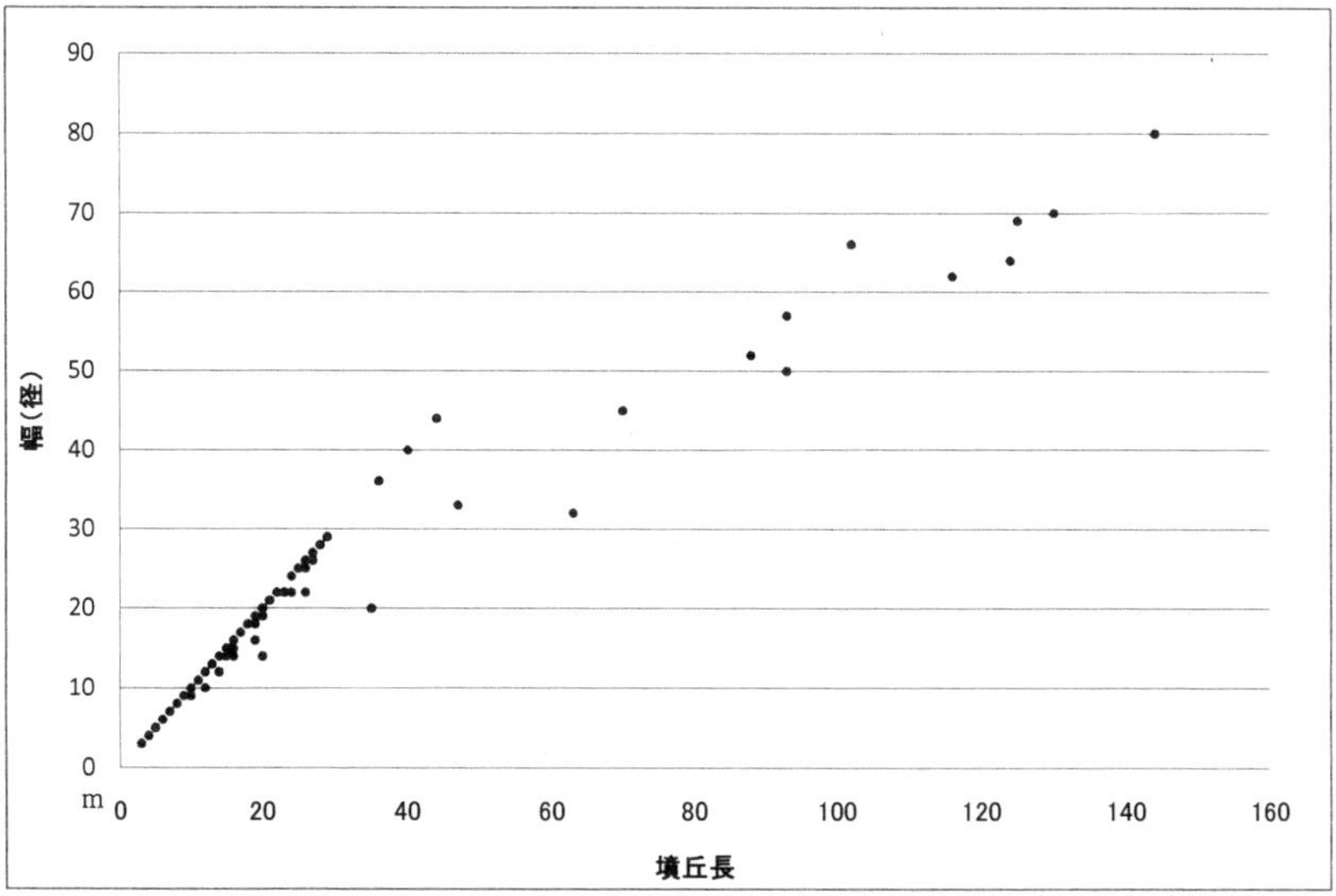

図１　千葉県域前期・中期古墳規模度数分布

れていると分析できる。つまり、墳形の共有が首長相互の結合や連携を意味する一方、その結合は上下関係を伴い、明瞭な規模差で表現される。いわば、前方後円墳は「首長」間の「上下関係を伴う結合」という秩序を体現しているようである。

後期のデータ蓄積はこれからであるが、古墳群最大の古墳が三〇メートル前後である例が散見される点は目安になりそうである。そこで、前・中期古墳の分析区分を援用し、墳丘長一〇〇メートル以上をAAランク、五〇メートル以上をAランク、二五メートル以上をBランク、二五メートル以下をCランクと呼び、三〇メートル前後をおおむね含むBランク以上を首長墓とみなすが、小稿で扱う前方後円墳は、原則として墳丘長三〇メートル以上を抽出する[1]。

一　後期における前方後円墳数の推移（図2）

築造の推移を示すため、前方後円（方）墳一九四基を『集成』一〇期編年別に集計した。以下、後期の推移を大枠でみていくこととする。なお、把握率は約二九％で、千葉県北部（千葉市〜山武市ラインより北側）は総数が多いため、南部より把握率が低い。また地域柄、資料数が極端に多いため、詳細は割愛させていただく。

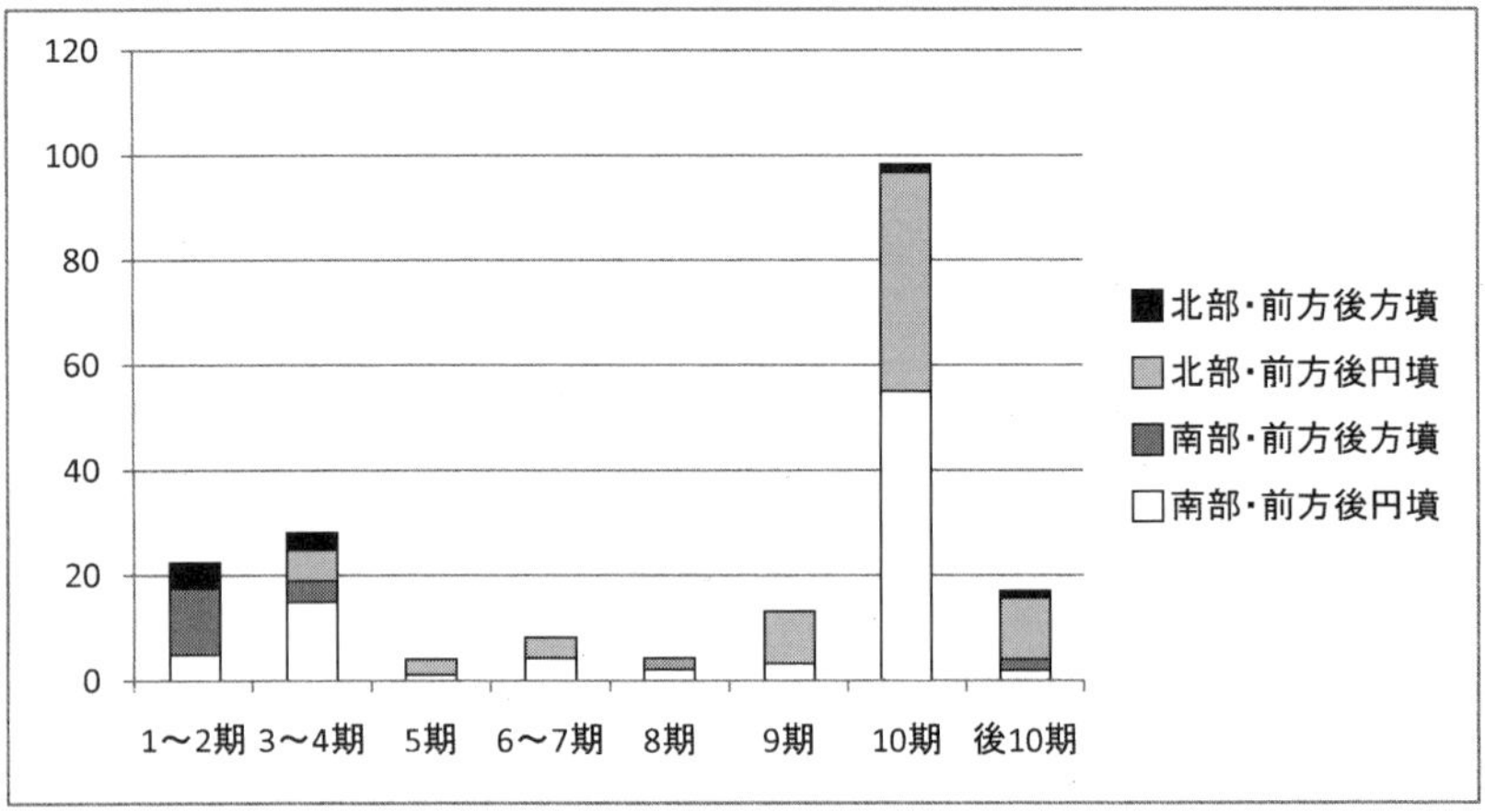

図2　千葉県域前方後円墳数の変遷

八期（後期初頭または中期末）　四基が知られる。AAランクはなく、Aランクは一基、Bランクは三基である。北部では利根川支流の大須賀川流域に二基が集中し、南部は富津市内裏塚古墳群中に一基みられる。

九期（後期前半）　一三基が知られる。AAランクはみられず、Aランクは五基（北部三基、南部二基）、Bランクは七基（北部六基、南部一基）である。関東で古墳築造が活発化する時期という印象があるが、千葉県域は極めて限定的な築造にとどまる。北部では利根川沿岸、南部では市原市の姉崎古墳群・江子田古墳群など、中期以来の前方後円墳分布域にほぼ重なる地域に築造され、これらには一定の継続性が読みとれる。

一〇期（後期後半）　九八基が確認できる。AAランクが六基（北部一基、南部五基）、Aランクが三〇基（北部六基、南部二四基）、Bランクは六二基である。(2) これは古墳時代全期間の過半数という圧倒的数字であるが、圧巻なのは数だけではない。富津市三条塚古墳の墳丘長一二二メートルは、当該期の東日本最大規模であり、木更津市金鈴塚古墳や香取市城山一号墳は全国でも指折りの豪奢な副葬品をもつことで知られている。つまり、墳丘規模や副葬品等の内容においても、全国的に際立った存在感がある。これほどの存在感は、西日本の動向と異なるからといって、単なる「時代遅れ」（＝文化的習俗の残滓）という安易な概念では説明できない。

後一〇期（いわゆる「終末期」相当）　一〇期より新しい三〇メートル以上の前方後円（方）墳は、一七基を挙げることができる。AAランクはなく、Aランクは二基（龍角寺浅間山古墳、山武市胡摩手台一六号墳）[3]、Bランクは一五基（北部一一基、南部四基）[4]を挙げておく。前方後方墳三基を含むのも極めて特徴的である。「終末期」の前方後円墳をめぐる議論は、Aランクの例を認めるかどうかが争点となっており[5]、後述するように編年上の課題がなお残るが、Bランクの例が存在することには、もはやそれほど異論はないであろう。

以上、一〇期における圧倒的な築造数と墳丘規模、後一〇期における前方後円墳の存在を確認した。それにしても、一〇期に比べ、後一〇期における急激な数の減少と、規模の縮小は劇的である。前方後円墳の築造停止に向かう列島規模での動向に対し、千葉県域でも大枠として同調することは明らかである。その上で、なお完全停止に至らず、地域によっては前方後円墳が築造される事実こそ、みつめる必要があろう。

二　後期前方後円墳の特質

（一）内裏塚古墳群の特徴（図3）

広大な平面形と扁平な墳丘　南部の富津市内裏塚古墳群では、県内最大の内裏塚古墳（一四四メートル、以下数値のみを記す）、上野塚古墳（帆立貝、四五）、九条塚古墳（一〇三）・西原古墳（六三）・古塚古墳（八九）・姫塚古墳（六一）、稲荷山古墳（一〇六）・三条塚古墳（一二二）等、AA・Aランク古墳が居並ぶように築造される。従来、中期の内裏塚古墳を端緒に、中期の弁天山古墳を含めて、一代一墓の原則により連続的に築造されたと考えられてきた。たしかに、内裏塚古墳群は系譜意識が強く表れている。内裏塚古墳と弁天山古墳の竪穴式石室に地元産の「凝灰質砂岩」を使用したのを皮切りとして、九条塚古墳以後、この石材により同一系統の横穴式石室を築き続けるのは、強い系譜意識の表れといえる。古墳形状も独特で、後期最大規模の九条塚古墳・稲荷山古墳・

三条塚古墳は墳丘平面形こそ異なるが、内裏塚古墳と同じ「盾形二重周溝」を採用して広大な占地面積を有し、一方、墳丘そのものは平面規模に比べ極めて低平である。墳丘高でみると、内裏塚古墳の一三メートル強に対し、九条塚古墳は高さ七・九メートル、稲荷山古墳は六・六メートル、三条塚古墳は七・二メートルにとどまり、一回り小型の弁天山古墳の八メートルより低い。このような、全体的に押しつぶしたような平べったい形状で、広大な占地面積を有するのが、後期内裏塚古墳群の特定型式といえる。

須恵器を含む豪奢な石室内副葬品　小沢洋は現存の副葬品等を分析し、TK四七型式期の上野塚古墳に続くとみられていた九条塚古墳について、後期前半の遺物群が馬具の楕円形鏡板付轡に限られ、須恵器・鉄鏃その他の副葬品がいずれもTK四三型式期におさまることを示した（小沢二〇〇八a）。同様に、三条塚古墳、西原古墳、姫塚古墳等の副葬品もTK四三型式～TK二〇九型式期であることを解明した。横穴式石室では追葬が想定されるので、最も古相の遺物群が初葬時期を示すという理解が一般的である。これに従えば、九条塚古墳は九期に比定できる。しかし、一代一墓の原則で築造された場合、追葬時期も順次繰り下がってよいはずであるが、遺物群がそろって一〇期に重心がある現状で、一部の古相遺物のみを年代の根拠にするのは躊躇される。

横穴式石室内への須恵器大量副葬は、西日本では一般化するが、東日本ではそうでもない。千葉県域では、横穴式石室導入後はむしろ前庭部に須恵器を置く例が多い。その中で、内裏塚古墳群例はいずれも石室内出土とみられる。木更津市金鈴塚古墳でも、豪奢な副葬品とともに石室から大量の須恵器が出土した。これらの須恵器は、精美な長脚二段有蓋高杯と長頸の𤭯等で構成され、近畿の陶邑窯でも東海の猿投・湖西窯でもなく、どちらかといえば陶邑窯に類似の深い灰色をした比較的質のよい製品で、TK四三型式とTK二〇九型式に酷似の型式に限定される。特徴的な焼成、杯部蓋受けが鍔状に突出する形状、素口縁の瓶類、頸部等に施された粗い縦磨き文様などに特徴があり、窯跡は未確認であるが、地元産とみられる（田中二〇〇四b）。同品の集落出土例は少なく、儀礼専用の須恵器である。内裏塚古墳群や金鈴塚古墳等の膝元である君津地域では、小型古墳の竪穴系埋葬施設

図３　富津市内裏塚古墳群（左）と市原市姉崎古墳群（右）
（『千葉県の歴史』資料編考古２から転載、一部改変）

上への供献例がみられ、[6] 君津地域以外では、比較的大型の古墳である市原市草刈一一号墳や山武市駄ノ塚古墳から特徴の合致する須恵器が出土している。

このように、一〇期に前方後円墳と横穴式石室の造営が盛行した君津地域では、西日本の葬送儀礼を大型古墳で比較的忠実に実行しようとし、必要な流通・生産体制をも整えたのである。強い政治的意図が読み取れる。

埋葬人数の多さ　内裏塚古墳群では、大型の前方後円墳にも埋葬人数に関する貴重な記録が残る（小沢二〇〇八b）。古い発掘のため詳細な分析例は少ないが、首長墓としては破格に多いことが注目される。

AAランクの三条塚古墳では、石室の前半分を調査し、TK二〇九型式期の須恵器等副葬品とともに三体分（成人男子一・小児一・幼児一）の人骨が検出された。[7] 古墳群中最古相の横穴式石室を有するAランクの西原古墳でも、計八体の人骨が頭を石室入口に向けて縦に並んでいたとされる。須恵器はTK四三型式～TK二〇九型式古相で、長い追葬期間は想定できない。同じく姫塚古墳では、横穴式石室奥に二体、手前に三体、計五体の人骨が出土したとある。Bランクの蕨塚古墳の石室ではさらに多く、一二体の人骨が知られる。須恵器はTK二〇九型式新相～TK二一七型式期である。円墳では、新割古墳（造出し付、三九）[8] の石室内から古墳群最多の二〇体以上、丸塚古墳（三〇）の石室内からは一〇体、古山古墳（二九）の石室内から八体以上、[9] 西谷古墳（二八）の石室内から一三体以上の人骨が出土している。

大型古墳が集中的に築造されるだけでなく、一基当たり埋葬数も多かったことは注目されよう。

（二）　姉崎古墳群の特徴（図3）

くびれのない基壇状一段目をもつ二段築成の前方後円墳　南部の市原市姉崎古墳群は、前期・中期・後期の大型前方後円墳からなる唯一の連続的な首長墓群である。とくに後期前半の大型古墳を含む点が特筆される。中期の二子塚古墳（一〇三以上）の後少し空いて、南にやや離れた江子田古墳群に後期前半の金環塚古墳（四七）が造営されると、姉崎古墳群にも山王山古墳（六九）が造営され、後期後半にかけて原一号墳（八〇）、鶴窪古墳（六〇）、堰頭古墳（四五）が連続する。墳丘形状は二子塚古墳からの流れではなく、立地も前期古墳と同じ台地上に戻る。後期の端緒である山王山古墳は、くびれのない広い平坦面を有する基壇状の一段目があり、その上に極めて細長い二段目が載る独特の墳丘である。基壇状一段目の存在は栃木県域との類似性が連想されるが、姉崎古墳群例は二段目もくびれが不明瞭で、後円部は細長い棒状である。この墳丘は原一号墳・鶴窪古墳・堰頭古墳に受け継がれ、後期姉崎古墳群の特定型式となっている。ここに、強い系譜意識が読み取れよう。なお、同古墳群の最後を締めくくるのは、前方後方墳の六孫王原古墳（四六）である。

竪穴系埋葬施設を選択した古墳群　姉崎古墳群では、前期古墳に竪穴式石室が採用されず、中期の二子塚古墳でも採用されなかった。後期の山王山古墳では、後円部墳頂の粘土槨から金銅冠のほか胡籙の出土は内裏塚古墳や九条塚古墳といった内裏塚古墳群との共通点であるが、やはり、石材が導入されることはなかった。続く原一号墳は墳頂部木棺直葬で、大刀・刀子・鉄鏃が出土している。円筒埴輪は底径が大きい低位置突帯を含み、九期から一〇期にかけて造営された。鶴窪古墳では埋葬施設は知られていない。下総型に属する埴輪が出土し、一〇期に位置づけられる。堰頭古墳に関する埋葬施設や埴輪採集の情報はない。

横穴式石室導入がようやく確認できるのは、六孫王原古墳である。長方形鏡板を含む金銅製馬具・直刀・刀子・鉄鏃六が出土している。馬具は毛彫飾馬具の系統に属し、「後一〇期」でも新相である。後方部墳頂から須恵器が出土し、伝統的な墳頂部儀礼への意識がうかがえる。

（三）　小型古墳を主体とする後期古墳群の動向

円墳群の最後を締めくくる前方後円墳　南部の木更津市請西古墳群は総数一四五基が広範囲に分布し、明瞭な支群で構成される。その中でも、鹿島塚古墳群は動向のわかる支群で、中期中葉の鹿島塚五号墳（円、二六）に

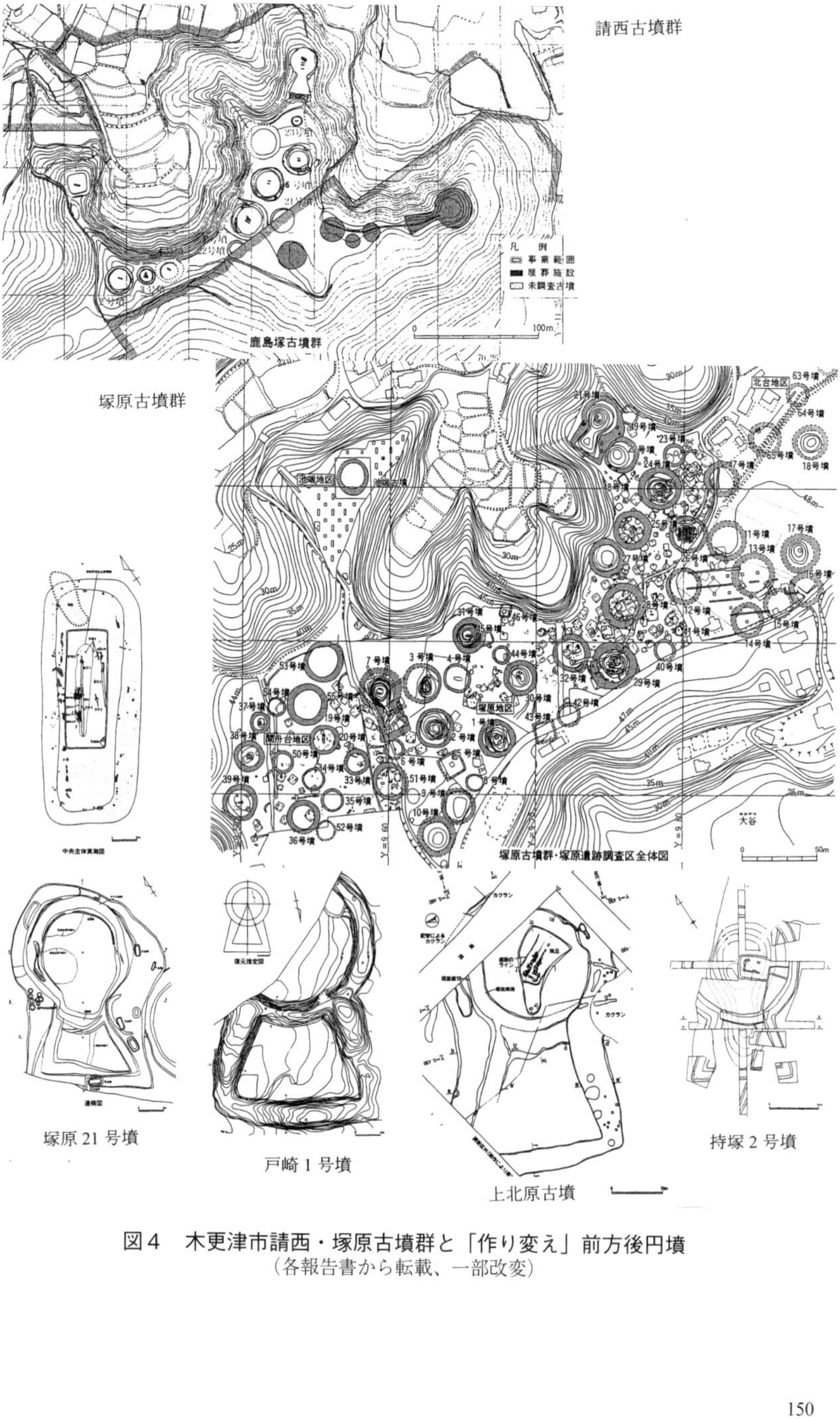

図4　木更津市請西・塚原古墳群と「作り変え」前方後円墳
（各報告書から転載、一部改変）

図5　佐倉市岩富古墳群（房総考古ライブラリー古墳時代2から転載）

始まり、八期の六号墳（円、二三）、九期初頭の七号墳（円、一九）に続き、小型円墳（二号墳・三号墳・四号墳・二二号墳等）が後続する。これら円墳群の最後を飾るのが、一〇期の前方後円墳、八号墳（二九）である。その後は、急に規模が縮小し、一号墳や隣接の庚申塚古墳群のような小型方墳となる（図4）。

　北部の佐倉市岩富古墳群は六〇基からなり、八期の大作三一号墳（円、一五）等から始まる円墳群の最後に、池向五号墳（前方後円、三七）、野中五号墳（前方後円、三四）が登場する。野中五号墳は千葉県東部で卓越する相似形二重周溝で、龍角寺浅間山古墳と一部共通する内容を有する[10]「後一〇期」の代表的古墳である。同じ支群には、同時期に野中三号墳（円、二三）があり、その後は四号墳（前方後方、二二）、六号墳（方、一三、二重周溝）など、方墳（方形区画墓）群に移行する（図5）。

北部の四街道市物井古墳群は八四基からなり、埴輪出土の円墳群に始まるが、最大の物井出口B一号墳（前方後円、三五）[11]を最後に、円墳から方墳（方形区画墓）に移行する。こうした類例はとどまることがない。

このように、千葉県域では小型円墳で構成される古墳群の最後を、最大規模の前方後円墳で締めくくる例がしばしば認められる。これらの存在が、一〇期の前方後円墳数を押し上げる要素の一つである。

前方後円墳への「作り変え」　南部の木更津市塚原古墳群は、隣接する請西古墳群とともに、一貫して竪穴系埋葬施設を採用し、横穴式石室が採用されないまま終末期を迎える継続性が高い古墳群である。小型円墳で構成される古墳群の最後には、一〇期の前方後円墳二基（七号墳・二一号墳）が造営される点でも共通する。そのうち塚原二一号墳は、当初、径二四メートルの円墳として築造され、のちに前方部が追加されて、墳丘長三五メートルの前方後円墳に作り変えられたものである。「埋没周溝」と呼ばれる同様の例は、富津市上北原古墳（四七）、君津市戸崎一号墳（四三）、木更津市椿八号墳（三七）、市原市持塚二号墳（三〇）のほか、市原市諏訪台古墳群に四基が知られる（図4）。南部のBランクに多く、さらに小型のものを含めると、北部においても「作り変え」が疑われる例もあり、例外的なものではない。このような前方後円墳への「作り変え」は、円墳からの「昇格」を印象づけるような行為であり、一〇期に前方後円墳の造営が盛行する構造の一端を示す。

三　前方後円墳の終焉時期

（一）　最後の大型前方後円墳—龍角寺浅間山古墳から—（図6）

北部の栄町龍角寺古墳群は全一一三基からなる後期古墳群である。三七基の前方後円墳のうち、Aランクは浅間山古墳（前方後円、七八）の一基、ほかはB・Cランク（三〇メートル以上は一〇基）で、埴輪が確認されているのは八基（三〇メートル以上は四基）のみである。九期の龍角寺一〇一号墳（円、二五）より古相の埴輪は知られておらず、一〇期以降、爆発的に築造されたものである。

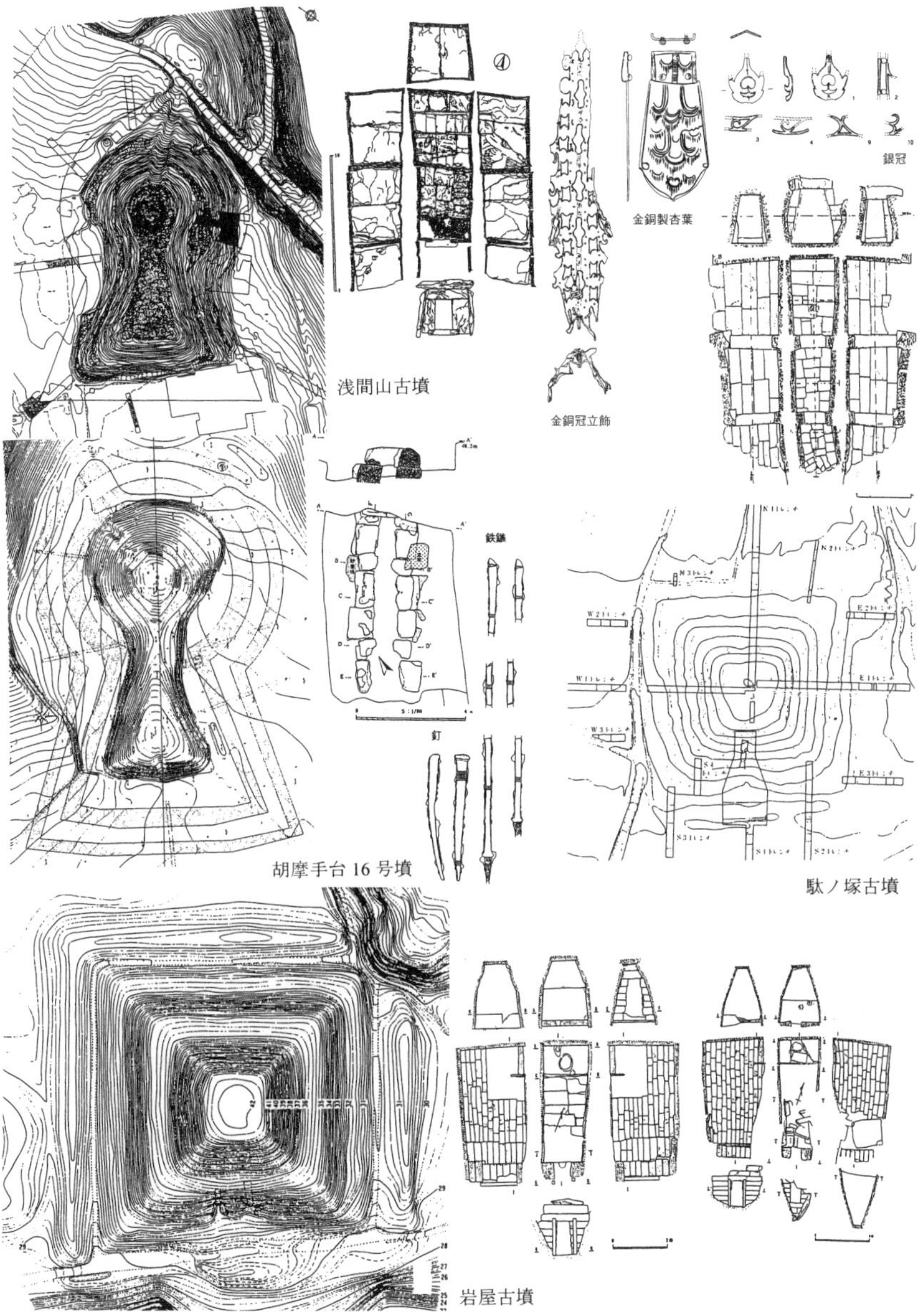

図６　龍角寺浅間山古墳・岩屋古墳と山武市胡摩手台 16 号墳・駄ノ塚古墳
（各報告書及び『千葉県の歴史』資料編考古２から転載、一部改変）

浅間山古墳では、筑波石（雲母片岩）の板石組横穴式石室から豊富な副葬品が出土している。築造はＴＫ二〇九型式期のうちにおさまる七世紀第Ｉ四半期という説（白石二〇〇二）が有力であるが[12]、茨城県風返稲荷山古墳（ＴＫ二〇九型式期）の石室より新しいとしてＴＫ二一七型式期に置く説（日高二〇〇〇）もあり、これに対し石室の相違を認めない反論（白石二〇〇二）もある。こうした論争があるのは、浅間山古墳例がＴＫ二〇九型式期におさまるかどうかで、前方後円墳がほぼ一斉に消滅するか否かが問われるからである。

副葬品の出土状況を分析すると、床面遺物といえるのは玄室の金銅冠と銀冠、前室玄門前の金銅製毛彫馬具のみである。同古墳では、玄室の作付け石棺を意図的に土で覆うという奇妙な行為が行われ、上記の床面遺物はこの覆土下に封印されて原位置を保った。これらはＴＫ二〇九型式期におさめるのが難しい遺物である[13]。

石室内の作付け石棺に注目すると、片岩板石組石棺の編年観が参考になる。浅間山古墳では、断ち割り調査で石棺床面に貼り替え痕のないことが確認されており、小口を石室壁と共有する特徴から、石室構築と同時に設置された公算が大きい。床面の特徴は石橋充のⅡ型式に当たり（石橋一九九五）、ＴＫ二〇九型式期とＴＫ二一七型式期にまたがる七世紀前半と考えられている[14]。浅間山古墳の石室と類似の門柱構造を有する茨城県平沢三号墳の発掘調査では、前庭部からＴＫ二〇九型式期にみられる片刃長頸鏃が出土したが[15]、この鉄鏃はＴＫ二一七型式期にも一部残存しており[16]、両型式にまたがる七世紀前半という評価が最も妥当である。

『集成』編年でいえば、一〇期におさめるのは難しいが、後一〇期の早い時期にはおさまるといえよう。

（二）方墳化の潮流―龍角寺岩屋古墳から―

龍角寺古墳群最大の古墳は一辺八〇メートルの方墳、岩屋古墳である。終末期古墳として破格の規模である。岩屋古墳の東・西石室は、貝化石を含む砂岩で構築され、天井石と屍床仕切石に筑波石が使用されている。岩屋古墳例より新しい方墳、みそ岩屋古墳石室や上福田一三号墳石室には使用されないので、筑波石の埋葬施設から砂岩切石の埋葬施設へ変化するとした白石太一郎の想定は妥当である（白石二〇〇二）。ただし、浅間山古墳の年代によっては、岩屋古墳石室の年代と極めて近接することになる。これについて、浅間山古墳と岩屋古墳が墳丘長でほぼ同規模である点から説明できるかもしれない。前方後円墳の秩序は墳丘長の果たす役割が大きい。前方後円墳を盛んに築いた地域では、墳丘規模による秩序観念が強く、連続的に方墳を築造した際、その系譜意識の表れとして規模をなぞる、という行為があったとみてはどうであろうか。「同規模墳」の考え方である。

木更津市松面古墳は、市教育委員会の調査により、二重周溝をもつ一辺四四メートルの方墳であることが判明した。その副葬品の内容は、須恵器の特徴などの点で近隣の金鈴塚古墳と重なるものがあり、築造時期も極めて近接した時期に考えざるをえない。山武市駄ノ塚古墳も、松面古墳例に類似する須恵器一群を有している。山武地域の前方後円墳に極めて近い時期のものが存在してもおかしくない。一方、内裏塚古墳群中の割見塚古墳のように、前方後円墳とは一線を画す例もあり、古墳群により移行の時期に多少の凸凹があってよいのである。

とはいえ、巨視的に見れば、前方後円墳・円墳から方墳への変化は揺るぎない事実である。私に言わせれば、方墳化の動きが大型古墳だけでなく、小型古墳をも巻き込み、七世紀後半までに千葉県域のほぼ全域で起ることのほうがむしろ重大である。社会の基層部分まで墓の形が統一される意味を見直す必要がある。

まとめ

千葉県域における後期前方後円墳の動向は次のように描くことができる。

①築造数が爆発的に多くなるだけでなく、墳丘規模、副葬品等において全国的にも特筆される内容を有する。
②直後の「終末期」には急激に減少し、規模も縮小する点で、列島の動向と同調している。
③葬送儀礼を忠実に実行するため、新たに流通・生産体制を整備するなど、強い政治的意図が働いている。
④古墳群ごとに異なる特徴が表出し、とくに伝統的で継続的な古墳群ほど独自色が強い。

⑤円墳からの「作り変え」等にみられるように、地域内部で前方後円墳の造営層が拡大する。
⑥墳丘規模により上下関係が示される一方、大型古墳でも一基あたりの埋葬数が多く、単純な「一代一墓」の築造では説明できない。
⑦前方後円墳の築造は一部が「終末期」に及ぶ。
⑧七世紀後半には、ほぼ全域で方墳に切り替わる。

後期の関東で前方後円墳築造が隆盛を迎えるのは、前方後円墳の政治的意味が失われたために起きたことではない。このことは、後期の巨大前方後円墳が大阪と奈良に引き続き独占されている事実によってすでに明白であるが、右記①~③に示す地域の実態からも明らかであろう。では、何が起こっていたのであろうか。

後期になると、関東への陶邑産須恵器の流入が滞るという現象が起こる（田中二〇〇四ｂ）。西日本の動揺が、東日本への交通を停滞させた可能性が高い。あるいは、ヤマト王権が足下の近畿・瀬戸内を鎮めることに躍起となり、東日本等には中央と異なる対応を取り始めたかもしれない。直接支配と間接支配（従来通りの連携対象）という二重の対応である。いずれにせよ、関東諸集団はこの困難な状況に対処するため、自助的に、王権中枢を含む多方面のネットワーク強化・再構築に奔走したとしても不思議はない。この中には関東内部の互助的な関係構築も含まれる。前方後円墳とは、地域の首長としてさらに広域的なネットワーク構築を志向するものが、自ら必要とし他からも必要とされて築くものである。構築に成功した一部の集団には、従来の仕組みの範囲内ではあるが比較的強い首長権がもたらされたことであろう。

千葉県域において古墳の卓越が後期後半に到来するのは、関東の中での千葉県域における集団の活動がようやく実を結んだというほかない。それにしても、一代一墓の原則を脅かすほどの築造数が可能になった背景には、古墳造営に対する地域社会の極めて強い意向が働いている。その構造は、交通の確保を至上命題として地域の結束を図るため、前方後円墳秩序の縮小版が地域内部に再現されたようである。地域結合体を形成・維持するのに、相互に同族意識を必要とする社会の存在をそこに読みとることができるかもしれない。

前方後円墳が極度の隆盛を極めた直後に、いかなる政治的変化があったにせよ、何らかの代案無くして、無事に前方後円墳の築造を収束させるのは簡単なことではない。王権の動向を視野に入れながらも、地域の「実情」に合わせた裁量が働いてはいないか。そう考えると、列島的な動きに呼応して前方後円墳の築造停止が進む一方で、なお地域版古墳秩序を必要とする社会が存在し、内部では方墳にその原理が受け継がれた図式が浮かんでくる。こうした秩序が地域運営に引き続き必要だったとすれば、その母体はまさに前方後円墳の隆盛期に醸成され確立したものであり、解体されることなく律令期を迎えようとしていたことを意味する。

註

（1）千葉県域では、墳丘長二〇～三〇メートルの間に連続的かつ膨大な数の後期の前方後円（形）墳が存在し、後期に関しては首長墓の明確な境界が見えにくい。この境界線上に岩崎卓也のいう「前方後円形小墳」があり（岩崎一九九二）、これをある程度区別する便宜上、墳丘長三〇メートルを目安としておく。
（2）Bランク古墳は埴輪を確認できない例が大多数のため、埴輪消滅後の時期＝一〇期の潜在例は膨大な数がある。
（3）墳丘長八六メートル。横穴式石室の発掘調査で出土した棺釘や鉄鏃はいずれも一〇期より新しく、須恵器も含めて現状では古相の要素が見いだせない。幅狭で一定幅で全周する「相似形二重周溝」も比較的新しい形状と考える。
（4）我孫子市日立精機一号墳（前方後方、四八）、日立精機二号墳（前方後円、四〇）、神崎町天神古墳（前方後円、三六）、栄町小台一号墳（前方後円、三七）、酒々井町狐塚古墳（前方後円、四九）、佐倉市野中五号墳（前方後円、三六）、四街道市物井出口B一号墳（前方後円、三五）、印西市船尾町田二号墳（前方後円、三〇）、千葉市椎名崎一号墳（前方後円、四五）、ムコアラク一号墳（帆立貝、三二）、市原市諏訪台K一五号墳（前方後方、三九）、六孫王原古墳（前方後方、四六）、持塚二号墳（前方後円、三〇）のほか、栄町龍角寺古墳群中の前方後円墳や千葉市舟塚古墳なども候補である。
（5）三〇メートル以下を含むと、後期の前方後方墳はさらに増加する（田中二〇〇四a）。
（6）富津市上北原古墳（前方後円墳）横穴式石室出土例、木更津市高千穂九号墳（前方後円墳）墳頂部埋葬施設上出土例、同四号墳（円墳）墳頂部出土例、君津市四留作第一一三号墳（円墳）第二主体部例など。

（7）三条塚古墳の石室前半部付近からは、乳文鏡・銀製算盤形空玉・金銅中空耳環・直刀・金銅鞍金具・鞍・素環雲珠・壺鐙金具・鉄鏃・ガラス小玉・土製漆小玉・須恵器（TK二〇九型式期）が出土した。

（8）須恵器は、TK二〇九型式併行の蓋杯から、肩部に稜を有する平瓶（八世紀前葉）まである。

（9）須恵器は千葉県域産ではなく、湖西窯を中心にTK二一七型式以降のよくまとまった資料である。

（10）野中五号墳では、南側くびれ部テラス面に設置された筑波石の箱形石棺から、直刀四・挂甲小札・鉄鏃・鉄製素環鏡板等の馬具・玉類が、施設上と墳頂部から湖西窯産平瓶を中心とする須恵器群が出土した。筑波石、挂甲小札、須恵器平瓶などが浅間山古墳の副葬品と共通する。

（11）物井出口B一号墳は比較的高い墳丘を有する前方後円墳であるが、南側くびれ部テラス面に筑波石の箱形石棺をもち、玉類が出土した。

（12）白石は浅間山古墳の築造年代について、銀装捩り環頭大刀の存在、しっかりした墳丘形状、龍角寺岩屋古墳（方、八〇）への移行、大型方墳の山武市駄ノ塚古墳出土須恵器、同系統の石室をもつ茨城県かすみがうら市風返稲荷山古墳の時期を根拠とする。

（13）白井久美子は、浅間山古墳出土の冠帽類をTK二〇九型式期にはおさまらないとする一方、金銅製毛彫馬具を七世紀前葉と報告したが（白井二〇〇二）、集落遺跡例の伴出土器の型式よりも結論の年代の方が古いなどの問題があり、七世紀中葉に下る可能性を払拭できてはいない。

（14）筑波石による組合式箱形石棺の型式に関して、石室内作付け石棺への適用に具体的な問題点が示されない限り、石橋編年は参考にしてよかろう。風返稲荷山古墳の石室内では、玄室の奥から手前にかけて順にⅠ型式からⅡ型式へと石橋編年と整合性のある石棺が追加されている（日高二〇〇〇）。

（15）茨城大学考古学研究室による二〇〇七年の調査では、僅かに関を有する片刃で棘状篦被をもつ長頸鏃三本（完形二本）が平沢三号墳石室前庭部から出土した。この鉄鏃は七世紀前半の所産であるが、従来は「切刃」の長頸鏃に至る過程でとらえられ、浅間山古墳の鉄鏃より古相を示す。

（16）例えば、千葉市椎名崎B二号墳横穴式石室内出土長頸鏃に類例がある。湖西窯産須恵器で最新相を示す杯Hの蓋が伴う。

参考文献

岩崎卓也　一九九二「関東地方東部の前方後円形小墳」『国立歴史民俗博物館研究報告』四四
石橋　充　一九九五「常総地域における片岩使用の埋葬施設について」『筑波大学先史学・考古学研究』六　筑波大学歴史・人類学系
小沢　洋　二〇〇八a『千葉県富津市内裏塚古墳総覧』富津市教育委員会

――　二〇〇八b『房総古墳文化の研究』六一書房
白井久美子　二〇〇二「出土遺物について」『印旛郡栄町浅間山古墳発掘調査報告書』千葉県
白石太一郎　二〇〇一「竜角寺岩屋古墳の造営年代をめぐって」『千葉県史研究』九　千葉県
――　二〇〇二「東国古代史における浅間山古墳の位置」『印旛郡栄町浅間山古墳発掘調査報告書』千葉県
田中　裕　二〇〇〇「編年的研究に見る前期古墳の展開」『千葉県文化財センター研究紀要』二一　財団法人千葉県文化財センター
――　二〇〇四a「前方後方墳」『千葉県の歴史』資料編考古四（遺跡・遺構・遺物）千葉県
――　二〇〇四b「須恵器の生産と流通」『千葉県の歴史』資料編考古四（遺跡・遺構・遺物）千葉県
日高　慎　二〇〇〇「雲母片岩使用の横穴式石室と箱形石棺」『風返稲荷山古墳』霞ヶ浦町教育委員会・日本大学考古学会

金鈴塚《きんれいづか》古墳

千葉県木更津市

田中 裕

戦後間もない一九五〇年、千葉県史蹟調査委員会の発掘により横穴式石室からきらびやかな副葬品が発見されて、一躍脚光を浴びた。「金鈴塚古墳」の名称は、県史跡となる際に、出土品に因んで付けられたものである。翌一九五一年には早くも調査報告書が刊行され、歴史復興に向けて活況を呈していた当時の発掘調査の中でも、先行的な仕事となった。

木更津市の最近の調査では、墳丘長約一〇〇メートルの前方後円墳で、二重周溝をもつという。後円部には九・六メートル×二・二メートルの無袖様の横穴式石室が開口する。壁は房州石（凝灰質砂岩）の自然石であるが、玄室の左手前側に秩父石（緑泥片岩）の組合式箱形石棺が置かれ、石室の床には軟質砂岩の切石が敷かれている。石室の奥、石棺内、羨道付近で遺骨が見つかっており、埋葬は四～五体ほどとされる。羨道部付近の追葬には、贅沢な釘付式木棺が使用された。

列島では、金製品は極めてまれである。数ある副葬品の中でも、その金製・金銅製合わせて列島最多の五九点に及ぶ鈴や、銀製垂飾、金糸の綴錦織など絢爛たる貴金属装飾具が最大の特徴であろう。

金銅装飾大刀（一部銀装）二一口の出土も、その集中度において全国一といわれる。単鳳・単龍・双鳳・双龍・獅噛の各環頭大刀や鶏冠頭・圭頭・円頭大刀といった多彩な渡来系大刀と、倭系の頭椎大刀からなり、ほかに羨道部で倭装大刀一口が確認された。比類ない

図1　金鈴塚古墳出土の「金鈴」
（木更津市郷土博物館 金のすず提供）

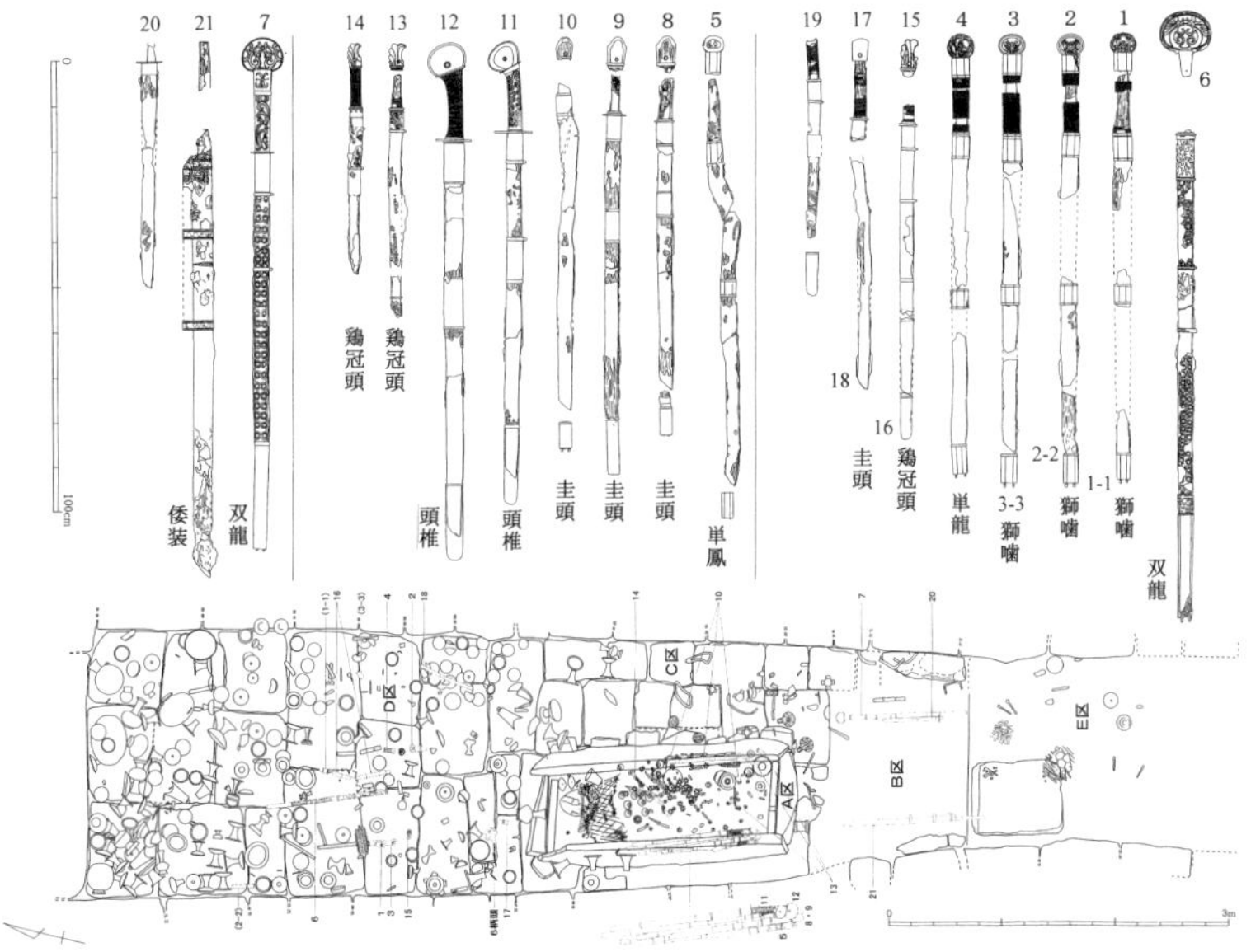

図２　石室実測図と出土大刀（木更津市教育委員会 2007 から転載、一部改変）

品揃えの豊富さも、特筆すべき特徴である。

　銅製承盤付蓋鋺二組を含む四組の銅鋺も、驚異的集中度というほかない。その他の馬具、武具、飾弓、大量の須恵器なども秀逸である。

　良好な発掘資料が限られていた当時、「辺鄙」な東日本から質・量ともにかつてない副葬品が出たという一報は、他の調査現場の期待をさらに高めたであろう。一九六九年には、出土品が重要文化財となったが、国宝に至らなかったのは、なお、他方でこれを凌駕する発見が期待された名残かもしれない。

　しかし現実は、質と量において関東随一とも称され、かたや関西の後期古墳でこれを多少なりと凌駕しうるものは、一九八八年の奈良県藤ノ木古墳第二次発掘を待たねばならなかった。しかも、同古墳では空玉やガラス玉が傑出するも鈴飾りは一点もなく、大刀の構成が倭装大刀に限定的であるなど、あまりに違う内容をどう説明するのか、ますます頭を抱えることになるのである。

木更津市教育委員会　二〇〇七『木更津市文化財調査集報一二』

城山《じょうやま》一号墳

千葉県香取市
田中　裕

一九六三年、県立小見川高等学校の移転に伴い、発掘調査が行われた。南南東に主軸を向けた墳丘長六八メートルの前方後円墳であったとされ、墳頂部には円筒埴輪、中段には人物、馬、家などの形象埴輪と円筒埴輪列が、立ち並んだ状態で発見された。これらの埴輪群像は、ほぼ完形に復元できるものも多く、同一工人集団により製作されたといわれる「下総型埴輪」の代表的な資料群として著名である。

　後円部の南側裾部には石室に至る長い墓道があり、墳丘の中軸線上に沿って南に開口する横穴式石室が発見された。小自然石積で構築された、全長六・七メートル、玄室長四・五メートル×幅一・七メートル、羨道二・二メートル×幅〇・九メートルの、奥に向かって左片袖式となる横穴式石室で、玄室入口は板石による框様の仕切りがあり、床は小石敷であるが、これらの点は近隣よりも群馬県綿貫観音山古墳などと比するべき特徴である。羨道は一枚の板石で閉塞されていた。なお、墳丘は失われたが、石室は「城山公園」内に移築・復元されている。

　この古墳が殊更に有名なのは、古墳時代の幕開けを象徴する副葬品「三角縁神獣鏡」を出土した唯一の後期古墳として、である。この吾作銘三角緑三神五獣鏡は、京都府椿井大塚山古墳M三二鏡、兵庫県西求女塚古墳三号鏡・一〇号鏡、伝岐

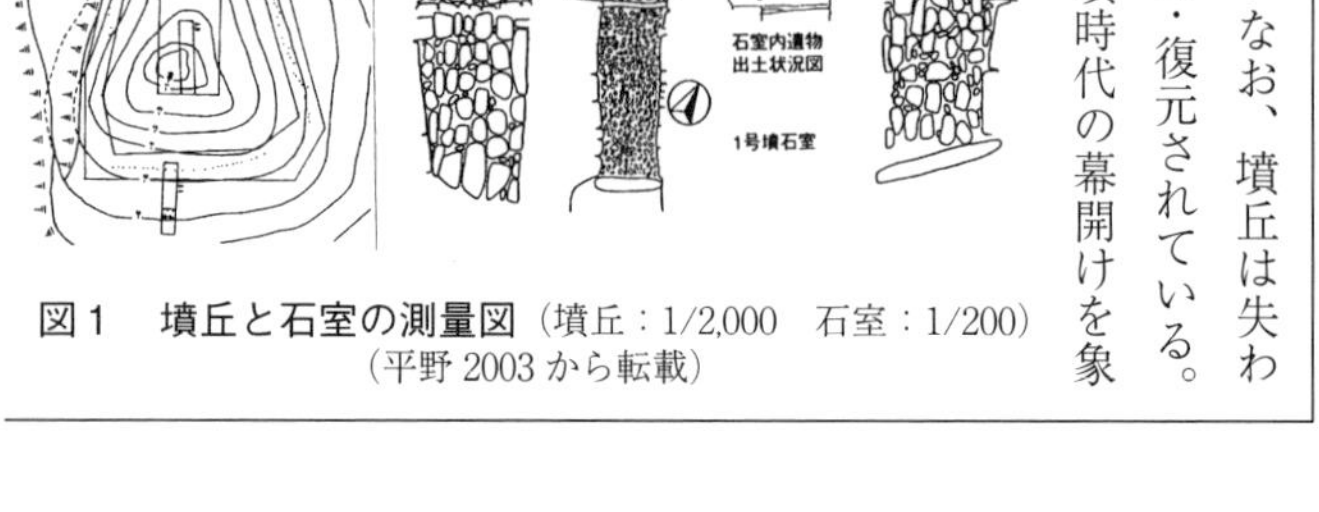

図1　墳丘と石室の測量図（墳丘：1/2,000　石室：1/200）
（平野 2003 から転載）

阜県可児市鏡と同じ型で製作されたとみられる古い鏡群に該当しており、実に三〇〇年もたってから埋められたことになる。

千葉県における本格的な横穴式石室の導入を彩ったのは、こんな「伝世鏡」を含む豪華な副葬品群であった。単鳳二口、単龍二口を含む環頭大刀、頭椎大刀一口、円頭大刀一口など金銅装飾大刀七口のほか、銀象眼有窓鐔付大刀や木装大刀を含む鉄刀一一口、鉄鏃一〇〇点以上、横矧板鋲留衝角付冑、挂甲、臑当の武器・武具をはじめとして、鉄地金銅張馬具（鞍金具・楕円形斜格子文杏葉四点・同鏡板付轡二組・雲珠・辻金具）と木心鉄板張壺鐙一対、そして金銅製冠（唐草文透彫金具）、金銅製鈴一二点、銀製空玉二一点以上、蜻蛉玉、琥珀製棗玉、ガラス棗玉、ガラス小玉、金銅製耳環三点、銀製耳環四点などの装身具があり、ほかに鹿角装刀子一〇点、針、金銅製飾釘、鎹、懸金具二点等と、須恵器・土師器が出土した。

耳環は、石室中央に安置された木棺と、木棺外の右手前、そして玄室最奥部から出土している。鏡、飾大刀、鈴、玉類は木棺内から、武具・馬具は木棺後方からまとまって出土した。

図２　城山１号墳出土環頭大刀
（香取市教育委員会提供）

須恵器は木更津市高千穂四号墳出土例などの組成や特徴と類似しており、ＴＫ四三型式期に千葉県周辺で焼かれたものとみられる。

これらの副葬品は金鈴塚古墳にやや先行するものであるが、豊富な飾大刀や鈴飾りなど、金鈴塚古墳にみられる副葬品の特徴をすでに具備している。後期の関東における首長墓の特徴を知る代表的な資料といってよい。

平野　功　二〇〇三「城山古墳群」『千葉県の歴史』資料編考古二

龍角寺浅間山古墳《りゅうかくじせんげんやま》

千葉県印旛郡栄町

田中　裕

千葉県印旛郡栄町龍角寺地内には、大小の前方後円墳、円墳、方墳合わせて計一一五基が密集する。二〇〇九年、終末期古墳最大の方墳として知られる岩屋古墳（八〇メートル）に追加する形で、「千葉県立房総のむら」内の古墳群が国史跡「龍角寺古墳群・岩屋古墳」となった。古墳群から北に伸びる参道を行くと、白鳳仏の仏頭が伝わっている龍角寺がある。そして、その途中にみられる群中最大の前方後円墳が、浅間山古墳である。

千葉県史料研究財団による一九九六年の発掘調査では、墳丘長七八メートルであることや、相似形周溝を有し、後円部南裾に筑波石（雲母片岩）を用いた複室構造の板石組横穴式石室をもつことがわかった。この種の石室は、石棺系と呼ばれる小型のものを除くと茨城県南部に限定され、千葉県では唯一の例である。その一方で玄室が後円部中央に達せず、著しく墳裾付近へと寄った位置に設けられるのは、東関東に共通してみられる特徴である。

玄室中央を遮るように、筑波石の組合式箱形石棺が造り付けられており、蓋石で塞がれていた。その手前の床に金銅冠と銀冠、これらを埋めた土の上に釘、飾鋲、漆膜、その上部から石棺上と玄室奥にかけて金装飾弓片、胡籙金具の一部、金銅製刀装具等の大刀片、金銅製耳環一対の一つがあった。

前室床面には、奥に金銅製毛彫馬具と鉄製挂甲、手前に素環鏡板付轡等の鉄製馬具と小型の金銅製耳環があり、これらを覆った土の上に胡籙金具、大刀、小札、鉄鏃などの一部、土師器杯片が散乱していた。

羨道部と前庭部には、銀装捩り環頭などの大刀片、銀製花形飾金具、金銅製心葉形透彫飾金具、金銅製耳環一対の一つ、小札、胡籙金具、鉄鏃、鉄斧片などが散乱していたが、鉄鏃八四点の多くは前庭部右脇に集中し、完形の須恵器平瓶は前庭部左脇に置かれていた。なお、銀

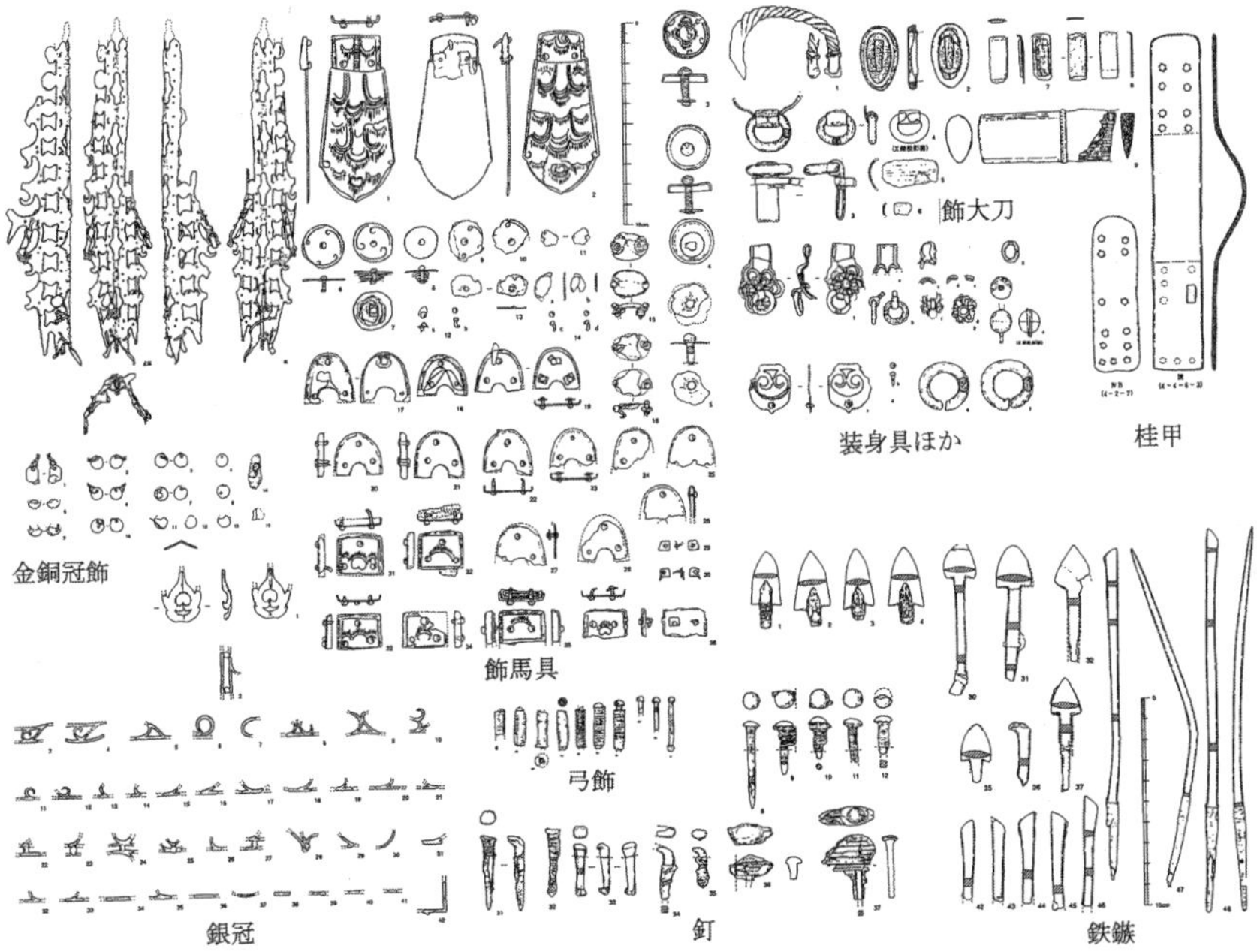

図１　副葬品（1/6）（千葉県史料研究財団 2002 から抜粋、転載）

装把頭金具や大刀、小札、斧、土師器杯などの破片は、灯明皿に用いられた平安時代のロクロ土師器と一緒に、羨門を覆う厚い埋土の上部に掘られた盗掘坑に沿って散乱していた。

初期寺院や大型方墳に隣接し、それらに先行して築かれた大型前方後円墳とみられていたが、古風な捩り環頭大刀を除くと、副葬品は七世紀中葉頃の所産で占められていたことから、前方後円墳の終焉時期をめぐる論争の的となっている。奇妙にも、追葬の過程で周囲を土で意図的に覆うという行為が行われた玄室石棺には、その中に白い灰のような土砂が二センチメートルほど溜まっていただけであり、ルーペによる綿密な仕分け作業をもってしても、微細な骨片、金属片、ガラス片の一つとして摘出されなかった。こうした事実が、論争をより複雑にしている。

千葉県史料研究財団　二〇〇二『印旛郡栄町浅間山古墳発掘調査報告書』千葉県

東京都

池上　悟

一　前・中期における前方後円墳の様相

東京都における前方後円墳は、その出現以来神奈川県との境をなしている多摩川下流域北岸地区の大田区・世田谷区域を中心として展開している。多摩川流域と神奈川県の多摩丘陵部を含めた地域が南武蔵における古墳文化が主体的に展開した主要な地域であり、この地域内で検討してみたい。

現在の埼玉県域を含めた武蔵の範囲内における主要な前方後円墳の消長をもってする歴史事象との対応は、『日本書紀』の安閑紀記載の「武蔵国造」問題と関連づけて考えられてきた。すなわち南武蔵においては、前期においては多摩川北岸地区に宝来山古墳（一〇〇メートル、以下数値のみ記す）、亀子山古墳（一〇四）と二基の一〇〇メートル級の前方後円墳、南岸地区に白山古墳（八七）、観音松古墳（一〇一）の大規模前方後円墳が集中して築造されたのに対して、中期以降には対照的に顕著な大規模前方後円墳の築造が認められなくなる事象が注目されるものである。

この様相に対して北武蔵においては、南武蔵において大規模前方後円墳が認められなくなる時期以降に、稲荷山古墳（一二〇）→二子山古墳（一三八）→丸墓山古墳（径一〇二）→鉄砲山古墳（一〇九）→将軍山古墳（九五）

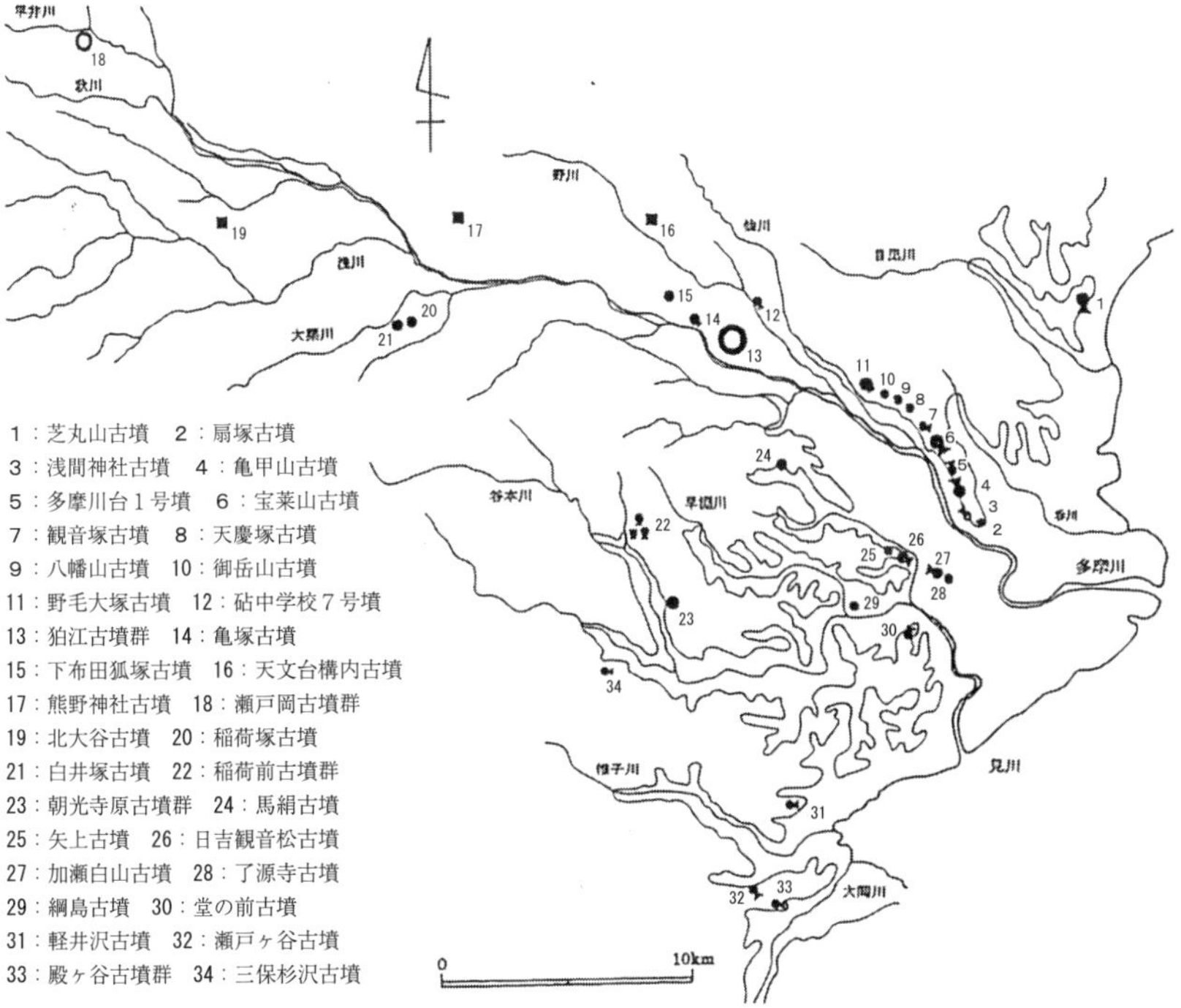

8期	さきたま	若小玉	さきたま周辺	多摩川上流域	多摩川下流域	多摩丘陵
	稲荷山・120		とやま・69			
	二子山・138					
9期						
500	丸墓山●・102				浅間神社・60	瀬戸ヶ谷・41
		三方塚・58				
		愛宕山・72	永明寺・79			
	瓦塚・73	荒神山・70				堂の前・25
10期						
	将軍山・90	笹塚稲荷塚・70			庵谷・54	
	奥の山・70					
	鉄砲山・109	真名板高山・127				三保杉沢・31
	愛宕山・53		天王山塚・107		観音塚・48	軽井沢・28
		若王子・103×				
	中の山・79×		小見真観寺・102×		多摩川台１・39	
				横穴墓	横穴墓	横穴墓
11期						
600				稲荷塚●・38		
	浅間塚●・38					
		八幡山●・80		北大谷●・39		
12期						
	戸場口山■・44		穴八幡■・29			馬絹●・33
		地蔵塚■・26	山王塚■・63	熊野神社■・32		
			鶴ヶ丘稲荷神社■・53	天文台構内■・28		

図１　武蔵地域における主要古墳の分布と変遷

中の山古墳（七九）と、連綿と六世紀代末まで継続する埼玉古墳群が造営を開始しており、この両地域間の顕著な相違が注意され、両地域を国造職を争った笠原直使主と同族の小杵の勢力基盤と想定して、北武蔵地域の後期における卓越が重視されたものであった。

しかしながら、一般に六世紀前半代の安閑天皇元年（五三四）に考えられる「武蔵国造」問題は、対抗した二勢力の基盤と、干支一巡繰り下げて六世紀末における北武蔵内部の地域覇権とのかかわりなど、様々な見解が出されており、上記の見解も定説とはなっていない。

「武蔵国造」問題と古墳分布との関連はともかくとして、前期段階における南武蔵における大型前方後円墳の卓越と、後期段階における北武蔵における埼玉古墳群の造営は際立った対照的な様相として確認されるところであり、前方後円墳の消滅を考える場合に等閑視できない。古墳が築造された各小地区は、周辺から独立して存在するのではなく、地区相互、さらには地域内における様々な連携を想定することが可能であり、さらには古墳文化中枢地域の動向を古墳築造の最大要因として考慮しなければならない。

南武蔵における前方後円墳は、前期（一～四期）に多摩川下流域において南岸と北岸に所在する四基の大形古墳が継起的に首長墓として築造された後、中期（五～八期）には断絶している。中期には多摩川北岸地区では、帆立貝式の野毛大塚古墳（径八二）をはじめ、造り出し付き円墳の御岳山古墳（径四六）など明確な前方部を造設しない墳形の古墳が在地首長墓として築造されている。また南岸地区では円墳の了源寺古墳（径三〇）、矢上古墳（二三）などが目立つところであり、地区別の様相を格差をもって確認することができる。さらに多摩丘陵部においては、鶴見川上流の谷本川流域に所在する円墳三基からなる朝光寺原古墳群（径二〇～三七）も甲冑・馬具の出土から注目される小地区の首長墓である。

南武蔵に確認できる中期の前方後円墳の築造中断は、独り南武蔵のみの様相ではない。北武蔵においても埼玉古墳群の造営が開始される八期以前では、児玉地区に径四〇～七〇メートルの円墳が有力古墳として認められる程度であり、房総地区においても総体として各地に顕著な前方後円墳は築造されてはいない。

前方後円墳の築造が停止される以前に、各地では前方後円墳の築造が規制された時期が確認される。これは各地の内在的要因で現出した事象とは考えられず、中央と地方の首長間の連携に基づく地方豪族勢力の段階的削減の施策の結果として中央政権の意向が反映されたものと考えることができよう。この場合には、中央有力豪族の覇権争奪の結果としての河内に基盤をおく政権下における、南関東地域豪族層の相対的地位の下降に起因するものと思慮される。当該期を象徴する鏡鑑・甲冑・馬具などを出土しながらも墳形が規制された背景には、前代と異なった秩序が貫徹されたものと思われる。

二　後期における前方後円墳の様相

北武蔵において八期に埼玉古墳群形成の端緒として稲荷山古墳が築造された後に、南武蔵においては九期に前方後円墳の築造が復活する。多摩川北岸地区では荏原台地の東端部に立地する浅間神社古墳（六〇）であり、北部の上野台地においては擂鉢山古墳（七〇）、この中間に位置する臨海部の品川地区では大井林町二号墳（三〇～三五）である。浅間神社古墳は古く社殿建立によって破壊されており、周辺から採集された人物・馬形・鹿形などの形象埴輪を含む埴輪片と、僅かに遺存する墳丘からの想定規模である。

擂鉢山古墳は墳丘の変形が著しいものの、上野の台地上に現存する唯一の古墳である、古墳の内容は不明な点が多いが九期頃の築造と想定される。大井林町二号墳は、昭和二四年に学習院高等科史学部によって調査された古墳である。調査時点において墳丘の変形が著しく、主体部は粘土槨と想定され埴輪片が出土している。

また多摩川を挟んだ多摩丘陵部においては、家形・翳形・大刀形などの形象埴輪を伴う横浜市鶴見区駒岡に位置する堂の前古墳（二五）、二重の円筒埴輪列と多数の形象埴輪を伴った横浜市保土ヶ谷区瀬戸ケ谷町に所在した瀬戸ケ谷古墳（四一）なども九期頃に編年される。

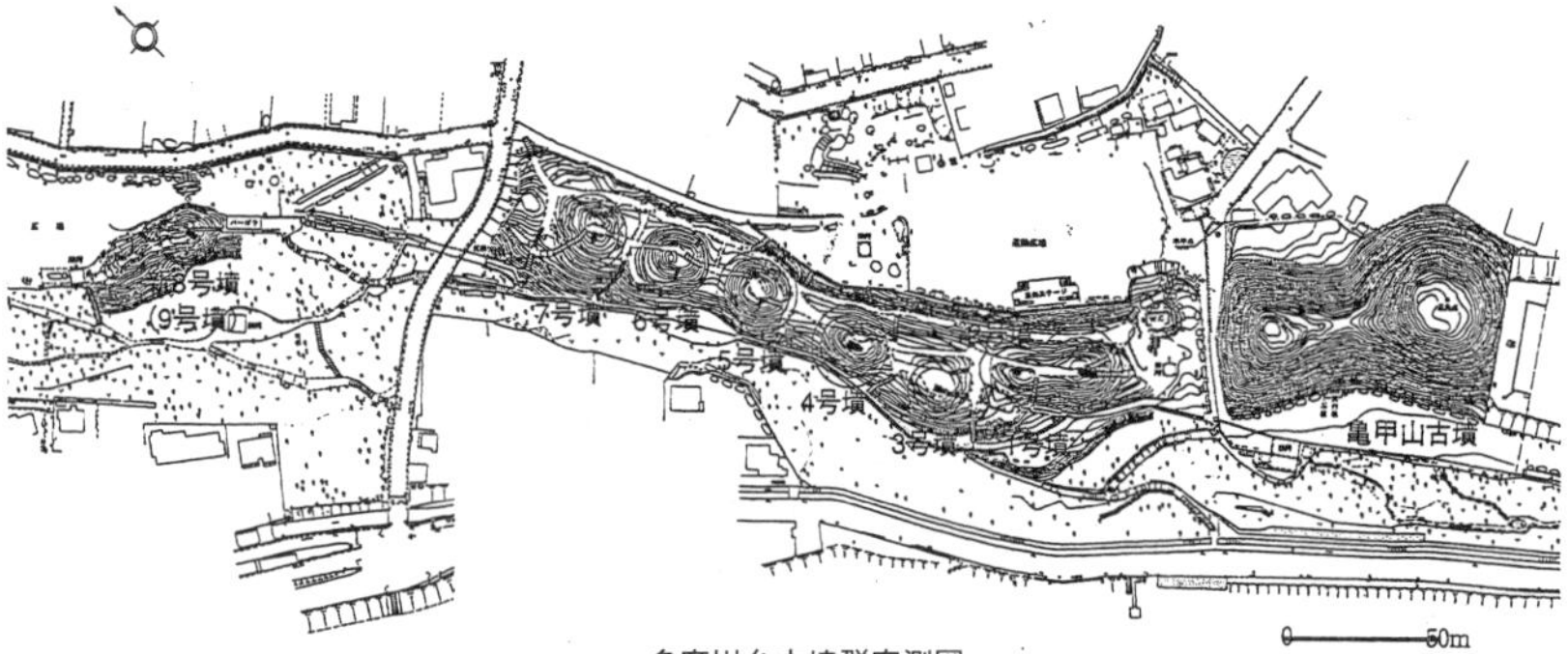

多摩川台古墳群実測図

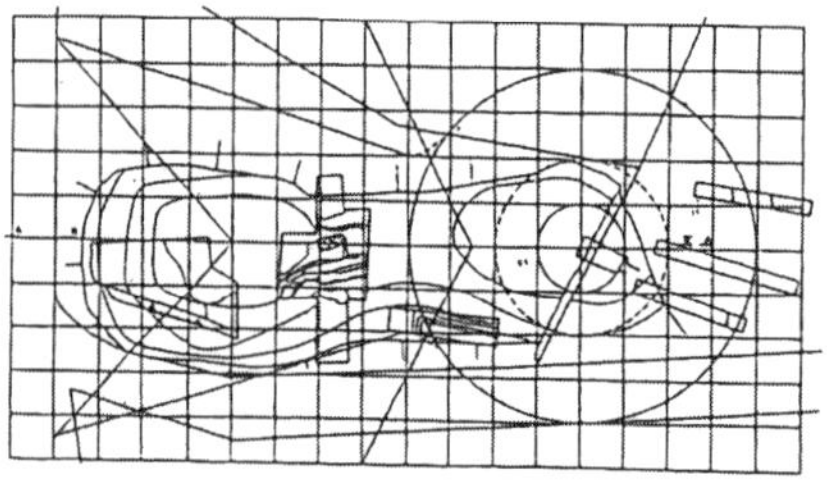

観音塚古墳

観音塚古墳石室

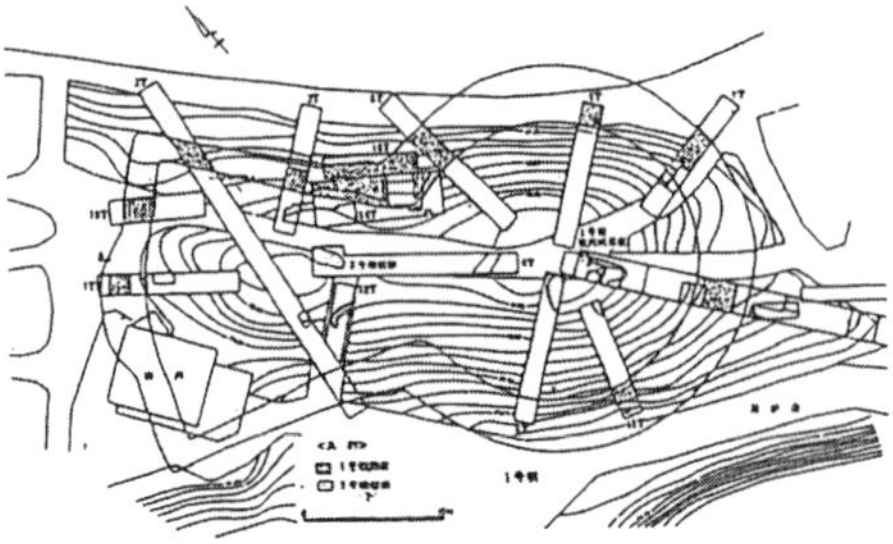

多摩川台１号墳墳丘実測図

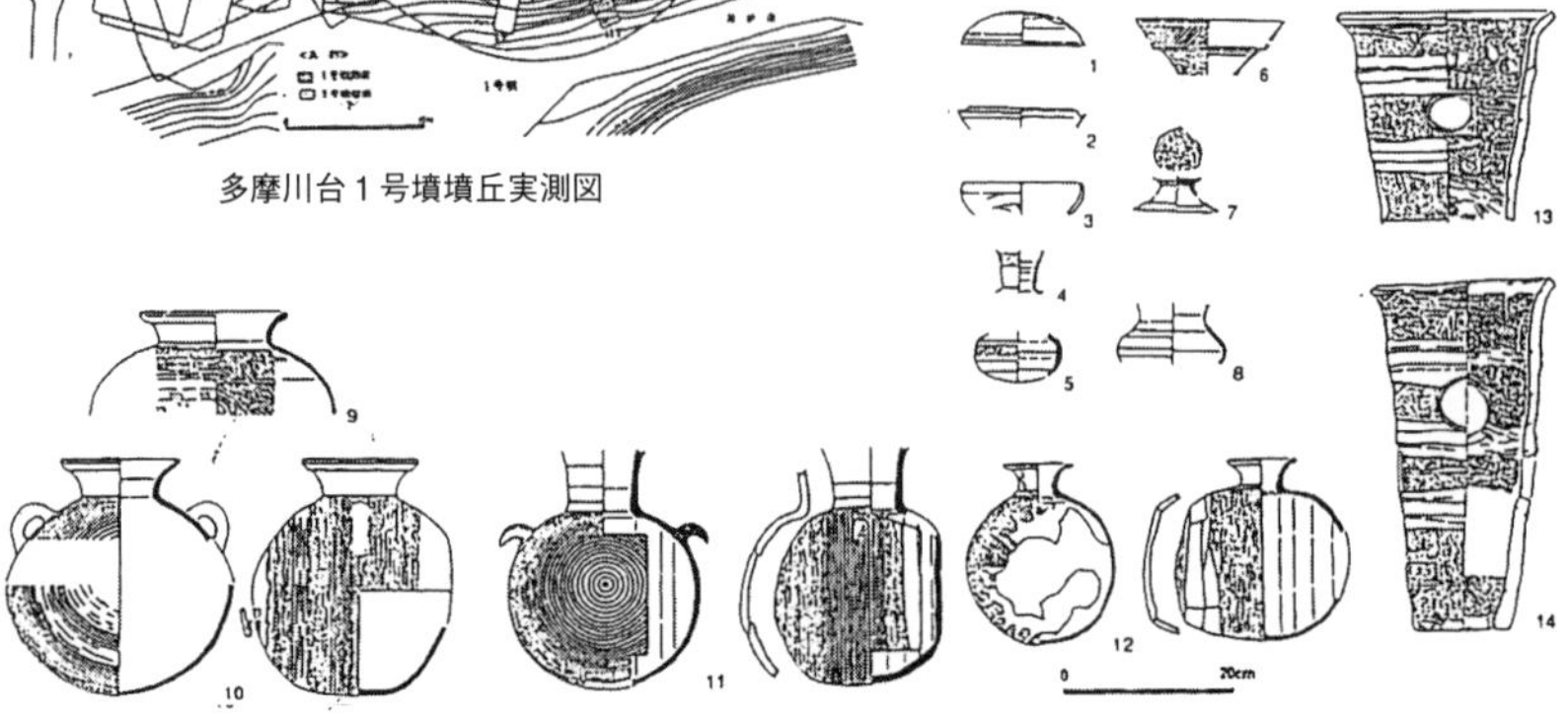

多摩川台１号墳出土の須恵器（１～12）と埴輪（13～14）

図２　多摩川下流域北岸地区の古墳（野本 2005 から転載）

すなわち九期における前方後円墳の復活は、前代に限定された地区において築造された前方後円墳が、より広範囲において中小規模の前方後円墳として築造されたもので、新たな体制下における地域開発の状況を物語るものと理解できる。

従って浅間神社古墳は、前期に築造された前方後円墳と同じく多摩川北岸の大田区域に所在するとはいえ、中期における首長墓はより上流の世田谷区域の野毛に規制された墳形として累代的に造営されており、前代の古墳と直接的な系譜関係を想定することはできない。

この時期にはまた、八期に築造を開始した南武蔵における初期群集墳として著名な狛江古墳群が、群形成を継続している。確認数は五〇基ほどであり、累代的に造営された径三〇〜四〇メートル規模の盟主墳が知られる。八期の東原古墳（径三五）、九期の亀塚古墳（帆立貝、四〇）、兜塚古墳（径三八）などである。これらのうち帆立貝式の亀塚古墳からは、畿内地方をはじめ各地の古墳から同笵鏡が出土している神人歌舞画像鏡が出土している。この鏡は、埼玉・稲荷山古墳出土の画文帯神獣鏡と同種の舶載鏡であり、当代の第一級の品物である。これら威信財の在り方からすれば、群集墳形成の背景として畿内特定有力勢力との直接的な連携も考慮させるものである。狛江古墳群の形成は、武蔵における最大の古墳群である埼玉古墳群に合わせて開始されており、新たな地域支配体制を明示する資料となっている。

一〇期には、多摩川下流域北岸地区においては庵谷古墳（六〇）、観音塚古墳（四三）、多摩川台一号墳（四三）が築造され、多摩丘陵部では一回り小形の三保杉沢古墳（三一）、軽井沢古墳（二八）が築かれている。庵谷古墳は地形図からの想定であり実態は不明であるが、観音塚古墳と多摩川台一号墳は発掘調査されている。ともに埴輪を伴っており、埋葬施設として横穴式石室を構築するものである。観音塚古墳の横穴式石室は切石を用いた両袖型である点が明白であるが、多摩川台一号墳は遺存状態が悪く両袖型と確認できたに過ぎない。また多摩川台一号墳の前方部からは先行する時期の埋葬施設が確認されており、造墓主体の断続を物語るものと考えられる。

多摩川台一号墳に樹立された埴輪は、北武蔵の生出塚埴輪窯で生産されたものであり、この時期には南武蔵に広く供給されている。東京湾岸の芝丸山古墳群、多摩川上流域では府中市域の群集墳、多摩丘陵部では川崎市域の稲荷塚古墳、日向古墳、南武蔵の初現期の横穴式石室である無袖型の横穴式石室を構築した北門一号墳からも確認されている。この時期に顕著に確認できる北武蔵と南武蔵の埴輪を紐帯とした連帯は、武蔵の南北地区の一体化を象徴する事象として重視され、横穴式石室に窺われる類似性とともに注目できる。

観音塚古墳は大田区域でも多摩川台古墳群とは離れて位置しており、異なった系譜を考えさせる。多摩丘陵部における二基の古墳も、三保杉沢古墳は鶴見川の上流域、軽井沢古墳は横浜市南部の帷子川流域と前代の系譜を有さない地区に唐突として出現している。これら前方後円墳は、九期における様相に等しく新来の勢力の扶植として理解されよう。

三　前方後円墳の終末と横穴式石室

最後の前方後円墳が築造された六世紀後半の一〇期は、南武蔵地区において古墳の主体部として横穴式石室が採用された時期でもある。多摩川下流域北岸の大田区域では、観音塚古墳と多摩川台一号墳が横穴式石室を有する前方後円墳である。六世紀前半の九期に遡及して西岡二八号墳を想定する見解も提示されてはいるものの、確実ではない。関東地方における横穴式石室の採用は、上野において六世紀前半代に確認されており、相模においても同時期に一時的に現出した可能性があるものの、当該地区においては確実には一〇期の採用と確認できる。

二基の前方後円墳のうち観音塚古墳の構築が先行したものと考えられ、切石を用いた幅一七〇センチメートル、長さは幅の二・五倍の四〇〇センチメートルを越える長方形平面の大形両袖型の横穴式石室である。多摩川台一号墳以後の七世紀代に築造された円墳の五・九号墳も継続して長方形平面の石室を採用しており、近隣の西岡三四号墳、下沼部古墳の石室も長方形平面の両袖型石室である。南武蔵のうち六世紀末葉の石室導入期から七世紀代の展開期にかけて一貫して長方形平面の石室を継続的に構築したのは、この多摩川下流域北岸地区のみである。長方形平面の両袖型石室は、東は港区の芝丸山古墳群、西は多摩川中流域の世田谷区域の喜多見稲荷塚古墳でも構築されており、多摩川北岸地区の特徴として認識されるところである。

横穴式石室の基本形である長方形平面の石室を墨守した多摩川北岸地区に対して、多摩丘陵部では様相を異にしている。鶴見川上流域に唐突として現出した三保杉沢古墳の石室は、軟質の切石を用いた幅一・二〇センチメートルほどの長方形平面の無袖型である。近隣に位置する埴輪を伴う北門一号墳も類似した長方形平面の無袖型石室を構築しており、当該地区にのみ確認できる特徴である。両袖型とは異なった系譜が想定されるものの、明確ではない。北門古墳群においては、一号墳の無袖型石室に後続する七世紀代には両袖型石室を採用しており、近隣地区に限定して考慮すれば、生出塚産の埴輪の出土とも関連して、多摩川北岸地区との連携の結果とも考えられる。

多摩丘陵部において長方形平面の無袖型石室に遅れて採用された石室構造は、胴張り石室である。前方後円墳で軟質の切石を用いた胴張り石室を構築した古墳は、横浜市南部の帷子川流域に位置する軽井沢古墳のみである。横穴式石室の図面は報告されておらず明確ではないが、両袖型の狭長な玄室の床面には切石を敷き詰め、両側壁に緩やかな胴張り様相を保持する点が確認できる。この他は円墳のみであり時期的にも降るものであるが、川崎市の第六天古墳、同・加瀬山三号墳、横浜市北部の稲荷前一三号墳、同・赤田古墳群などである。さらに時期的にやや遅れるものと考えられるが、多摩川上流域の多摩市・稲荷塚古墳、日野市・七ツ塚古墳群、八王子市・北大谷古墳などでも軟質の切石を用いた胴張り石室が構築されており、七世紀前半代においては最大の分布を明示している。

次いで七世紀代中葉を中心として、玄室の幅と長さがほぼ等しい平面を呈する矩形石室が南武蔵地域に構築されている。多摩丘陵地区では川崎市・下麻生古墳群の二基の古墳、多摩川北岸地区では世田谷区・殿山一・二号墳、北部では板橋区・志村一号墳の石室などである。また、この変形石室として奥幅の広い台形平面を呈する石室が、川崎市・梶ヶ谷古墳、世田谷区・大蔵一号墳に構築されている。また特異な構造として、前・中・後室の三室構成を採る川崎市・馬絹古墳石室は、奥室平面が矩形、中室の両側壁が胴張り様相を呈する胴張り石室との折衷形である。玄室の幅と長さが近似して両側壁に胴張り様相を保持する石室は北区・赤羽台五号墳でも確認されており、類似した様相と理解できる。

すなわち、一〇期に構築された最後の前方後円墳は横穴式石室を構築しており、横穴系埋葬施設の当該地区への導入において契機となったものであり、異なる石室型式は複数地域との系譜関係を想定させる。

四　前方後円墳の終末と横穴墓

最後の前方後円墳が築造された一〇期には、南武蔵地域に横穴墓制が導入されている。横穴墓は群集性を特徴とする横穴系の埋葬施設であり、所謂高塚群集墳と等質的な内容を具備したものと考えられる。しかしながら墳丘を最大特質とする古墳においては、劣位たる点は否めない。明治二〇年の坪井正五郎による北武蔵の吉見百穴の調査以来、横穴墓は墳丘を伴わない点を基本として認識されてきたが、横穴墓にも墳丘を伴う事例が確認されてから三〇年が経過した。この期間に、墳丘横穴墓の分布は横穴墓初現地方である九州地方から、横穴墓制伝播の終焉地方である東北地方まで広く確認されるようになってきた。

横穴墓の初現年代は、北九州地方において五世紀中葉頃と確認されるが、関東地方に伝播し来たった時期は六世紀末葉と考えられる。北武蔵においては吉見百穴横穴墓群、南武蔵においては川崎市・津田山地区の横穴墓群、横浜市北部に位置する市ヵ尾地区の横穴墓などが各地区の初現例と確認できる。

各地に現出した横穴墓の構造は、横穴式石室以上に多様な構造を現出している。北武蔵の吉見百穴横穴墓群および黒岩横穴墓群に確認できる横長玄室平面で両側を有縁棺座とする構造は、山陰・出雲地域に展開した横穴墓

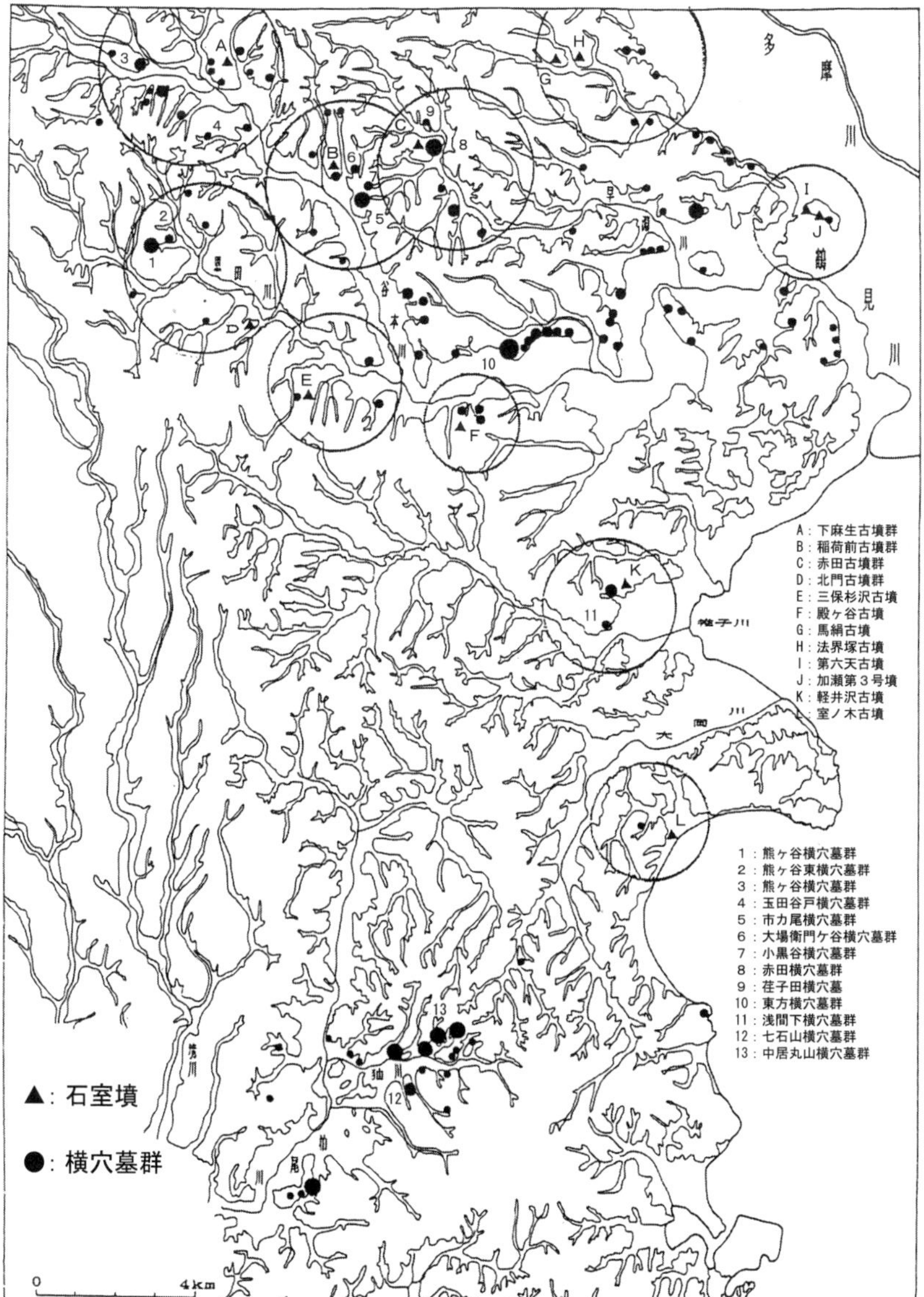

図３　多摩丘陵の後期古墳分布図（池上 1992 から転載）

構造との関連が考えられる。また川崎市・津田山の横穴墓群に確認できる玄室内に石棺を安置する様相は、東海地方の遠江地区との関連で現出したものと想定できる。横穴墓研究史に著名な市ヵ尾地区の横穴墓群は、谷戸が集まる尾根上に墳丘を構築しており、本来個別横穴墓に伴った墳丘が変容して横穴墓群に伴って墳丘を構築したものと考えられるところである。

南武蔵地域における横穴墓は、地区に集約された様相としては横浜市・赤田古墳群に顕示される如くに、地区の首長墓としての横穴式石室を有する高塚古墳と一体となって展開したものと考えることができる。横穴式石室を有する前方後円墳もすべて隣接地区に横穴墓群の存在を確認できる点からすれば、個別に小地区に展開した横穴墓群を管掌する立場にあった被葬者を想定することができよう。多摩川北岸地区の観音塚古墳と多摩川台一号墳は大田区域に展開した横穴墓群、三保杉沢古墳は鶴見川上流域に展開した横穴墓群、軽井沢古墳は帷子川流域を中心とする横浜市南部地区の横穴墓群を、それぞれ統括した存在であったものと考えられる。

七世紀代になると、小地区の首長墓は円墳に転化する。多摩丘陵地区では赤田古墳群が典型であり、稲荷前古墳群、下麻生古墳群、第六天古墳・加瀬山三号墳などである。多摩川北岸地区の大田区域では多摩川台古墳群、世田谷区域では殿山古墳群・大蔵古墳群、北部では赤羽台古墳群などであり、いずれも隣接地区に横穴墓群の展開が認められる。

在地首長墓としての高塚古墳と横穴墓との連関は、横穴墓構造に顕著に確認できる。横穴墓が地域に定着した展開期においては、地域の横穴式石室構造を規範とした横穴墓構造が現出している。従前最古の位置を占めるものと考えられてきた市ヵ尾B一六号墓は矩形石室との関連であり、僅少ではあるが横穴墓には不要な玄門・羨門を造作した構造の横穴墓は、横穴式石室との関連を明示する慥かな例と考えられる。

多摩丘陵地区に主体的に展開した胴張り石室構造の石室を規範とした横穴墓構造は、多摩川上流域の多摩市・日野市・国立市・国分寺市域に展開している。この地区の首長墓としては多摩市・稲荷塚古墳、臼井塚古墳、日

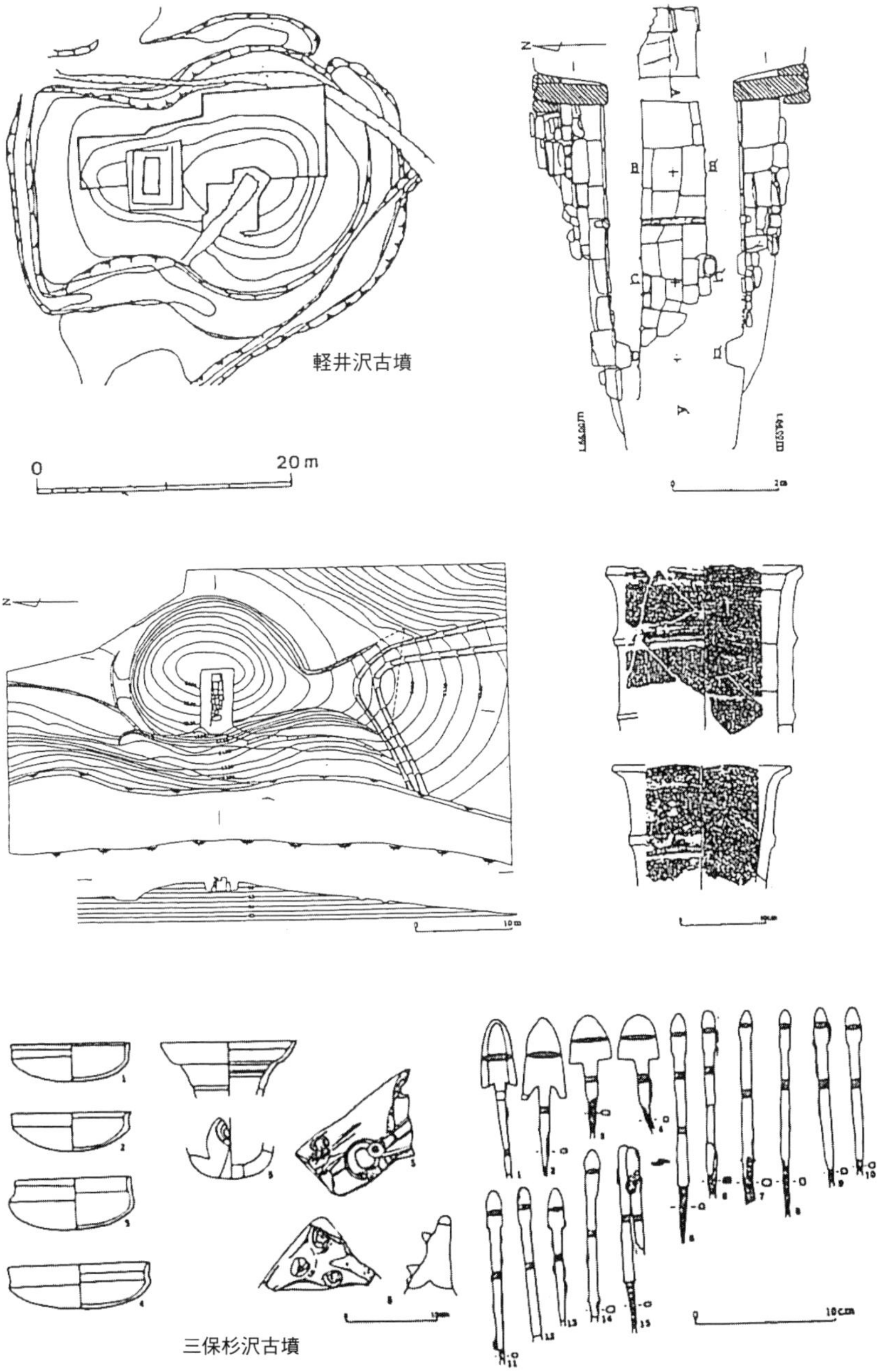

図4　多摩丘陵の前方後円墳（各報告書から転載）

表１　多摩川地域の古墳群集成（池上 2006 から転載）

	400	450	500	550	600	650	700
多摩川台古墳群				⇒⇒⇒	⇒⇒⇒⇒⇒⇒	⇒⇒⇒	
	●＝野毛大塚	●＝御岳山	●◆浅間神社	●◆観音塚			
			庵谷●◆	多摩川台１●◆			
狛江古墳群		⇒⇒⇒⇒⇒⇒	⇒⇒⇒⇒⇒⇒				
			●＝亀塚				
下布田古墳群		⇒⇒⇒⇒⇒⇒	⇒⇒⇒⇒⇒⇒	⇒⇒⇒	⇒⇒⇒⇒⇒⇒		
飛田給古墳群		⇒⇒⇒⇒⇒⇒	⇒⇒⇒⇒⇒⇒	⇒⇒⇒	⇒⇒⇒⇒⇒⇒		
白糸台古墳群			⇒⇒⇒⇒⇒⇒	⇒⇒⇒	⇒⇒⇒⇒⇒⇒		
御狐塚横穴墓群				Ω	⇒⇒⇒	⇒⇒⇒⇒⇒⇒	
				●狐塚		●天文台	
高倉古墳群			⇒⇒⇒⇒⇒⇒	⇒⇒⇒	⇒⇒⇒⇒⇒⇒	⇒⇒⇒	
御岳塚古墳群				⇒⇒⇒	⇒⇒⇒⇒⇒⇒	⇒⇒⇒	
下谷保古墳群					⇒⇒⇒⇒⇒⇒	⇒⇒⇒	
青柳古墳群				⇒⇒⇒	⇒⇒⇒⇒⇒⇒	⇒⇒⇒	
東方横穴墓群					Ω	⇒⇒⇒	
						■熊野神社	
塚原古墳群				⇒⇒⇒	⇒⇒⇒⇒⇒⇒		
萬蔵院台古墳群				⇒⇒⇒	⇒⇒⇒⇒⇒⇒		
中和田横穴墓群				Ω	⇒⇒⇒	⇒⇒⇒⇒	
					●稲荷塚	●臼井塚	
平山古墳群		⇒⇒⇒	⇒⇒⇒	⇒⇒⇒			
七ツ塚古墳群				⇒⇒⇒	⇒⇒⇒⇒⇒⇒		
城西横穴墓群				Ω	⇒⇒⇒	⇒⇒⇒⇒⇒⇒	
梵天山横穴墓群				Ω	⇒⇒⇒⇒⇒	⇒⇒⇒⇒⇒⇒	
矢ノ上横穴墓群					Ω	⇒⇒⇒⇒⇒⇒	
					●北大谷		
経塚下古墳群						⇒⇒⇒⇒⇒⇒	
瀬戸岡古墳群					⇒⇒⇒	⇒⇒⇒⇒⇒⇒	

図５　調布市下布田古墳群（報告書から転載）

野市・七ツ塚古墳群、八王子市・北大谷古墳などの切石を用いた胴張り石室を有する古墳であり、いずれも七世紀代の所産である。多摩川上流域地区においては胴張り構造横穴墓を初現型式として横穴墓群の形成が始まり、次いで矩形石室を規範とした横穴墓型式を採用して展開している。

五　前方後円墳終末の諸問題

南武蔵地域においては、前方後円墳の築造は六世紀末葉をもって終焉する。この事象は南武蔵地域のみではなく北武蔵地域を含めた関東全域、さらには東国においても基本的に確認されるところであり、個別地域の内在的要因が作用した結果とすることはできない。三世紀後半以来の前方後円墳築造の意義が喪失した結果であり、前方後円墳築造を紐帯とする中央と地方の関連の終焉を意味する事象である。前方後円墳終焉には、畿内有力豪族層が主導した中央政権の意向を最大要因として考えることができよう。

この終焉の時期である六世紀後半代の一〇期に、最多の前方後円墳が築造されている。前代からの首長系譜を有して築造される前方後円墳とともに、新出の前方後円墳を盟主墳とする群集墳の現出が特徴的であり、高塚群集墳の発達の顕著ではない南武蔵地域においては代わって横穴墓群の盟主的位置を占めたものと考えられる。規模は六〇メートル級・四〇メートル級・三〇メートル級に区分され、それぞれの勢力を反映したものとなっている。三〇～四〇メートル級の全長は、次期の在地首長墓としての円墳の直径に等しい。

最後の前方後円墳の築造された時期に、武蔵地域を含め関東地方各地では横穴墓制が導入されている。関東地方における初現期横穴墓の構造は地区ごとに異なった横穴墓型式を確認できる点を特徴とする。上記した如くに著名な北武蔵の吉見百穴横穴墓群・黒岩横穴墓群では、出雲系横穴墓型式が導入されている。東海地域までに確認される古墳時代後期前半代ではなく、前方後円墳体制の最末期に新来の墓制が導入された背景には、在地首長墓としての大形前方後円墳築造状況に不安定さを顕現する事象と関連するところと思われる。さらに新来墓制導入の要因は、出雲系横穴墓型式という武蔵地域とは懸隔の地域からの導入であってみれば、北武蔵の内在的要因を強調できない。寧ろ外圧の結果としての初現と理解できよう。南武蔵地域の初現期横穴墓の構造は北武蔵地域の出雲系とは異なるが、直接に関連しない地域からの導入には同様の背景を想定することができる。

武蔵地域においては、前方後円墳終焉以後の在地首長墓としては円墳が築造されている。埼玉地区の諸勢力の盟主墳は直径八〇メートルを誇る若小玉古墳群中の八幡山古墳であり、直接に埼玉古墳群の勢力を継受した浅間山古墳は直径五八メートルに過ぎない。伝統的な埼玉古墳群造営勢力が地区の覇権を喪失したのは、前代の一〇期、前方後円墳の終焉の時期であり、埼玉古墳群に築造されていない一〇〇メートル級の前方後円墳が周辺地区に四基存在している。

武蔵地域において方墳体制が確立されたのは、円墳の造営された次期の七世紀中葉以降である。埼玉古墳群においては戸場口山古墳（四二）、若小玉古墳群では地蔵塚古墳（二六）であるが、この時期に注目されるのは南武蔵地域に所在する上円下方墳の府中市・熊野神社古墳（三二）である。戸場口山古墳は周溝のみの遺存であり、墳丘形態・内部主体ともに不明であるが、次代の武蔵国府の位置を勘案すると熊野神社古墳が七世紀中葉における地域首長墓として存在した可能性が考慮されよう。

終末期に武蔵地域のなかで南部地区が相対的に重要度を高めていく様相は、装飾付き大刀・装飾付き馬具・銅鋺などの威信材の七世紀前半代以降の集中として確認されるところである。これら威信材の供給を勘案すると、中央政権を主導した畿内有力豪族層の意向を窺うことができよう。主体的には限定された存在としての在地首長墓のみから出土するのではなく、横穴墓を含めたいわゆる群集墳からの出土を重視すれば終末期群集墳造営の背景として、畿内有力豪族層の個別的地域勢力との連携・扶植を考慮することもできよう。

上円下方墳の熊野神社古墳が所在する武蔵府中には、七世紀後半代には東山道武蔵路が南北に貫通しており、北方には川越市・山王塚古墳、および方墳の鶴ヶ島市・鶴ヶ丘稲荷神社古墳（五三×四〇）も近隣に所在する。

いずれも前代には特に留意すべき古墳の存在しない地区であり、終末期に重要度を増した結果としての古墳の築造と考えられる。南武蔵に武蔵国府が位置する要因の一つとして、従前に比較して主要交通路としての陸上の道が重要度を増した結果とも考えられる。

参考文献

安藤広道　二〇〇九「観音松古墳の研究Ⅰ」『史学』七八―四
池上　悟　一九九二「南武蔵における古墳終末期の様相」『国立歴史民俗博物館研究報告』四四
――　二〇〇六「南武蔵・多摩川流域における横穴式石室墳の展開」『立正史学』九九
江口　桂　二〇〇五「前方後円墳以後と古墳の終末」『前方後円墳以後と古墳の終末』（第一〇回東北・関東前方後円墳研究会資料）
太田博之　二〇〇七「武蔵北部の首長墓」『季刊考古学・別冊一五　武蔵と相模の古墳』
品川区立品川歴史館編　二〇〇六『東京の古墳を考える』雄山閣
多摩地域史研究会　二〇〇二『多摩川流域の古墳時代』
仁藤敦史　二〇〇七「「辛亥」銘鉄剣と「武蔵国造の乱」」『季刊考古学・別冊一五　武蔵と相模の古墳』
野本孝明　二〇〇五「多摩川下流域の古墳」『多摩考古』三五
浜田晋介　一九九八「川崎の古墳」『川崎の古墳』
広瀬和雄　二〇〇七『古墳時代政治構造の研究』塙書房
松崎元樹　二〇〇二「多摩川水系にみる古墳文化の地域特性」『多摩地域史研究会第十二回大会要旨』
――　二〇〇七「多摩川流域および周辺における後・終末期古墳群の特性と地域構造」『関東の後期古墳群』
――　二〇〇七「後・終末期古墳の威信材」『季刊考古学・別冊一五　武蔵と相模の古墳』
横浜市歴史博物館　二〇〇一『横浜の古墳と副葬品』

神奈川県
―古墳の動向に見る墓制の変化と背景について―

柏木善治

はじめに

神奈川県は、律令期の地域区分としては二国に跨ることとなる。現在の川崎・横浜市域を中心としては南武蔵に属し、郡域は三郡で、橘樹・都筑・久良郡となる（Ⓔ地域）。県内のそれ以西の地は相模となり、郡域は八郡で、御浦・鎌倉（Ⓓ地域）、高座（Ⓒ地域）、愛甲・大住（Ⓑ地域）、余綾・足上・足下郡（Ⓐ地域）となる。[1]

この地は、古墳時代中期において前方後円墳が発達することはなく、前期末以降をもって前方後円墳は一度築造されなくなる。前期後半には墳丘長九〇メートル規模の前方後円墳も小地域ごとに散見されるが、中期には盟主たる古墳を築造する墓域は立地を違え、墳形も後半には小規模な方墳の後、円墳が築造される。その後、後期に至り再度前方後円墳が造られることとなる。ただ、この期にはいわゆる小規模な前方後円墳が築造されるのみで、外見上は、同時期の円墳よりも小さな規模のものも存在する。

後期においては南武蔵から相模川東岸の地までは、盟主たり得る前方後円墳も散見されるが（図1）、それ以外の地では、泰野市の二子塚古墳等を除いては盟主と思しき古墳の墳形の多くは円墳として把握されている。

a：八雲里古墳　b：久野諏訪の原古墳群　c：黄金塚古墳　d：塚田古墳群　e：桜土手古墳群　f：三ノ宮地域　g：釜口古墳　h：二子塚古墳（秦野）i：宮山中里遺跡　k：十二天古墳群　m：三保杉沢古墳　n：赤田古墳群　o：二子塚古墳（川崎）　p：馬絹古墳　q：駒岡堂の前・瓢箪山　r：軽井沢古墳　s：瀬戸ヶ谷古墳　t：室の木古墳　u：大塚古墳群　v：蓼原古墳群　w：かろうと山古墳　x：雨崎古墳群　z：長井経塚古墳

2：唐沢横穴墓群　7：諏訪脇横穴墓群　13：愛宕山下横穴墓群　17：岩井戸横穴墓群　21：城山横穴墓群　22：万田八重窪横穴墓群　23：万田熊之台横穴墓群　25：三ノ宮・下尾崎横穴墓群　26：三ノ宮・上栗原横穴墓群　31：上今泉横穴墓群　46：浅間神社西側横穴墓群　54：新宿横穴墓群　56：高山横穴墓群　59：鳥ヶ崎横穴墓群　60：熊ヶ谷横穴墓群　66：久地西前田横穴墓群　71：早野横穴墓群

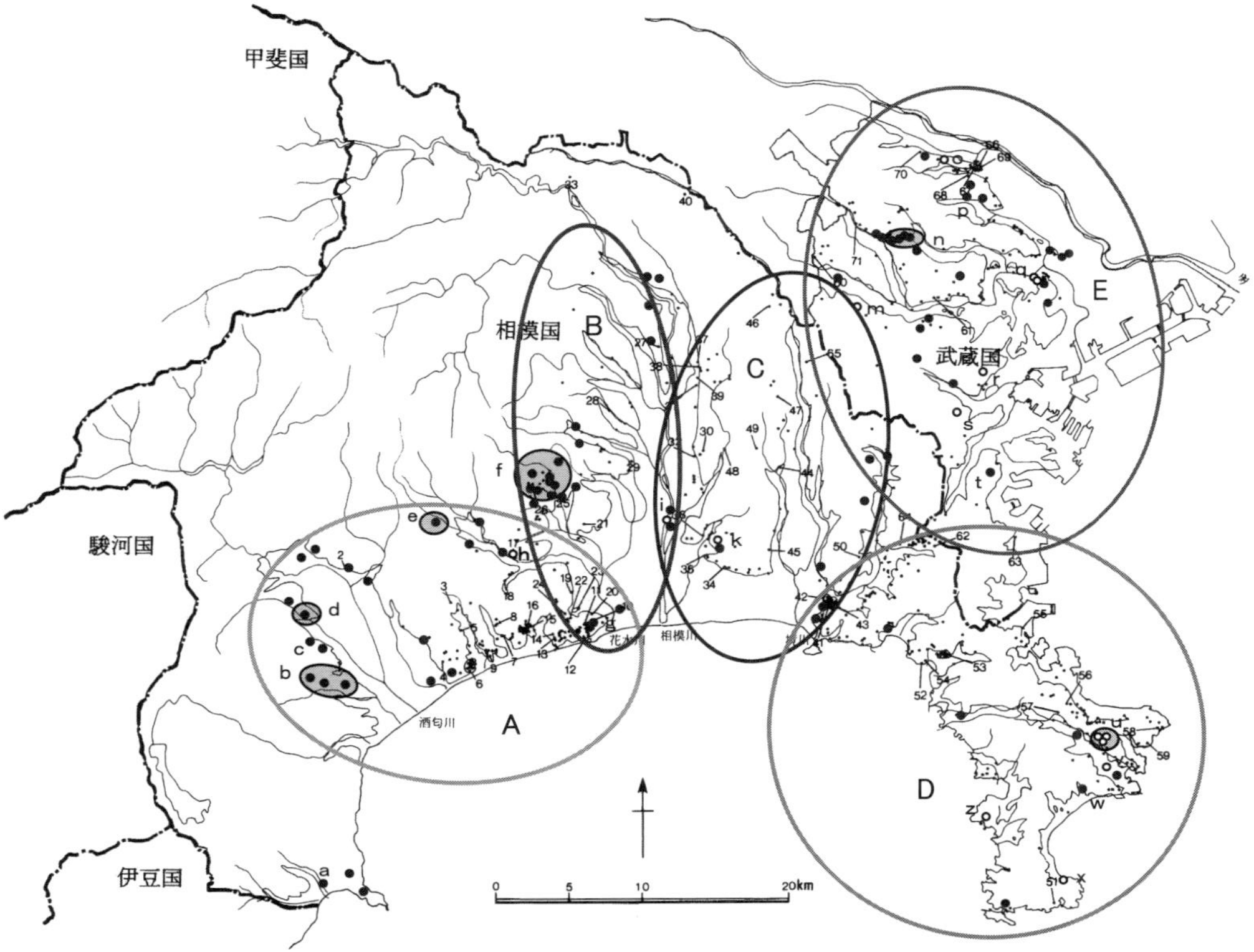

図１　相模・南武蔵（神奈川県域）の主要古墳・横穴墓分布図（明石 2001 から転載、一部改変）

一　後期前方後円墳の築造数の推移
—集成八〜一〇期の変化—

後期の前方後円墳は、総じて数量は少ないものとなるが、近年、前方後円墳等の古墳の存在がこれまで知られていなかった地で発見されている（表2）。二〇〇四年に報告された寒川町の宮山中里遺跡H五号墳などは、地表面上にその痕跡が全く見られなかったものの、地表下に全長三〇メートルの前方後円墳が発見され、併せて、それを取り巻くように円墳が多く発見されている（図2）。この古墳は相模川左岸河川沿いの自然堤防上に築造され、かなり広範囲に展開する古墳群の様相が、現在も続く発掘調査の状況から判明しつつある。

横須賀市の大津古墳群では二〇〇七年に発掘調査が行われ、一号墳が前方後円墳であることが判明した。また、主体部の調査からは横穴式石室であるとの見解も示され、これまで三浦半島の東京湾側では横穴式石室が存在しないとされてきたことに一石が投じられた。円筒・家形・馬形埴輪の他、須恵器甕・提瓶、土師器坏（比企型含む）などが出土している。

以下には過去に調査されたもの（未だその全貌が判明していないものも含め）を中心として列記しておく。これらの古墳は墳丘長一七〜四六メートルと、いわゆる小型の前方後円墳として把握されるものである（表1）。また、前方後円墳が複数基同一群内に継続して築造されるものは少なく、それはⒹ地域の大塚古墳群のみとなる。

表1　墳丘規模比較（柏木 2009 から転載）

No.	名称	墳丘長	時期	所在
1	大塚古墳群２号	17 m	10	横須賀市
2	大塚古墳群４号	19 m	10	横須賀市
3	大津古墳群１号	23 m	10	横須賀市
4	駒岡堂ノ前古墳	25 m	10	横浜市鶴見区
5	諏訪坂古墳	25 m	9（?）	横浜市鶴見区
6	蓼原古墳	28 m	9	横須賀市
7	三保杉沢古墳	28 m	10	横浜市緑区
8	軽井沢古墳	30 m	10	横浜市西区
9	十二天古墳群１号	30 m	10	茅ヶ崎市　※長方形
10	宮山中里Ｈ５号	30 m	10	寒川町
11	大塚古墳群１号	31 m	10	横須賀市
12	市場古墳	31 m	10	平塚市
13	こんぴら山古墳	34 m	–	横須賀市
14	瀬戸ヶ谷古墳	41 m	9	横浜市保土ヶ谷区
15	二子塚古墳	46 m	10	秦野市

＊墳丘長は推定値も含む。

表２　相模・南武蔵の後期主要古墳・横穴墓編年表（柏木 2005 から転載、一部改訂）

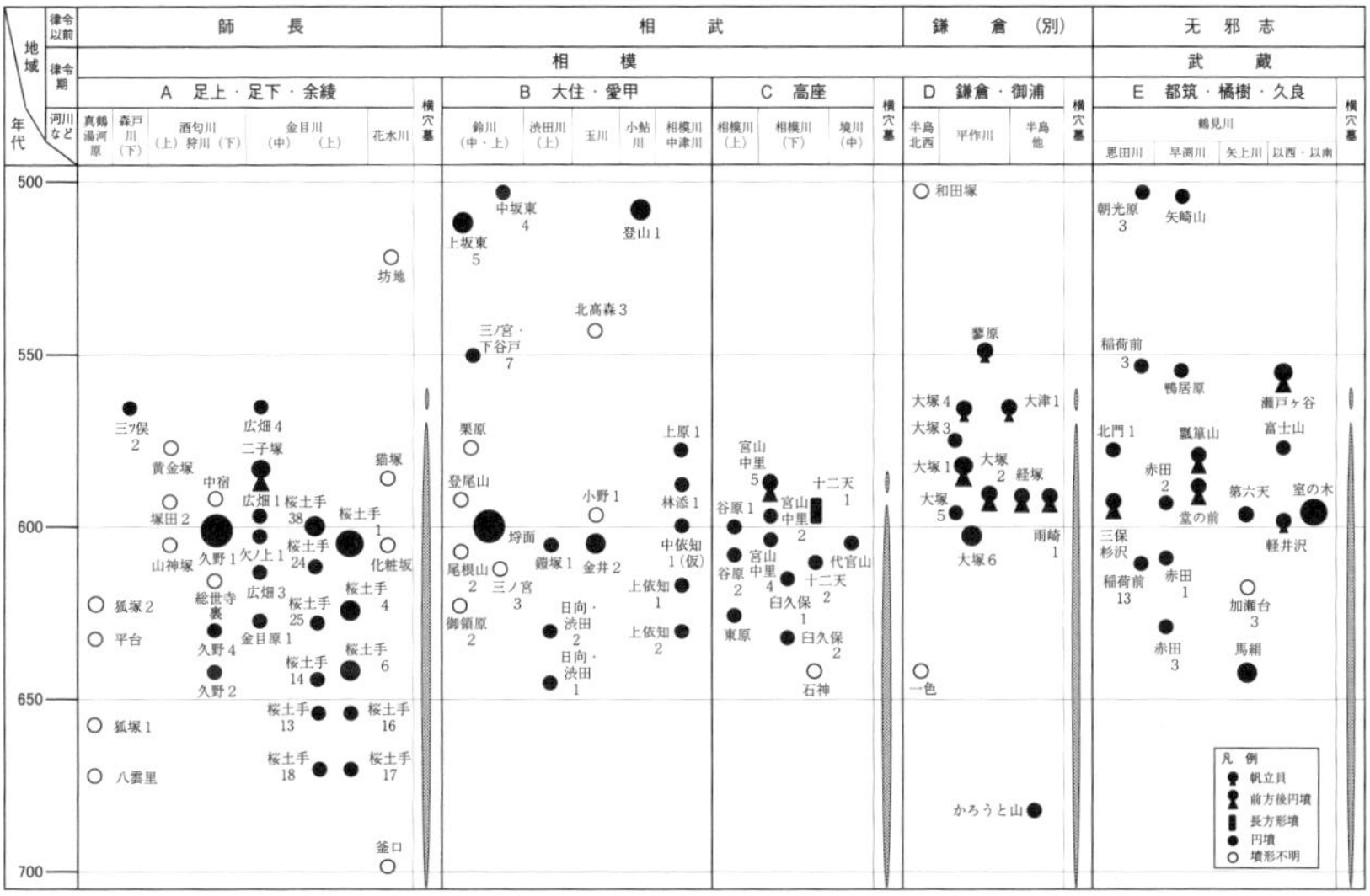

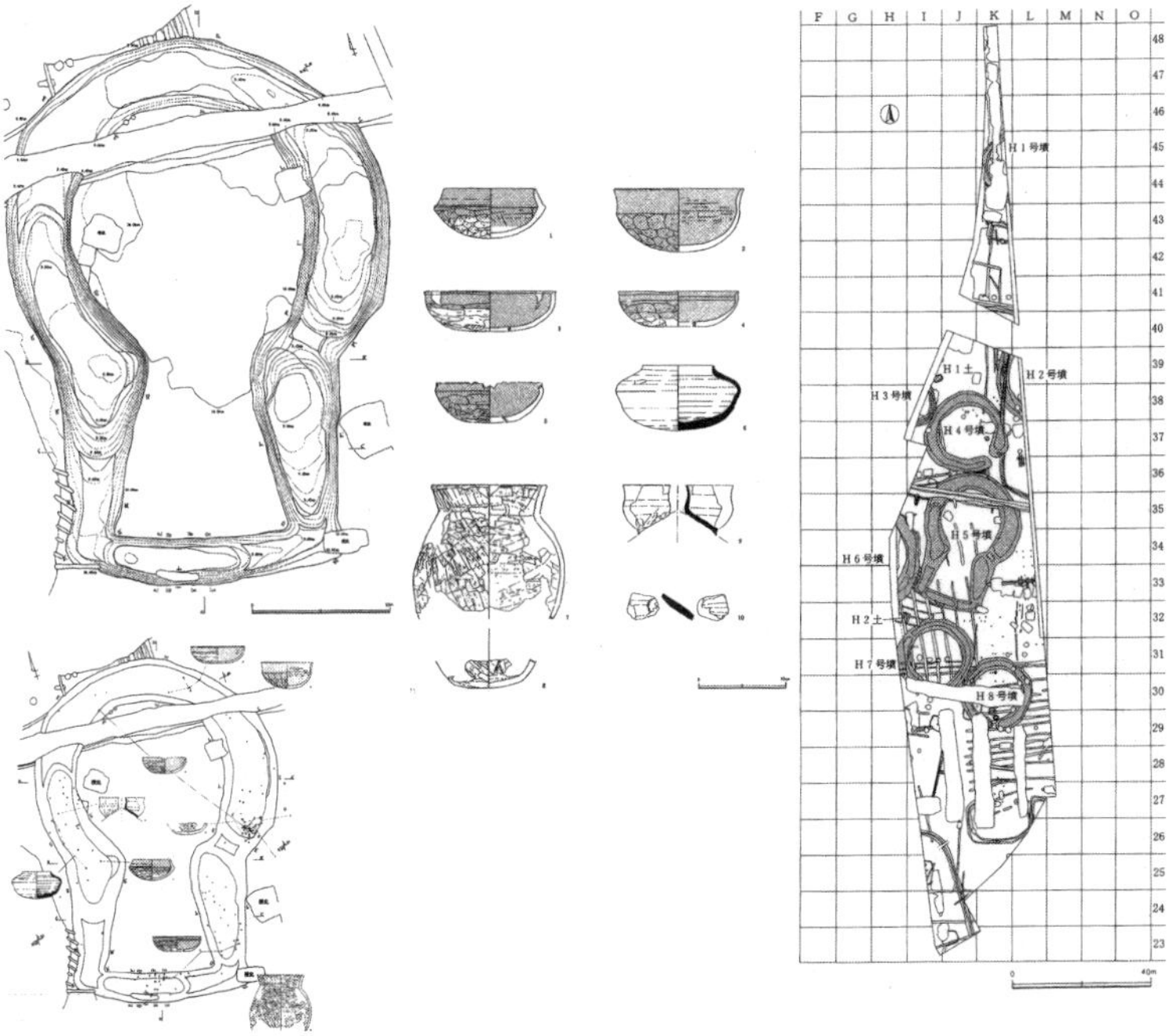

図２　宮山中里遺跡Ｈ５号墳（©地域：寒川町）（渡辺ほか 2004 から転載）

時期的には、ほとんどが一〇期の範疇に入るものであるが、築造数が多いⒹ・Ⓔ地域では、六世紀中頃からの出現が嚆矢となる。Ⓓ地域では帆立貝形の築造から始まり、Ⓔ地域では帆立貝形の築造はみられず、盛行する地でも築造の状況には違いがある。

Ⓐ地域　足上・足下・余綾　二子塚古墳［一〇期］（秦野市）／上吉沢市場地区遺跡群B地区市場古墳［一〇期?・］（平塚市）

Ⓑ地域　大住・愛甲　高森白金山?［存在及び時期不詳］（伊勢原市）

Ⓒ地域　高座　宮山中里遺跡H五号墳［一〇期］（寒川町）／十二天古墳群一号墳［一〇期?・］（茅ヶ崎市）※長方形?

Ⓓ地域　鎌倉・御浦　蓼原古墳［九期］（横須賀市）※帆立貝／大塚古墳群四号墳［一〇期］（横須賀市）※帆立貝／大塚古墳群一号墳［一〇期］（横須賀市）／大塚古墳群二号墳［一〇期］（横須賀市）／大津古墳群一号墳［一〇期］（横須賀市）／こんぴら山古墳［不詳］（横須賀市）／雨崎一号墳［一〇期］（横須賀市）／長井経塚古墳［一〇期］（三浦市）

Ⓔ地域　都筑・橘樹・久良　瀬戸ヶ谷古墳［九期］（横浜市保土ヶ谷区）／諏訪坂古墳?・［九期?・］（横浜市内）／駒岡堂の前古墳?・［一〇期］（横浜市鶴見区）／駒岡瓢箪山古墳?・［一〇期］（横浜市鶴見区）／三保杉沢古墳［一〇期］（横浜市緑区）／軽井沢古墳［一〇期］（横浜市西区）／浅間塚古墳?・［九期?・］（川崎市幸区）／二子塚古墳?・［九期?・］（川崎市高津区）

二　後期前方後円墳の特質―前・中期前方後円墳との比較をとおして―

六世紀中葉から帆立貝形の古墳を嚆矢とし、前方後円墳の築造が再開される。その築造も長くは続かず、七世紀に入った段階から再び前方後円墳の築造は行われなくなる。県内のうち、前方後円墳が数量的に豊富な地で発掘調査された例をみると以下のようになる。

Ⓓ地域　鎌倉・御浦　六世紀中葉に中期からの継続性を持たず帆立貝形の古墳が築造され、六世紀後半には前方後円墳が出現する。大塚古墳群では七世紀初頭までの間、前方後円墳と円墳による群を形成する。六世紀末には平作川流域から離れて存在する前方後円墳が地域内で散見されるが、それらは群としての継続性がなく、一世代一墳としての前方後円墳築造という状況が看守される。

Ⓔ地域　都筑・橘樹・久良　六世紀中葉に中期からの継続性を持たず、前方後円墳である瀬戸ヶ谷古墳が築造される。一部橘樹郡で六世紀前半からの前方後円墳の存在も推察されるが、消滅などにより判然としない。

これらの前方後円墳は、単発での築造が多く群としての形成はなされない。

前方後円墳は前期~中期には、県内でも丘陵の頂部などのいわゆる高所に築造される例が多く、群形成まではいかないまでも、近隣で築造の継続性が見受けられている。後期には低平な台地上や河川沿いの自然堤防上などに築造される例が多く、前方後円墳としては単発に一代のみ築造されるものが主で、同一箇所に複数基築造されるものは一部に限られる。このことは後期の前方後円墳の築造が、主として一世代のみの事業としてなされたことを示すと考えられる。

三　前方後円墳の終焉時期とその様相

相模の地では、前方後円墳が六世紀中葉以降に中期の築造中断期間を踏まえて再度築造される。しかしその築造期間は短く、関東一円で前方後円墳の築造が終焉する七世紀前半には、この地域でも終焉という同様の傾向を示す。地域内で前方後円墳が群として形成される相模の三浦半島（Ⓓ地域）でも、終焉に関しては同様である。南武蔵となる横浜・川崎市域（Ⓔ地域）でも、前方後円墳の築造数は多く確認されているものの、終焉に関しては同様の傾向を示す。前方後円墳が築造されなくなって後、この地域では横穴墓が盛行することとなり、高塚墳では前代に引き続き円墳が築造されている。

ここで前方後円墳が終焉する時期の様相について、相模地域を中心に概観してみる。

前方後円墳を含め、神奈川県で発見されている古墳において、被葬者が判明しているものは現在のところ存在しない。前方後円墳の主体部から良好な状態で人骨が出土した調査例もなく、棺等の埋葬痕跡についても不明である。

相模において、この時期の埋葬主体部は横穴式石室（①自然石積・②切石積）、③土坑状の竪穴系埋葬施設、④箱式石棺、⑤小石室などがあり、地域内での様相は多彩となる（図３）。

①は後期全般に相模の広い地域で採用されるが、三浦半島の東京湾側などでは希少な存在となる。②は七世紀前半〜中葉以降に大磯丘陵から相模川下流域に見られるが、数量としては少ないものである。③は自然石積の横穴式石室とほぼ同様な分布域を示すが、七世紀中葉に差しかかる頃には見られなくなる。④は境川下流域から三浦半島にかけて分布があり、一部は横穴墓内にも構築される。⑤は相模川中流域から丹沢山麓に分布する傾向がある。

横穴墓について見てみると、導入期には沿岸部を中心に分布を見せ、盛行するに従い内陸部への展開を見せる。時期が新しくなると形態的には玄室の前壁が消失するという編年的な解釈もあるが、人骨の出土状況等を検討すると、埋葬スペースの使用用途の差異から形態が変化したとも考えられる。盛行する時期には、横穴墓の前面に石積が施されたり（図４）、内部に小石室に類する石積施設が構築されるなど、横穴式石室と横穴墓は融合するかの状況を呈す。

後期の前方後円墳の築造は数十年という期間に限られるようで、他律的な前方後円墳の築造という事象が終焉を迎えると、地域内での伝統を活かした墳墓及び埋葬が、高塚墳及び横穴墓において積極的に履行されることとなる。

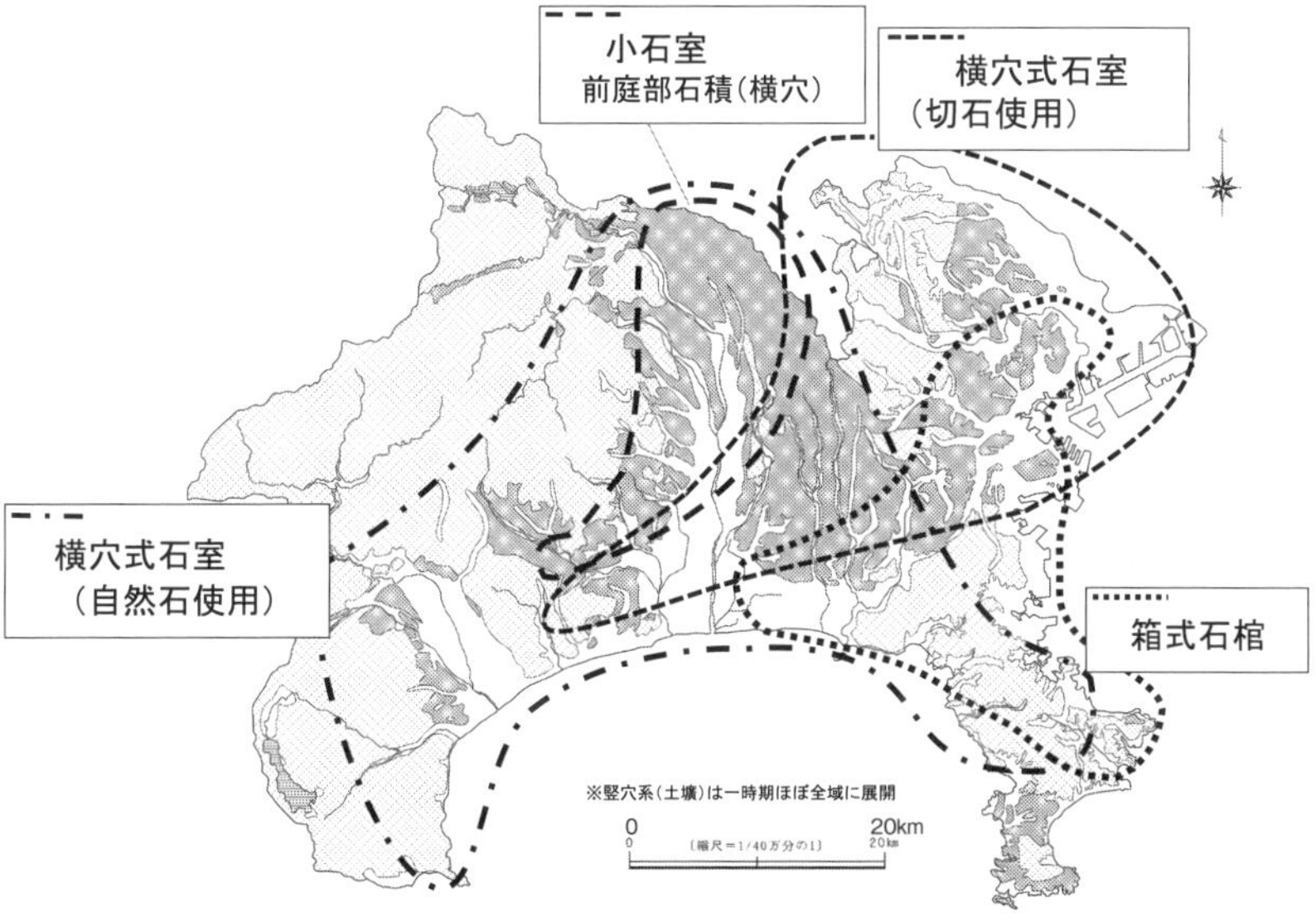

図３　相模・南武蔵（神奈川県域）の埋葬施設等の分布域模式図（柏木 2009 から転載）

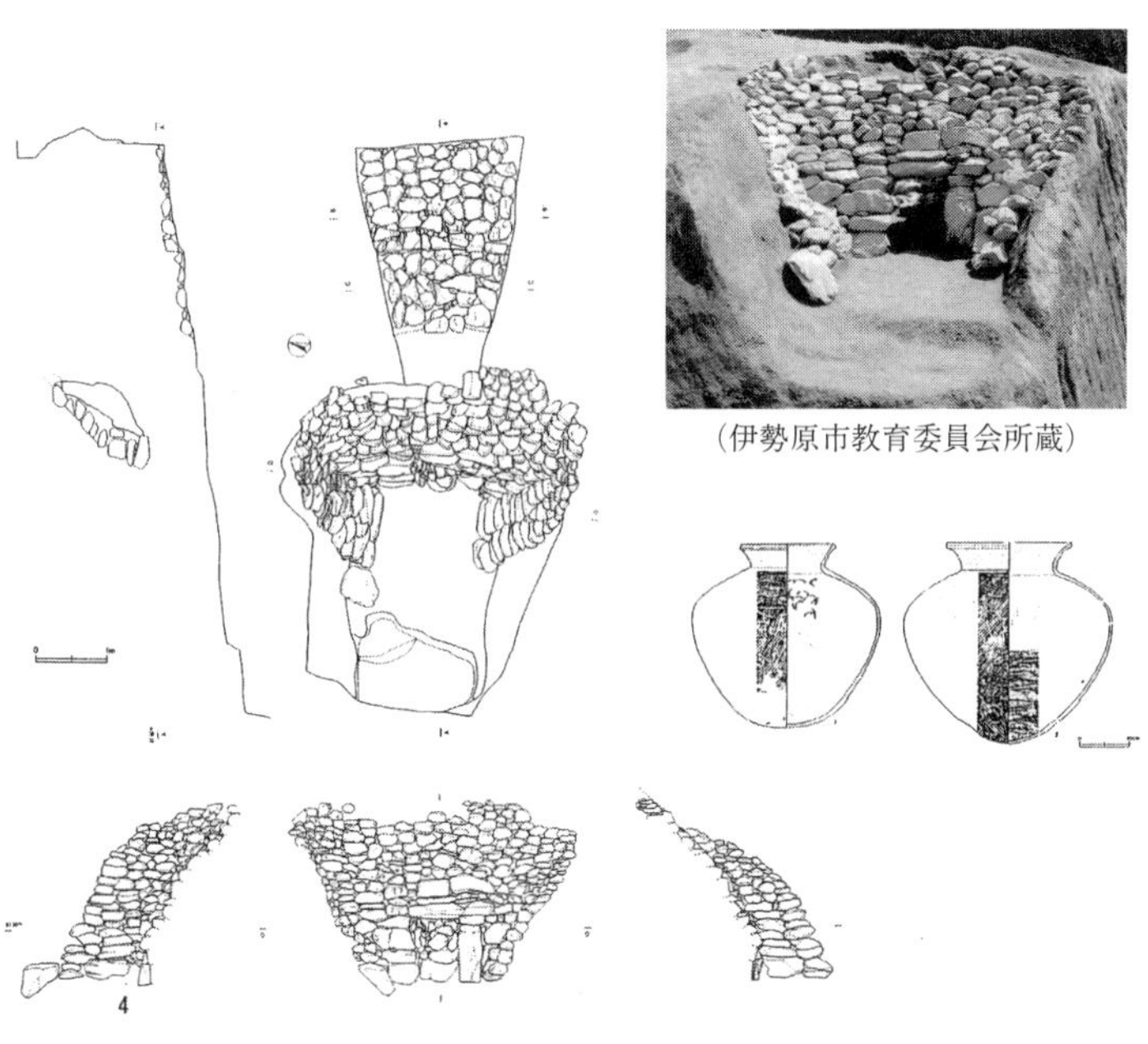

図４　三ノ宮・下尾崎遺跡第 23 号墓（前庭部石積と出土遺物）（立花ほか 1995 から転載）

四　埋葬施設・副葬品の様相

前項にて概略をみた後期の前方後円墳が築造される時期に併行する様相であるが、以下には横穴式石室・埴輪・馬具・装飾大刀について地域ごとに特徴を明示する。

横穴式石室　この時期の前方後円墳の埋葬主体は相模では竪穴系のものが多いが、Ⓔ地域など、六世紀末～七世紀初頭にその所産が求められるものは、横穴式石室を採用するものも見受けられる。地域内で、前方後円墳に限らない横穴式石室の動向を見ていくと次のようになる。

Ⓐ地域　横穴式石室は六世紀後半から出現し、七世紀後半まで自然石積のものが主体となる。前方後円墳には六世紀末～七世紀初頭に採用されるようであり、前方後円墳以外では、七世紀中葉以降の沿岸部に築造される盟主墳の一部で、切石積の石室が新たに採用される（釜口古墳）。

Ⓑ地域　横穴式石室は六世紀中葉～後半に出現し、終末期まで継続する。自然石積が大半を占めるが、なかでも古相を呈するものは狭小（幅狭）なものが多い（三ノ宮・下谷戸遺跡）。現在のところ、前方後円墳に石室が採用された好例はない。

Ⓒ地域　横穴式石室は六世紀末～七世紀初に出現するが、七世紀中葉には終焉する。自然石を使用するものが多いが、沿岸部（石神古墳・岡田西河内遺跡）では切石積がある。現在のところ、前方後円墳に石室が採用された好例はない。

Ⓓ地域　横穴式石室は六世紀後半に出現するが、その後の継続性は希薄である。大津古墳群一号墳は加工した自然石（いわゆる泥岩）を使用しているようで、地元にて石材の確保を行っている。七世紀代に相模湾岸でも少数が見られるものの（一色古墳群）、いずれも単発的な様相を呈す。

Ⓔ地域　横穴式石室は六世紀後半に前方後円墳である三保杉沢古墳に採用される。導入は切石積の無袖からと

なるが、六世紀末の軽井沢古墳でも同様に切石積の無袖が採用され、前方後円墳にはこの形態の石室が採用されている。六世紀後半には、円墳でも切石積による両袖胴張横穴式石室が採用され、七世紀中葉まで継続する。鶴見川流域は切石積の石室が多くみられる地域として捉えられる。

二〇〇七年に報告書が刊行されたⒺ地域の北門古墳群では、一、二、五号墳で切石を用いた石室が発見されている（図5）。一号墳は埴輪を豊富に具え、六世紀末という時期が考えられるものである。各墳の石室は、一号が無袖で玄室長四・二メートル・奥壁幅一・二メートル、五号は若干の胴張りを呈す複室とみられ、玄室長三メートル（奥室長二メートル）・奥壁幅一メートル、二号が無袖で玄室長一・八メートル・奥壁幅〇・六五メートルとなる。二、五号とも出土遺物が知られないため、時期等を見ていくことには限界があるが、一→五→二号という順列が考えられるであろう。

これは埋葬施設の小規模化という現象が、ひとつの古墳群の中で判明した例として興味深い。二号などはいわゆる小石室であり、神奈川県内（相模川中流域東岸）で近年出土事例が増えているものである。相模でのこれまでの検出事例をみていくと、小石室のみで群集するものと、高塚の古墳群内に散在するものとの二種に大別できる。ここに挙げた北門古墳群では、六世紀末以降、時期を追って継続的に築造される古墳群内で、他と同義的と言えるひとつの古墳という扱いで小石室が採用された事例として理解される。

埴輪　埴輪は、六世紀中葉〜後半を中心として、三浦半島の蓼原古墳・大津古墳群一号墳、南武蔵の瀬戸ヶ谷古墳・三保杉沢古墳・駒岡に所在する古墳などでその出土が知られる。前方後円墳以外の古墳を見ると、古墳時代の全期間を通じて存在が知られない地域があるなかで、各地域ごとにその始まりと終焉は様々な状態となる。

しかしながら埴輪は、六世紀末〜七世紀初頭をもってその存在がほとんど見られなくなり、前方後円墳終焉の時期に合わせるように使用されなくなっていく状況が看守される。

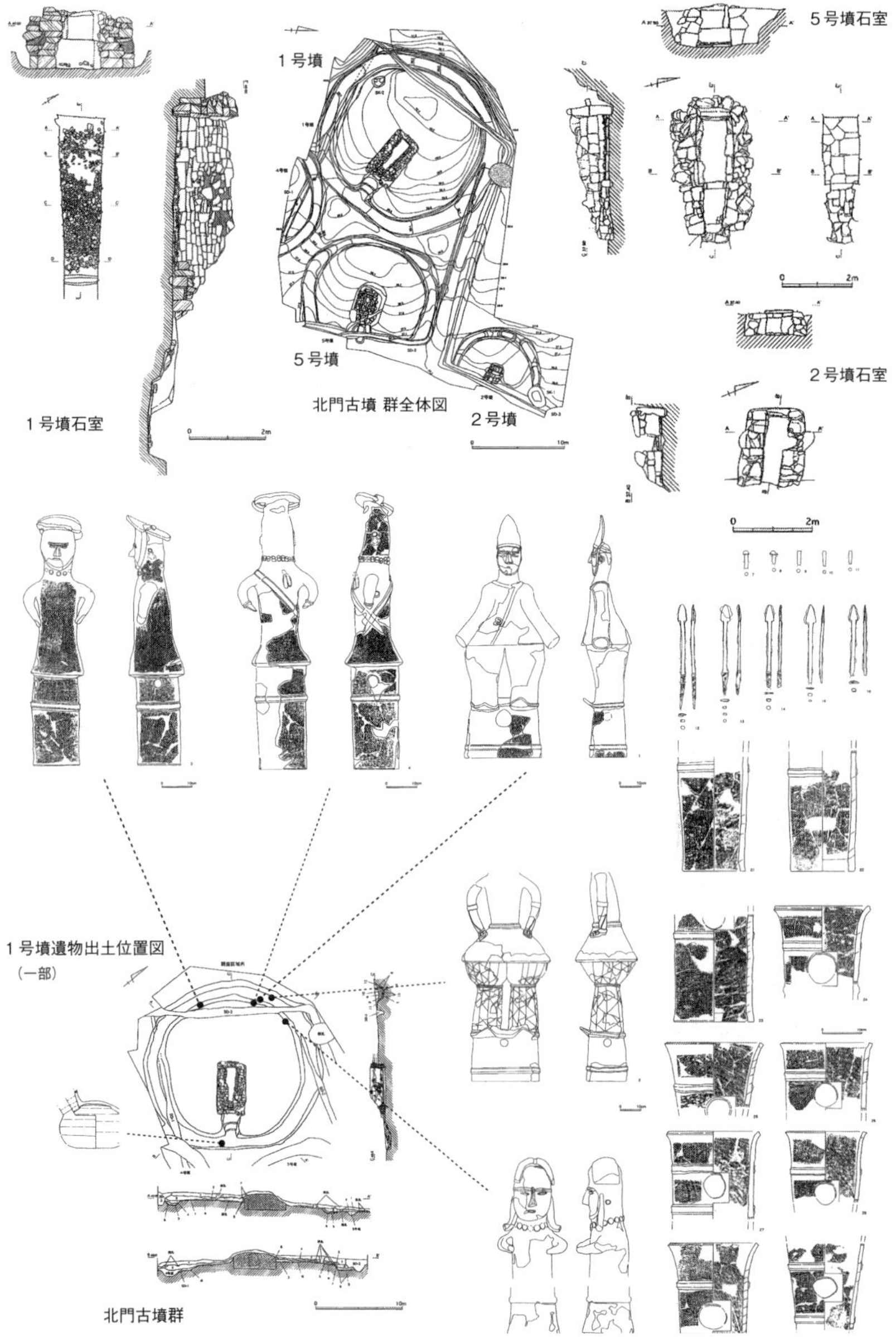

図５　北門古墳群と１号墳出土遺物（滝沢ほか 2007 から転載）

Ⓐ地域　埴輪なし
Ⓑ地域　埴輪は六世紀初頭にみられるものの（登山一号墳）安定して継続する状況は窺えない。六世紀末～七世紀初頭でも埴輪出土の古墳は知られるが、古墳に配される全体像などは不明瞭である（登尾山古墳）。
Ⓒ地域　埴輪は中期から恒常的な使用は認められないものの、五世紀末で終焉し後期に継続しない。
Ⓓ地域　埴輪は中期末から恒常的にみられ、六世紀後半まで継続して使用される。
Ⓔ地域　埴輪は中期後半～末に恒常的にみられ、六世紀後半まで継続して使用される。

馬　具　金銅装等の馬具が前方後円墳から出土している事例は現在のところ知られない。その他の古墳をみると、馬具は金銅装となるものが、六世紀末～七世紀初頭にみられるが、その出土は一部の高塚墳や横穴墓に限られる。Ⓑ地域の埒面古墳などにみられる杏葉は、特徴的な形状をなすものであるが、同意匠としての類例は管見の限り知られない。また、Ⓔ地域の室の木古墳出土とされる杏葉などは精緻な印象をもつ資料であり、各地を瞥見すると単発ながら優品の出土が知られる。

馬具は六世紀後半～末に時期が求められるものは、金銅装及び鉄の遺存が良好なものが多く、素材としての地金の確かさが見受けられる。七世紀以降は素環轡が一定数出土しているが、相対的にみると金属製品の出土数と併せて減少する方向に推移する。

また、横穴墓でも一部で馬具の出土があり、Ⓐ地域の高根横穴墓群における花形の鏡板・杏葉、Ⓑ地域の三ノ宮・下尾崎一号墓出土輪鐙、三ノ宮・上栗原五号墓出土壺鐙などは、同時期の高塚墳ではあまりみられない優品として把握される。

装飾大刀　装飾大刀も前方後円墳からの出土事例は希少である。[2]既報告資料を中心にその他の古墳をみると、以下のような時期と数量が上げられる。神奈川県域では六世紀末～七世紀初頭の出土例が顕著で、なかでも古い段階では高塚墳からの出土が多く、六世紀末～七世紀初頭以降は横穴墓からの出土も多くなる。

Ⓐ地域　六世紀後半～七世紀後半まで装飾大刀を持つ…数量約（二四）：古墳一三・横穴一一
Ⓑ地域　六世紀後半～七世紀後半まで装飾大刀を持つ…数量約（一五）：古墳一一・横穴三・不明一
Ⓒ地域　七世紀前半を中心に装飾大刀を持つ…………数量約（九）：古墳二・横穴六・包含層一
Ⓓ地域　六世紀末～七世紀後半に装飾大刀を持つ………数量約（一二）：古墳一・横穴一一
Ⓔ地域　六世紀後半～七世紀後半まで装飾大刀を持つ…数量約（二〇）：古墳五・横穴一二・不明三

環頭─足上（Ⓐ地域）、大住（Ⓑ地域）、高座（Ⓒ地域：集落域出土含む）
頭椎（切羽大含む）─余綾（Ⓐ地域）、大住・愛甲（Ⓑ地域）、久良・橘樹（Ⓔ地域）
円頭─余綾（Ⓐ地域）、御浦（Ⓓ地域）、橘樹・都筑（Ⓔ地域）
圭頭─足下・余綾（Ⓐ地域）、大住（Ⓑ地域）、橘樹（Ⓔ地域）
方頭─御浦（Ⓓ地域）、都筑（Ⓔ地域）

この地域の様相をみると、大刀の刀身は大振りなものから華奢な装飾大刀へと漸次変化していく様子が把握されるが、装飾大刀の出土する期間としては、他の出土遺物の様相などから数十年の時間幅の中での事象として理解される。最も盛行するのは、およそ六〇〇年を前後する時期として捉えられ、この時期には象嵌などの細かい丁寧な細工もみられる。Ⓐ地域の久野二号墳では、およそ二〇メートル規模の円墳ながら、石室内から複数本の装飾大刀が出土している。この時期の盟主の有り様の一端を示す好例である（図6）。七世紀前半も半ばを過ぎると、袋頭の形状ごとに拵えの相違は認められなくなり、鞘飾りなどの装飾の単一化が進行するようである。

副葬品は、高塚古墳と横穴墓が混在して築造される地では、盟主墳の優品採用から横穴墓の優品導入という流れも見えるものである。しかしながら、個としての遺物それぞれについて瞥見していくと、ある意味一元的な様相を呈する印象となる。

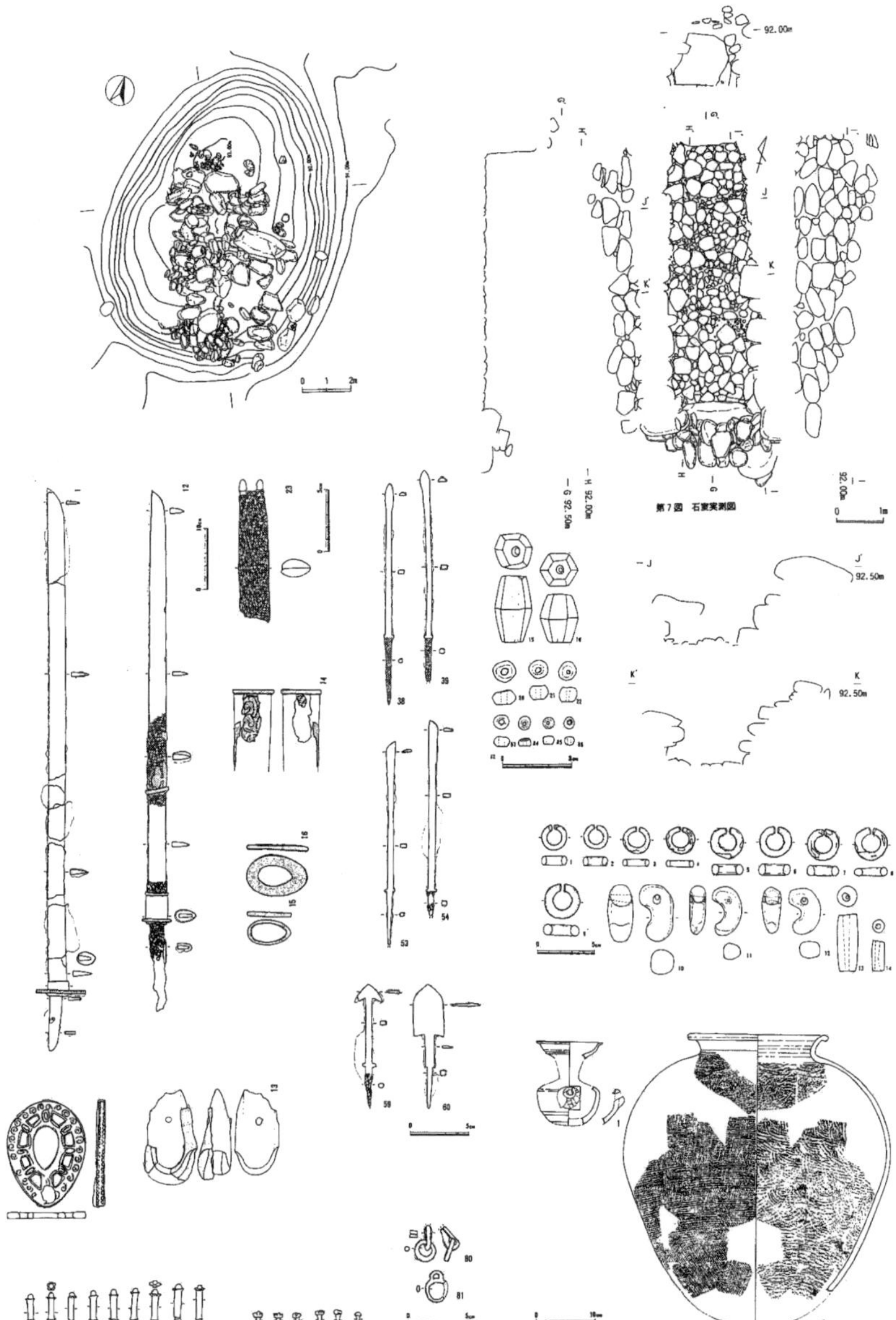

図６　久野２号墳（野崎ほか 1996 から転載）

五　古墳時代後期に前方後円墳が築造される背景―相模の地から―

神奈川県で前方後円墳が後期に再度築造され、後に終焉を迎えるまでの間、畿内の地では五八七年とされる物部氏の滅亡、アジアでは高句麗・新羅の台頭と、五八九年の隋統一、六一八年の唐成立と大きな変化が起こっている。また六二六年には馬子没とされ、六二八年には推古天皇も崩御している。

朝鮮半島（百済など）への援兵派兵などの対外活動の後、蘇我馬子が権勢を誇るこの時期、物部という伝統氏族の滅亡から、蘇我氏の世代交代などと施政者側の変化も見受けられる。征者としての馬子がめざした対国民に対する施政・施策変換に伴ういわゆる精神面の補填は、いわば、伝統の崩壊から来る内的なケアという側面を以て、天皇陵としても採用していた前方後円墳という墳墓の築造を、それら変革期における内面的な支えとしてこの期に政治利用していたことも推察される。馬子の死を迎えるに併せ、前方後円墳体制は終焉を迎え、表象の形質が変化する。但し畿内と地方ではその墳形に対する実質及び想いが、状況を個別に理解するにつけては相違していたことも思量される。

地方の盟主は前方後円墳体制に依拠していたため、地域主導で墳形を選ばず、視覚的な優位性という仕組みを具えた前方後円という墳形が重要視され、地方の構造はこれを採用した。地域的主観に立てば他律的支配の結果といえ、地域首長の恣意的な判断は墳形表示という志向性に左右されたことも考えられる。しかし、墳丘の内となる埋葬施設は、地域の伝統を重視し、その地で造られていた主体部が採用されている。そこにこそ、内なる地域主観の表示という現象が見えてくる。

地方を主眼に見れば、この時期の前方後円墳は、規模・構造・遺物などから、盟主墳と呼べるものもあるが、全てがそうとはなり得ず、小規模にて副葬品などもほとんど出土しない、前方後円墳といういわば墳形の優位性のみが見受けられるものもある。これは地方的な視点からだけでは解明し得ない事象であるが、反すれば被葬者が中央と結びついていることの証ともとれる。神奈川県域のうち相模をみると、前方後円墳の築造は必ずしも地域内での絶対的権威の優越を表示するものではないと言える。前方後円墳終焉と前後しては、円墳が築造されると共に、横穴墓が盛行する。

表象という視点からは、前方後円墳が築造の終焉を迎えるのと併せて、装飾大刀の副葬例が増加するという現象がみられる。装飾大刀にみる序列は、表象の変化を示していることも考慮される。更に後の装飾大刀の副葬行為が行われなくなるという事象は、表象崩壊、権威明示の変化へと繋がっていく。

六　東国における前方後円墳終焉の歴史的意義—相模の地から—

相模の地にて、六世紀中葉以降に復刻された前方後円墳は、関東各地の状況と機を一にして終焉を迎えることとなる。この現象は何を表しているのか。

中期にはその姿を見ることができなかった前方後円墳は、六世紀中葉以降に再び築造されるが、相模では群形成がされる三浦半島東京湾側の大塚古墳群や、単独で築造される大磯丘陵での状況を受けても、それまで古墳が展開していた場所とは異なる地に築造されていくことが看取される。相模地域で大塚古墳群を除いては、前方後円墳は単発で築造されるものがほとんどで、群内で前方後円墳に後続して古墳が作られる場合は円墳主体となっている。後期において、一地方としての相模に築造されていた盟主墳はあくまでも円墳であり、築造数からみれば前方後円墳はこの時期副次的な存在であったと言わざるを得ない。その築造に関しては、墳丘に対する憧憬と政治判断という半ば強制的規制が働いていた状況も垣間見え、それは視覚的優越性という墳丘部分に重点が置かれたことも考えられる。

先にふれたとおり、墳丘重視の施策の後に見えてくるのが、装飾大刀や馬具といった副葬品の豪華さである。この副葬品が充実する段階になると、盟主墳は地域内での伝統的な墳形である円墳を採用しており、内となる主体部は六世紀末～七世紀初頭に埒面古墳など一部で巨石を用いた（地域内では）大型の石室が築かれるが、この期も一般としては伝統的な自然石積の横穴式石室が用いられている。前方後円墳の終焉とそれに続く装飾大刀の盛行は、表象が墓そのものである墳丘から被葬者への持物へと変化していくという状況が看取される。

これには首長及び盟主という地位の変貌、もしくは威信財配布における変化、または配布者の変化ということも考えられよう。七世紀中葉以降の副葬品は、鉄器等の金属器が喪失し、土器のみが出土するという様相へと変化する。古墳自体の築造も少なくなり、総体的には追葬もしくは再利用というあり方のものが増えていく。これら築造状況とそれを取り巻く動態からは、この期を境に、古墳に対する人々の接し方が更に変化していく状況がみえてくるものである。

註

（1）便宜的に現在の市区町村で地域分けを行っているが、金目川西岸の地域となる大磯丘陵に関しては、ここでは丘陵全域を余綾郡に含めて扱っている。

（2）最近の調査事例として、泰野市の前方後円墳である二子塚古墳から、銀装圭頭大刀の優品が出土している。（二〇一〇年七月一七日市教育委員会発表新聞報道）

参考文献

青木健二・四本和行　一九八四『神奈川県横浜市三保杉沢遺跡群』日本窯業史研究所

明石　新ほか　二〇〇一『相武国の古墳』平塚市博物館

井出智之ほか　二〇〇一「日向・渋田遺跡」「高森・赤坂遺跡」『いせはらの遺跡』Ｉ

稲村　繁　二〇〇四「横須賀市かろうと山古墳」『第二八回神奈川県遺跡調査・研究発表会』発表要旨

――――　二〇〇八「横須賀市大津古墳群」『第三二回神奈川県遺跡調査・研究発表会発表要旨』

上田　薫ほか　一九九一「神奈川県の横穴墓群」『茨城県考古学協会シンポジュウム 関東横穴墓遺跡検討会資料』

柏木善治　二〇〇四ａ「神奈川県内における古墳出土鉄製品の形態的検討」『研究紀要』九　（財）かながわ考古学財団
――――　二〇〇四ｂ「東国からみた終末期古墳の一様相」『東風史筆』Report Vol.2（林美佐氏共著）
――――　二〇〇五ａ「いにしえの葬送観念」『東風史筆』Report Vol.5（林美佐氏共著）
――――　二〇〇五ｂ「神奈川県における前方後円墳以後と古墳の終末」『第一〇回　東北・関東前方後円墳研究会大会発表要旨』
――――　二〇〇九「神奈川県地域における前方後円墳の消滅」『東国における前方後円墳の消滅』東国古墳研究会シンポジウム発表要旨
柏木善治・望月幹夫・大島慎一・立花　実・池田　治・植山英史ほか　二〇〇六ａ「低地遺跡の考古学」『平成一八年度発掘調査成果発表会・公開セミナー発表要旨』（財）かながわ考古学財団神奈川県県民部県史編集室　一九八一『神奈川県史』通史編一　原始・古代・中世
木下　良・荒井秀規ほか　一九九七『神奈川の古代道』藤沢市教育委員会
小出義治・久保哲三　一九七四「秦野下大槻」『秦野の文化財』第九・一〇集　秦野市教育委員会
近藤義郎編　一九九四『前方後円墳集成　東北・関東編』
宍戸信悟ほか　二〇〇〇「三ノ宮・下谷戸遺跡Ⅱ」『かながわ考古学財団調査報告』七六
関根孝夫　一九九九「伊勢原の古墳（講演資料）」『第二三回神奈川県遺跡調査・研究発表会発表要旨』
田尾誠敏　一九九九「遺物からみた「相模」の形成」『相模国の成立と地域社会』東海大学記念フォーラム発表要旨集
高杉博章ほか　二〇〇〇『神奈川県平塚市上吉沢市場地区遺跡群発掘調査報告書』
滝沢　亮ほか　二〇〇七『横浜市緑区北門古墳群』Ⅰ
立花　実ほか　一九九五「三ノ宮・下尾崎遺跡、三ノ宮・上栗原遺跡発掘調査報告書」『伊勢原市文化財調査報告書』一七
立花　実・手島真実　一九九九「伊勢原市登尾山古墳再考」『東海史学』三三
立花　実　二〇〇八「伊勢原市日向・洗水遺跡」『第三二回神奈川県遺跡調査・研究発表会発表要旨』
玉口時雄ほか　一九九七『横須賀市吉井・池田地区遺跡群』Ⅱ
寺村光晴・西川修一ほか　一九九八「伊勢原市北高森古墳群と出土遺物」『かながわ考古学財団調査報告』三三
野崎欽五ほか　一九九六「久野第2号古墳」『小田原市文化財調査報告書』五八
浜田晋介　一九九六・一九九七「加瀬台古墳群の研究Ⅰ・Ⅱ」『川崎市市民ミュージアム考古学叢書』一・三
平野卓治ほか『企画展 横浜の古墳と副葬品』横浜市歴史博物館
広瀬和雄・池上　悟編　二〇〇七「武蔵と相模の古墳」『季刊考古学　別冊一五』
吉田章一郎ほか　一九八九『神奈川県秦野市桜土手古墳群の調査』桜土手古墳群発掘調査団
渡辺　外ほか　二〇〇四「宮山中里遺跡・宮山台畑遺跡」『かながわ考古学財団調査報告』一七〇

集成 後・終末期の東国前方後円墳時期別・規模別一覧

集成編年	墳丘規模(m)	東北	茨城	栃木	群馬	埼玉	千葉	東京	神奈川
8期	80以上	0	2	1	3	2	0	0	0
	40～79	0	3	4	9	1	3	0	0
	39	0	0	0	89	0	1	0	0
9期	80以上	0	5	1	7	0	0	0	0
	40～79	1	5	2	12	10	5	2	1
	39以下	32	10	0	21	6	7	1	2
10期	80以上	0	4	4	17	5	6	0	0
	40～79	4	31	20	71	36	30	3	1
	39以下	8	13	44	44	33	62	0	10
終末期	80以上	0	1	1	0	0	0	0	0
	40～79	0	6	5	4	0	2	0	0
	39以下	0	13	0	2	0	15	0	0

おわりに

本書は、東国古墳研究会が、東国における前方後円墳の終焉をテーマに、二〇〇七年五月から八回にわたって実施した研究の報告、および二〇〇九年六月に開催したシンポジウムの成果を基にした論文集である。

東国古墳研究会のそもそもの母体は、編者の一人である広瀬和雄さんを中心に、東北・関東各地で古墳踏査活動を行ってきたメンバーである。この古墳踏査の集まりは、不定期開催で、かつ参加者も地域ごと、あるいはその時々でまったく異なるというものであったが、回を重ねるに従い、各地の参加者が顔を合わせる機会も増え、やがてそれとはなしにグループらしきものが形成されていった。そうしたメンバーの中から、東国の古墳に関して、一つのテーマを設定し、そのテーマについて、同一の参加者が時間をかけて議論を深める場を設定することができないかという提案があり、そのことを契機に実現したのがこの会である。

会の設立準備は、広瀬和雄さんと太田の二名が協議して進め、名称を「東国古墳研究会」とし、最初の研究テーマを「東国における前方後円墳の終焉」に定めた。毎回の会場については、池上悟さんのお世話で立正大学にお願いできることになり、研究会の最後には公開シンポジウムを開催すること、その成果として論集を刊行することもあわせて確認した。集まったメンバーは本書の各執筆者に西川修一、秋元陽光、紺野英二を加えた計十三名である。

毎回の研究報告とその後の討議では、後期前方後円墳の盛行と終焉の問題にとどまらず、東国の古墳時代全般に話題が及び、さらには地域を越えて東北の「末期古墳」や朝鮮半島の前方後円墳にまで議論が進むこともあった。また、メンバーのなかから、古墳分布と国造制の問題を論じるため、文献史学の研究の現状を吸収しておく必要があるとする意見が出たことから、二〇〇八年十二月の第八回研究会では、国立歴史民俗博物館の仁藤敦史氏をお招きし、「文献から見た古墳時代の支配構造」のご報告をお願いした。さらに、この間にも、メンバー数名で、関東各地の古墳や出土資料を実地調査することを行ってきた。

公開シンポジウムは、二〇〇九年六月七日、立正大学文学部において開催することができた。遠路参加された多くの研究者の方々、当日スタッフとして手伝いいただいた立正大学・茨城大学の学生諸氏には、あらためて感謝の言葉を述べておきたい。

本書の編集を終わり、あらためて考えさせられるのは、研究報告やシンポジウムの過程で、あらたに浮上した問題の多い点である。従来、東国では、常総地域に終末期の前方後円墳の存在が知られていたが、群馬県や鬼怒川以西の栃木県など、西関東の一部地域においても、終末期まで前方後円墳が築造されていた可能性があらたに指摘されている。埼玉県など関東南西部ではどうなのか。再度の検証が必要な課題である。後期後半の前方後円墳の築造数急増も、以前から注目されている東国の特徴である。しかし、中小の前方後円墳ないしは前方後円形小墳に群集墳を加えた社会編成の様相は、各都県単位あるいはより狭い地域単位で大きく相違する。そして、こうした地域ごとの社会編成の相違のうえに、広域的で複線的な首長層のネットワークが機能している。これらの事象の歴史的意義付けをどのように進めるのか。繰り返された議論の結果、あらめて認識されたこれらの問題が今後のテーマであり、今回の研究の成果でもある。

なお、本書では、各地域の報告内容について一定の統一を図るために、研究報告やシンポジウムで示された見解のすべてを盛り込むことができなかったことは残念な点である。

本書の出版にあたり、株式会社雄山閣編集部の桑門智亜紀氏にはひとかたならぬお世話になった。末筆ながら深甚の謝意を表したい。

太田博之

執筆者紹介（掲載順）

広瀬和雄（ひろせ・かずお）　国立歴史民俗博物館
賀来孝代（かく・たかよ）　毛野考古学研究所
太田博之（おおた・ひろゆき）　本庄市教育委員会
藤沢　敦（ふじさわ・あつし）　東北大学
日高　慎（ひだか・しん）　東京国立博物館
小森哲也（こもり・てつや）　宇都宮市立五代小学校
加部二生（かべ・にたか）　桐生市教育委員会
田中　裕（たなか・ゆたか）　茨城大学
池上　悟（いけがみ・さとる）　立正大学
柏木善治（かしわぎ・ぜんじ）　㈶かながわ考古学財団

編著者略歴

広瀬和雄（ひろせ・かずお）

1947年京都市生まれ。大阪府教育委員会、大阪府立弥生文化博物館勤務ののち、奈良女子大学大学院教授。現在、国立歴史民俗博物館教授、総合研究大学院大学教授
主な著書 『前方後円墳国家』（2003年 角川書店）、『日本考古学の通説を疑う』（2003年 洋泉社）、『古墳時代政治構造の研究』（2007年 塙書房）、『前方後円墳の世界』（2010年 岩波書店）

太田博之（おおた・ひろゆき）

1959年埼玉県生まれ。総合研究大学院大学文化科学研究科日本歴史研究専攻在籍。本庄市教育委員会文化財保護課勤務。
主な論文 「埼玉中の山古墳出土の有孔平底壺系円筒形土器」『考古学雑誌』第90巻2号、「北武蔵における後期古墳の動向」『関東の後期古墳群』六一書房、「武蔵北部の首長墓」『季刊考古学別冊15』（2008年 雄山閣）

2010年10月20日 初版発行

前方後円墳《ぜんぽうこうえんふん》の終焉《しゅうえん》

編 者 広瀬和雄・太田博之

発行者 宮田哲男

発 行 株式会社 雄山閣
東京都千代田区富士見2-6-9
TEL 03-3262-3231 / FAX 03-3262-6938
e-mail http: //www.yuzankaku.co.jp
振 替：00130-5-1685

印 刷 亜細亜印刷株式会社

製 本 協栄製本株式会社

ISBN 978-4-639-02156-8 C3021 Printed in Japan 2010